# 『지식인 안중근』 정오표(正誤表)

| 면(面) | 행(行) | 오(誤) | 정(正) |
|---|---|---|---|
| 15 | 上 5 | 민병준 | 민영준 |
| 15 | 上 9 | 민병준의 | 민영준의 |
| 15 | 上 10 | 민병준 | 민영준 |
| 43 | 下 1 | 하일빈으로 | 하얼빈으로 |
| 46 | 上 1 | 1910년 | 1909년 |
| 58 | 2번 도판<br>설명 2 | 둘째 칸 | 첫째 칸 |
| 65 | 下 7 | 10분의 1에 | 100분의 1에 |
| 110 | 下 5 | 大東共報社 | 大同共報社 |
| 125 | 下 4 | 12월에 | 11월 말에 |
| 132 | 下 5 | 1901년 | 1909년 |
| 144 | 下 3~2 | Instinctive Education | The Distinctive Idea in Education |
| 145 | 上 6 | 조서 | 조령 |
| 149 | 下 4 | 상황을 | 상황은 |
| 172 | 上 1 | 쓰다"라는 | 쓰다"라고 |
| 176 | 上 2 | '천당(天堂)'으로 | '극락(極樂)'으로 |
| 229 | 下 6 | 내용었이다. | 내용이었다. |
| 233 | 上 3 | Union Acad mique Internationale | Union Académique Internationale |
| 256 | 표 下 1 | 173건 | 172건 |

지식인
안중근

# 지식인 안중근

초판 1쇄 발행 2024년 7월 15일

지은이 | 이태진

펴낸곳 | (주)태학사
등록 | 제406-2020-000008호
주소 | 경기도 파주시 광인사길 217
전화 | 031-955-7580
전송 | 031-955-0910
전자우편 | thspub@daum.net
홈페이지 | www.thaehaksa.com

편집 | 조윤형 여미숙 김태훈
마케팅 | 김일신
경영지원 | 김영지

값 24,000원
ISBN 979-11-6810-257-6 (93910)

책임편집 | 조윤형
표지 디자인 | 이윤경
본문 디자인 | 임경선

# 지식인 안중근

투철한 국민 의식
치열한 평화 사상

이태진 지음

태학사

1. 하얼빈 도착 후 하얼빈 공원 앞 사진관에서 동지 우덕순(가운데), 유동하(오른쪽)와 함께.
2. 10월 26일 오전 9시 30분경 거사 후 러시아 헌병대에 연행되어 찍힌 최초 사진. 차림이 가톨릭
   신부 복장을 연상케 한다. 일본 국회도서관 헌정자료실 시치조 기요미(七條淸美) 컬렉션.
3. 러시아 헌병대에서 모자를 벗고 찍힌 사진. 일본 국회도서관 헌정자료실 시치조 기요미 컬렉션.

**4.** 10월 26일 저녁 하얼빈 일본 총영사관으로 신병이 인도된 후 지하 1층 취조실 앞에서 찍힌 사진.
포승줄이 허리에 감긴 것이 앞 사진과 다르다.
**5.** 위와 같은 장소에서 찍힌 근접 사진. 허리에 감긴 포승줄이 두드러진다.

6

7

6. 3일 뒤 뤼순 감옥에 투옥되면서 찍힌 사진. 수인 번호가 가슴에 달린 것이 이전과 다르다.
7. 뤼순 감옥 수감 중 이발한 후 찍힌 사진. 손에 수갑이 풀린 상태는 사형 집행을 앞둔 시기를 추정하게 한다.

**8**

**8.** 사형 집행 직전에 한복 차림으로 찍힌 사진. 표정이 그야말로 태연자약하다. 한복은 어머니가 지어 보내온 것이라는 설과 간수들의 부인들이 감옥서의 요청을 받고 급히 지었다는 설 두 가지가 있다. 일본 국회도서관 헌정자료실의 시치조 기요미 컬렉션에서 저자가 직접 카피본을 입수하였다.

9

10

9. 1909년 무렵의 하얼빈 철도정거장 외관.
10. 1909년 무렵의 하얼빈 철도정거장 안쪽(사건의 현장).

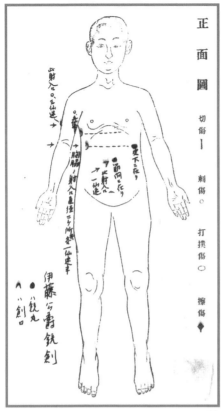

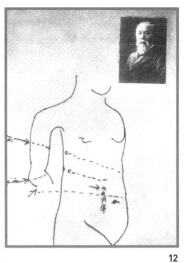

11. 이토 히로부미 피격 정면 검시도.
12. 이토 히로부미 피격 측면 검시도.
13. 일본 수사진이 제시한 권총 3점.

# 감사의 말

역사 연구는 사료 확보와 정확한 독해력이 생명이다. 안중근 연구의 경우도 1970년대부터 사료 확보의 노력이 조금씩 결실을 보았고, 2009~2010년 의거 및 순국 100주년을 맞이하여 큰 성과를 거두었다. 앞으로의 안중근 연구가 크게 달라질 토대가 구축된 셈이다. 이 책『지식인 안중근』도 이에 크게 힘입었다. 최서면·윤병석·김정명(일본명 이치가와 마사아키) 세 분이 중심 역할을 했다. 안타깝게도 이미 고인이 된 세 분의 영전에 졸저『지식인 안중근』을 바친다.

2008년 최서면 선생의 권고로 도쿄의 외교사료관을 방문하여 하얼빈 의거 연구의 최대 사료인『이토 공작 만주 시찰 일건伊藤公爵滿洲視察一件 별책別冊』11책을 CD 복사물로 입수했다. 그 속에 담긴 사건 수습 및 배후 조사에 관한 여러 관련 기관의 보고와 훈령 1,778건 8,320쪽을 정리하느라 많은 시간이 소요되었다. 일본 초서체를 해독하는 김선영 박사가 달라붙어 모든 문건에 제목을 달아 독자의 편의를 도모했다. 2021년에야 그 결과를, 저자의 한국역사연구원 기획으로『그들이 기록한 안중근 하얼빈 의거: 일본 외무성 소장 「이토 공작 만주 시찰 일건」 11책 총람』(태학사)을 세상에 내놓았다. 태학사가 이에 이어『지식인 안중근』의 출판을 맡아 주는 귀한 인연을 만들었다.

이 책은 십수 년간에 생산된 개별 논문들을 정리해 한자리에 모은 것이다. 나의 이런 만년의 연구 정리 작업은 나의 한국역사연구원에 대한 석오石梧문화재단(이사장 윤동한尹東漢)의 지원 없이는 불가능하였다. 재단에 심심한 감사를 표한다. 그리고 한국역사연구원의 동료인 상임연구위원 도리우미 유타카鳥海豊와 상임연구위원 겸 사무국장 오정섭으로부터 많은 조력이 있었다.

태학사의 지현구 회장, 김연우 대표, 조윤형 주간, 그리고 편집부 여러분이 보내 준 이 책에 관한 관심과 노력에 대해서도 큰 감사를 표한다.

2024년 6월

적고신신당積古新新堂에서

저자

# 책머리에

"이토 히로부미는 한국의 위아래 백성 모두가 행복해하며 만족해한다고 세계에 선전하지만, 이것은 사실과 다르다. 제대로 볼 줄 아는 사람은 반드시 진실을 헤아릴 것이다. 한 예를 들자면, 한국 황제[고종-인용자]는 총명하시므로 이토가 마음대로 황제를 좌우할 수 없어 입장이 불리해지자 황제를 폐하고 이에 뒤떨어지는 현 황제[순종-인용자]를 세웠다."

— 『안중근의 동양평화론』 중 「청취서」, 안중근의사기념관, 2018, 45~46쪽.

위 인용문은 1910년 2월 14일 안중근이 뤼순 법정에서 사형선고를 받고 17일 히라이시 우진도 법원장과 면담하는 자리에서 한 발언이다. 최근 고종 황제를 '매국노'로 매도하는 책이 나와 독서계의 역사 지식을 혼란에 빠트리고 있다. 『매국노 고종』(2020)이 바로 그 책이다. 이 책의 저자는 이 책을 낸 뒤에도 소속 신문사의 지면에 「누가 고종을 개혁 군주라고 하나, 그는 매국노였다」와 같은 글을 잇달아 싣고 있다. 무슨 근거로 이런 엄청난 소리를 하는가?

『주한 일본공사관 기록』 1905년 12월 11일 자, 하야시 곤스케 주한 공사가 가쓰라 타로 총리에게 보낸 보고서가 그 근거로 제시되었다. 1905년

11월 17~18일 '보호조약' 강제 후 20여 일이 지난 시점에 현지 공사가 본국 총리에게 보낸 사후 보고서다. 기밀비 10만 엔 중 2만 엔을 황제 쪽에 보내고 나머지는 법부대신 이하영, 학부대신 이완용, 군부대신 이근택, 내부대신 이지용에게 주었다고 했다. 그러나 황제의 경우, '황제 쪽'이라고 했거니와 황제가 받았다는 내용은 없다. '을사오적'이 된 자들이 돈을 받았을 것은 틀리지 않을 것이다. 그러나 이 기록으로 조약을 결사반대한 황제까지 같은 무리로 간주하는 것은 이만저만한 망발이 아니다. 한 나라의 황제가 2만 엔에 나라를 팔다니, 상상할 수 없는 일이다. 1898년 황제는 내탕금 20만 원을 출자해 한성전기회사를 세워 도쿄보다 3년 먼저 한성(서울)에 전차가 달리게 했다. 황실용 내장원 예산이 연간 500만 원에 달하는데 겨우 2만 엔을 뇌물로 받고 나라를 팔았다니, 어처구니가 없다(당시 '원'과 '엔'의 가치는 큰 차이가 없었다). 위 하야시 공사의 보고서는, 보낸 돈을 황제가 받았다는 다른 기록으로 뒷받침되지 않는 한 '매국노' 단정의 근거가 될 수 없다.

『매국노 고종』은 사료 오독이 심하여 논평에 올리기 어려운 책이다. 이 책이 나온 뒤 걱정스러워 근대사 전공 몇 동료, 후배와 의논했지만 모두 학계가 다룰 책이 못 된다고 했다. 이 자리를 빌려 이 책의 저자가 범한 오독과 오판의 사례 몇 가지를 들어 둔다.

저자는 1907년 헤이그에서 열리는 제2차 만국평화회의 특사 이위종이 그의 연설문 「한국을 위한 호소 A Plea for Korea」에서 현 고종 정부를 '잔인한 정권'이라고 비판했다고 했다. 『매국노 고종』의 앞부분에 제시된 원문(영문)의 해당 부분을 보면 비판 대상은 '구 정부 the old Government' 곧 '세도정치기'의 정부이지 현 고종 정부가 아니다. 이런 오독으로 어떻게 민족의 사활을 놓고 싸우던 시기의 국가 원수를 감히 한마디로 매도한단 말인가? 고종에 대한 부정적 선입견이 '구old'란 단어를 보지 못하게 했던가. 진정 고종 황제가 매국노였다면 왜 이토 히로부미가 그를 강제로 퇴위시켰겠는가? 뇌물을 받아먹었다면 왜 이토 측이 그 사실을 폭로하거나 협박하지 않았겠는가? 이토 측이 한국 주차군駐箚軍 병력을 동원하여 압박하는데도 고종 황제가 끝까지 승인을 거부한 것은 한·일 학계가 다 인정하는 사실이다. 황제가 신하들에게 협상을 지시했다는 설이 10여 년 전 일본 측에서 제기된 적이 있었다. 그러나 한국 측에서 곧 반박 논문을 낸 뒤에는 일본 측에서 더 이상 이를 거론하지 않았다. 1905년 '보호 조약'을 둘러싼 한·일 학계의 연구 현황에서 보면 '고종 매국노'설은 일본 측의 해묵은 '협상 지시설'의 악성 변형에 지나지 않는다.

1893년 3월 25일(음력) 동학교도들이 교조教祖 신원伸冤을 위해 보은에서 대규모 집회를 열고 한양으로 진격해 올라올 기세를 보였다. 이에 군주 고종은 3 의정대신과 대책을 의논하면서 그간 민생 안정에 급급하여 병력을 제대로 양성하지 못한 것을 자책하면서 외국군, 곧 청나라 군사 차병借兵을 거론하였다. 『매국노 고종』의 저자는 이를 두고 외국군을 빌려 백성을 누르려는 못난 군주로 몰아붙였다. 군주의 이 발언은 어디까지나 의논으로서 청나라가 영국군의 힘을 빌린 것을 예로 들어 만약의 사태에서 이 방법도 취할 만한 것인지를 물었을 뿐이다. 심순택·조병세·정범조 3 의정대신 모두 강하게 반대하여 임금은 더 거론하지 않았다.

고종은 이때 동학교도들에게 '선유문宣諭文'을 내려 조정의 처분이 있을 때까지 각자 집으로 돌아가 있을 것을 당부하였다. '선유문'은 동학교도를 "내 백성"이라고 표현했다. 한 측근 신하가 토벌해야 할 난민亂民을 내 백성이라고 하였다고 고치기를 간하는 장문의 상소를 올렸다. 고종은 이를 읽고 "나는 너의 말이 옳은지 모르겠다."라고 핀잔 조의 답을 내렸다(『고종실록』 30권, 고종 30년 8월 21일). 한국 근대사를 연구하다 보면 한·중·일 3국의 상충하는 사료 더미에 신중을 거듭해야 한다는 생각이 들 때가 많다. 한쪽에서 생산된 한두 건의 사료에 흥분하는 아마추어리즘은 경계해야 할 금물이다.

1894년 5월 전봉준의 동학 농민군이 보국안민輔國安民을 외치면서 전주성을 점령하였다. 이때 청군 출병 문제가 거론되었다. 그러나 이때는 군주 측이 아니라 청나라 총리교섭통상사의總理交涉通商事宜 위안스카이와 그의 손발 노릇을 한 병조판서 민병준 사이에서 꾸민 계략이었다. 나는 일찍이 일본공사관 측의 탐문보고서를 근거로 위안스카이 측이 조선 군주와 정부에 강요한 과정을 자세히 밝혔다(이태진,「1894년 6월 청군 출병 과정의 진상 -자진 청병설 비판-」,『고종시대의 재조명』, 2000, 태학사). 일본공사관 측은 민병준의 심복이면서 일본어가 능통한 안경수를 매수하여 위안스카이-민병준 사이에 오간 대화를 매일 일본공사관에 보고하게 하였다. 그 탐문 보고에 따르면, 두 사람은 조선 정부가 청국 정부에 출병을 요청할 것을 강요하다가 반대에 부딪히자 기정사실로 만들어 압박하는 억지를 부렸다. 이에 조선 정부는 여러 차례 거절 끝에 부득이 조건부 '출병 요청'으로 대응하였다. 동학군이 움직이지 않으면 청군은 한반도에 상륙하지 못하며, 상륙하더라도 수도 한양 500리 안으로는 진입할 수 없다는 조건을 달아 좌의정 조병세 명의로 청나라 조정에 서한을 보냈다. 조선 군주가 농민군 봉기에 겁을 먹고 청국에 스스로 출병을 요청한 것은 결코 사실이 아니다. 고종은 외국군의 힘으로 백성의 봉기를 진압하는 그런 '비겁한' 군주가 아니었다.

놀라운 것은 일본 측의 움직임이다. 히로시마 대본영은 안경수의 보고로 청-조선 간의 진행 과정을 지켜보다가 대기 중인 선발대를 선제적으로 출동시키는 조치를 취했다. 청나라 조정이 조선의 조건부 출병 요청을 받아 '톈진 조약'(1885)의 동시 출병 약조에 따라 6월 7일 일본 주재 공사가 일본 정부에 출병 통지를 해 오자 히로시마 대본영은 이미 만반의 준비로 대기 중이던 오시마大島 여단에 출동 명령을 내려 6월 9일 청군보다 먼저 인천항에 도착하였다. 이런 침략국의 동태를 읽어내는 것이 우리가 살펴야 할 역사 연구이지, 우리 측 국가원수에 대한 흠 잡기를 능사로 하는 것이 과연 옳은 태도일까?

『매국노 고종』의 저자는 『고종실록』, 『순종실록』에 실린 일본 관리 또는 군인들이 받은 수많은 훈장 기록을 보고 고종과 순종 황제를 정신 나간 군주라고 비난했다. 침략자들과 싸워야 할 황제가 그들에게 훈장을 주었으니 나라가 망할 수밖에 없다고 힐난했다. 대한제국은 1900년 표훈원表勳院을 세워 신식 훈장 수여를 신중하게 운영했다. 초대 원장 민영환 재임 중 1904년 2월까지는 수여 사례가 17건에 불과하였다. 일본 제국이 러일전쟁을 일으켜 한반도를 장악하면서 상황이 달라졌다. 내가 두 『실록』에서 훈장 수여 사례를 집계해 본 결과, 훈장 수여는 총 1,484건 (1899. 12.~1910. 8.)에 달한다. 이 가운데 일본 관리와 군인에게 수여된 것은 모두 854건으로 반을 훌쩍 넘는다. 고종 재위 중인 1907년 6월 29일까지 3년 4개월간 316건, 이후 순종 재위 3년간 538건에 달한다.

다 알듯이 일본은 한반도 군사점령과 동시에 '고문정치', '차관정치'로 한국 정부의 행정권을 강제로 탈취했다. 일본 관리와 군인들에 대한 무더기 훈장 수여는 저들이 한국 정부를 장악하여 남발한 것이지 한국 황제가 나서서 준 것은 결코 아니다. 1906년 2월 통감부가 들어선 뒤 수여 횟수가 총 669회나 되는 것이 바로 저들의 자의적 행위의 증거가 아니겠는가. 1927~1935년간에 조선총독부가 편찬한 두 황제의 『실록』은 1876년 2월 '조일수호조규' 이후부터는 모든 면에서 일본에 유리하게 사료를 동원하였다. 조선·한국 정부의 근대화 사업에 관한 '공문서' 자료는 하나도 이용하지 않았다. 이런 고의가 작용한 두 『실록』의 기록을 믿고 따르면 조선과 대한제국은 망할 수밖에 없는 나라가 된다. 이것이 이른바 식민주의 역사학의 본령이다. 『매국노 고종』의 저자는 그 덫에 걸린 대표적인 사례이다. 두 『실록』 이용에는 각별한 사료 비판의 분별력이 필요하다.

　이 책『지식인 안중근』에서 나는 대한의군大韓義軍 특파대 대장 안중근의 하얼빈 의거와 고종 황제의 관계를 여러 측면에서 새롭게 밝혔다. 1895년 초에 시작한 고종 정부의 '국민 창출' 정책과 안중근의 투철한 '국가 의식'의 관계도 다루었다. 안중근이 검찰관 심문에 대응하여 작성한 「이토 히로부미의 죄악 15개 조」도 새롭게 주목했다. 이토의 열다섯 가지 죄악 가운데 고종이 근대화 시책으로 교통·광산·화폐·교육 등 분야에서 행한 것을 방해한 죄가 다섯 가지나 들어 있다. 안중근은 고종 황제를 결코 무능한 군주로 말하지 않았다. 안중근이 고종 황제를 '개혁 군주'로 평가한 사람이라면『매국노 고종』의 저자는 뭐라고 답할 것인가?

# 차례

# 1부　영상과 신문 기사로 보는 사건의 전말

# 2부　일본 탐문 정보가 말하는 사건의 배후: 고종 황제와 대한의군

## 3부   안중근의 국민 의식과 평화 사상

## 4부　남겨진 과제 — 저격 현장 필름과 공판 기록 찾기

# 나의 안중근 연구 행로

## 1. '조약 강제의 역사' 연구에 얽힌 안중근 연구

안중근에 대한 나의 학문적 관심은 1992년에 시작한 '보호조약' 및 '한국병합조약'의 불법성에 관한 연구와 연계되어 있다. 나의 신문기사 스크랩북 『안중근』을 펼쳐 보니 1994년 모 일간지의 기사 「안중근 의사 의거 뒤에는 전명운 의사 도움 있었다」가 첫 장에 들어 있었다. 도쿄의 국제한국연구원 최서면崔書勉 원장이 새로 찾은 자료 소개 기사였다. 블라디보스토크 주재 일본 총영사관이 본국 외무성에 보낸 전보문에 '전명운·안중근 두 사람은 같은 동의회同義會 회원으로, 안 의사가 전 의사의 집에서 같이 지냈다'는 내용이 있었다. 1995년 2~3월에는 "안중근 의사 최초 전기傳記 발견", "안중근 의사 첫 전기 「근세 역사」", "옥중 일본 고등법원장 「면담록」 발견" 등의 제목이 붙은 기사들이 뒤를 이었다. 새로운 자료가 이렇게 한두 달 안에 잇따라 나오기는 쉬운 일이 아니다.

이번에 전후 사정을 살펴보니, 이 기사들은 최서면 원장이 일본 외무성 산하 외교사료관 소장의『이토 공작 만주 시찰 일건伊藤公爵滿洲視察一件 별책別冊』11책을 찾아내면서 나온 특종 기사들이었다. 1995년에 최서면 원장은 이 일괄 자료 복사물을 국가보훈처에 제공했고, 국가보훈처는 이해가 바로 광복 50주년이어서 기념사업의 하나로 8월 15일에『아주제일의협안중근亞洲第一義俠安重根』(해외의 한국독립운동사료 XV—일본편 ①~⑥)이란 이름으로 세상에 내놓았다. 나는 이 무렵 이토 히로부미가 강제로 체결한 '1905년 보호조

1. 「안중근 의사 의거 뒤에는 전명운 의사 도움 있었다」,『동아일보』, 1994. 7. 4.

약'의 문제점을 파헤치는 데 열중하고 있었다. 그 이토 히로부미를 처단한 안중근 의사에 관한 새로운 사실들을 보도한 기사가 눈길을 끌어 스크랩해 놓았던 것이다.

내가 실제로 안중근에 관한 글을 쓴 것은 이보다 7년이 지난 2002년이었다. 고 이기백李基白 선생께서 1988년에 창간하여 이끄신『한국사시민강좌』제30호(2002. 2.)에 발표한「안중근—불의·불법을 쏜 의병장」이 안중근에 관한 나의 첫 글이다. 나는 이 잡지의 편집위원이었는데, 제30호 특집 주제가 우리 역사에서 '정신적 유산을 남긴 사람들'로 결정되자 대상 인물 21인을 선정하는 편집회의에서 '안중근' 넣기를 강력하게 주장했다. 반대 의견도 있었지만 나는 굽히지 않았고, 워낙 강하게 주장했기 때문에 집필까지 떠맡았다.

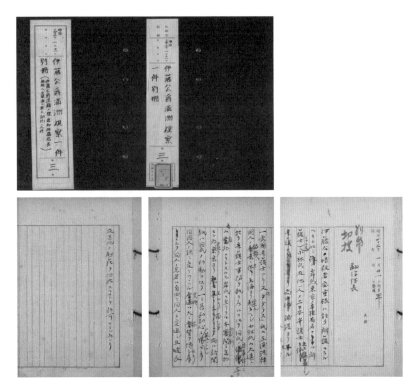

2~3. 『이토 공작 만주 시찰 일건 별책』 11책 표지(위)와 내지 중 「재판을 앞두고 수감 중인 안중근의
　　 처우에 관한 보고」 문건(아래).

## 2. "나는 대한의군 참모중장으로 적장을 처단했다"라는 외침을
　　 읽고

'안중근' 주제의 원고를 준비하면서 만주일일신문사滿洲日日新聞社에서 간
행한 『안중근 사건 공판 속기록』(1910. 3. 28.)을 처음 접했다. 광복 직후인
1946년 4월에 박성강朴性綱이 이 속기록을 한국어로 번역하여 『독립운동
선구 안중근 선생 공판기』란 제목으로 출판한 것이 있어서 이를 활용했
다. 1999년 의거 90주년 기념으로 독립기념관 독립운동연구소가 이 번
역본을 영인하여 보급한 것이 가까이 있었다. 내가 안중근 연구에 적극

4. 『안중근 사건 공판 속기록』(다롄: 만주일일신문사, 1910) 표지. 독립기념관. (왼쪽)
5. 『독립운동 선구 안중근 선생 공판기』(박성강 번역, 경향잡지사, 1946) 표지. 독립기념관. (가운데)
6. 박은식이 쓴 『안중근전』(상하이: 대동편집국, 1914) 본문 첫 페이지. (오른쪽)

적으로 뛰어들게 된 것은 전적으로 이 『공판기』의 힘이었다.

안 의사는 법정에서 네 차례나 "나는 대한의군大韓義軍 참모중장參謀中將으로서 적장을 쏜 것이니 나에게 적용할 법은 일본 제국 법은 물론 대한제국의 법도 아니고 오직 '포로에 관한 만국공법萬國公法'이다."라고 주장했다. 그는 개인적인 감정으로 이토를 죽인 것이 아니라 전장에서 적장을 처단한 것이라고 외쳤다. 안중근은 1899년 헤이그에서 열린 제1차 만국평화회의에서 채택한 '육전陸戰 포로에 관한 법'을 알고 있었다. 그의 외침이 나의 가슴을 뛰게 했다.

나는 그때, 일본이 대한제국의 국권을 침탈하면서 강제한 조약의 효력 문제를 놓고 조약에 관한 국제법의 중요성을 진지하게 검토하던 중이어서, 법정에서 국제법을 거론하면서 벌인 안중근의 투쟁은 놀라움과 무한한 존경심을 자아냈다. 광복 후 60년이 다 되어 가는 시점에, 안중근 연구 초년생인 내가 이를 처음 주목하고 있는 것이 믿어지지 않았다. 나는 이때부터 안중근을 당대 최고의 지식인으로 보기 시작했다. 그러면서 '안중근 의사'란 호칭에 대해서도 의문을 제기했다.

# 3. 안중근, '의사'인가 '장군'인가?

안중근에 대한 호칭은 순국 후 항일투쟁 전선에서도 '안중근 의사義士'로 불렸다. 한편 박은식朴殷植 선생 같은 분은 『안중근전安重根傳』에서 끝까지 호칭을 사용하지 않았다. 아마도 그 업적에 대한 평가가 '의사'라는 호칭으로는 부족하다는 판단이었을 것이다.

그런데 의거 100주년이 다가오는 시점에 어느 중학교 교사 한 분은 학생들로부터 "선생님, 의사가 왜 사람을 죽여요?"라는 질문을 받았다거나, "안중근 의사가 어느 병원 의사예요?"라는 질문도 듣는다고 했다. 언젠가부터 한자 교육이 거의 없어지다시피 하여 이런 웃지 못할 일이 벌어지는 현실 앞에 무심할 수 없었다.

나는 안중근이 법정에서 스스로 '대한의군 참모중장'이라고 누누이 밝힌 사실에 근거하여 '안중근 장군론'을 제기했다. 무엇보다도 '의사'란 호칭은 그 애국 행동의 주체가 개인 하나로 인식하게 하는 단점이 걱정스러웠다. 그래서, 2008년 12월 1일 자 『대한민국학술원통신』에 「안중근 의사, 과연 바른 호칭인가?」라는 글을 써서 내 의견을 정리해 보았다. 그리고 2010년 3월 26일 순국 100주년에 맞춰 『조선일보』가 '어떻게 생각하십니까 ─ 안중근 의사인가, 장군인가'라는 특별 코너를 만들어 원고를 요청해 왔다. 이 코너에 내가 「대한의군 참모중장으로 적장을 쏜 장군」이란 글을 싣고, 김용달 독립기념관 수석연구원이 반론으로 「인류평화 대의大義 천명한 의사로 불러야」라는 글을 올렸다.

나는 지금 '장군론'만을 고집하기보다 장군과 의사 두 가지 모두를 수용하는 선으로 물러서 있다. 국제법학자 이장희 교수는 국군 조직으로서 '대한의군'의 장군 자격으로 이토 히로부미를 처단했다면 '한국 병합'의 법적 해석에도 큰 영향을 줄 수 있다는 의견을 나에게 준 적이 있다.

어떻든 나는 '안중근 장군론'을 신문 지상뿐 아니라 강연 단상의 주

**7.** 육군본부 '안중근 장군실' 지정 개막 날. 가운데 한민구 참모총장, 그 오른쪽이 조동성 교수와 저자 이태진.

제로도 자주 삼았는데, 뜻밖에도 육군에서 의미 있는 반응을 보여 왔다. 2010년 3월 26일 순국 100주년 때, 한민구 참모총장이 내 주장을 그대로 수용하여 충남 계룡대 육군본부 지휘부 회의실 한 곳의 이름을 '안중근 장군실'로 명명했다. 그때까지 지휘부 회의실 한 곳은 '백선엽 장군실'로 명명했지만, 그 옆의 더 큰 회의실은 이름이 없다가 이때 '안중근 장군 실'이 되었다.

## 4. 안중근·하얼빈학회 창설: 의거·순국 100주년 행사

나의 뒤늦은 '안중근 발견'은 2007년 1월 '안중근·하얼빈학회' 창설로 이어졌다. 2006년 한국학술단체연합회 주최 전국학술회의 참여차 경주

**8~9.** 조마리아 여사(왼쪽)와 조동성 교수
(오른쪽).

에 다녀오면서 조동성 교수(서울대 경영학과)와 전·후임 회장 관계로 서울로 돌아오는 열차에 같이 탔다. 서로 나란히 앉아서, 내가 몇 달 전 하얼빈 조선민족예술관에서 열린 안중근 기념관 개관식에 다녀온 일을 이야기했다. 그랬더니 뜻밖에도 조동성 교수는 자신이 안중근 의사의 자당 조마리아 여사의 후손이라고 했다. 조 여사 남동생의 손자라고 했다. 그러고 보니 조 교수 모습이 조 여사와 많이 닮아 보였다. 그는 곧 하얼빈의 기념관을 다녀오겠다고 해서, 내가 만났던 조선민족예술관 창설 유공자, 서학동徐鶴東 하얼빈시 문화부 부국장을 소개해 주었다. 이것이 계기가 되어 서학동 씨 측과 2009년 하얼빈 의거 100주년 행사를 위해 서울-하얼빈 간의 협력 도모 목적으로 '안중근·하얼빈학회'를 창설하기에 이르렀다.

이 학회 창설 뒤, 2008년에 동북아역사재단의 지원을 받아 〈동북아 평화와 안중근 의거 재조명〉이라는 의거 99주년 기념 국제학술회의를 가졌다. 그리고 이어 2009년 8월 6일부터 13일간 같은 재단의 지원으로, 한국철도대학교와 함께 '안중근 장군, 항일 유적지를 찾아서'라는 주제의 역사기행을 기획했다. 안중근·하얼빈학회 측은 참가 학생 20여 명을 따로 모집했고, 한국철도대학교는 여름방학 중에 이르쿠츠크에서 러시아 철도국과의 정례 행사에 참여했다가 열차로 돌아오는 길에 하바롭스크에서 서울에서 모집해 간 학생들과 합류하기로 했다. 당시 한국철도대학교 최연혜 총장이 안중근·하얼빈학회의 회원이 되어 적극적으로 이 행사를 함께 기획했고, 그 결과 서울-하바롭스크-블라디보스토크-크라스키노-훈춘-옌지-하얼빈-뤼순·다롄-서울로 이어지는 8박 9일의 대장정 같은 여행이 되었다. 동북아역사재단 김용덕 이사장의 적극적인 지

10~11. '안중근 장군, 항일 유적지를 찾아서'라는 주제로 다녀온 역사기행의 자료집 표지(왼쪽)와 기행 기간 중 하얼빈시 조선민족예술관에서 열린 '안중근을 그리는 작은 평화 콘서트' 리플렛 표지(오른쪽).

원이 있었기에 이 행사가 가능했다. 나는 이 여행에서 대한의군 용사들이 항일독립전쟁을 벌이면서 겪은 고초를 현지에서 조금이라도 실감해 보려고 애썼고, 특히 뤼순 감옥 탐방은 영웅 안중근의 숭고한 뜻을 체감하는 기회였다.

2009년 의거 100주년을 맞으면서 안중근·하얼빈학회는 동북아역사재단과 공동으로 국제학술회의 〈안중근의 동양평화론과 동북아 평화공동체의 미래〉를 개최했다. 발표자 10인(한국 4인, 일본 3인, 중국 3인), 토론자 14인(종합 토론 4인)이 참가한 큰 규모의 행사로, 이 분야 연구에 명성이 높은 학자들이 함께한 귀한 자리였다. 그리고 이 해에는 안중근 의사 기념관이 주관하는 국제학술회의가 따로 열렸는데, 나는 여기에도 논문 발표자로 참가했다. 전자에서는 「안중근의 하얼빈 의거와 고종 황제」, 후자에서는 「안중근의 동양평화론 재조명 — 칸트 철학의 평화 사상과 만남」을 각각

**12.** 안중근 의거 100주년 기념 국제학술회의 자료집 『안중근의 동양평화론과 동북아 평화공동체의 미래』 표지. (왼쪽)

**13.** 이태진 외, 안중근·하얼빈학회 편, 『영원히 타오르는 불꽃: 안중근의 하얼빈 의거와 동양평화사상』, 지식산업사, 2010. (가운데)

**14.** 『영원히 타오르는 불꽃』의 일본어판. 勝村誠·安重根東洋平和論研究會 監譯, 『安重根と東洋平和論』, 日本評論社, 2016. (오른쪽)

발표했다. 이때 나는 비로소 제대로 된 독창적인 논문을 발표했다.

이듬해 나는 두 학술회의에 제출된 주요 논문들을 모아 『영원히 타오르는 불꽃: 안중근의 하얼빈 의거와 동양평화사상』(안중근·하얼빈학회 편)이라는 책 출판을 주관했다. 이 책은 2016년 가쓰무라 마코토勝村誠 리츠메이칸대학 교수와 안중근동양평화론연구회가 일본어로 번역하여 『安重根と東洋平和論(안중근과 동양평화론)』(日本評論社)이라는 이름으로 일본에서 출간되기도 했다.

## 5. 일본에 있는 1차 사료 조사와 입수 — 새로운 연구의 시발

2008년 의거 99주년 기념 국제학술회의 때 국제한국연구원 최서면 원장이 참석했다. 최 원장은 회의가 끝날 무렵 나에게 "한국 학자들이 아직

1차 사료를 보지 않은 것 같다."는 논평을 주었다. 내가 무슨 말인지 구체적인 언급을 구했더니, "도쿄 외교사료관 소장 『이토 공작 만주 시찰 일건 별책』을 반드시 보아야 한다."고 했다. 앞서 언급했듯이 이 자료는 1995년에 이미 국가보훈처가 영인본 6책으로 출간했지만, 인쇄 상태가 나빠 이를 활용하는 연구자가 거의 없다시피 했다. 이 분야에 뒤늦게 뛰어든 나는 말할 것도 없었다.

그러나 뒤통수를 얻어맞은 기분이 되어, 그해 봄 도쿄 가는 길에 최 원장의 소개를 받아 외교사료관을 방문하여 이 자료 전체를 CD에 담아 입수했다. 앞서 언급한 「안중근의 하얼빈 의거와 고종 황제」는 전적으로 이 새 자료의 일부를 활용하여 작성한 것이다. 나는 여러 사람의 도움을 받아, 무려 1,778건에 달하는 이 방대한 자료의 보고문과 훈령에 문서 이름을 붙이고, 목차를 만들고, 해설을 붙여 자료 입수 10여 년 만에 나의 한국역사연구원 편 '석오역사연구자료 시리즈 2'로 『그들이 기록한 안중근 하얼빈 의거: 일본 외무성 소장 「이토 공작 만주 시찰 일건」 11책 총람』(2021, 태학사)이란 이름으로 출간했다. 또한 자료 전체를 DVD에 담아 책에 붙여, 비로소 『아주제일의협 안중근』을 대신하게 되었다. 이 책 출판 준비를 하면서 "안중근 하얼빈 의거 연구는 이 자료를 활용하지 않고서는 궤도에 올릴 수 없다."는 최서면 원장의 지적이 여러 차례 상기되었다.

다른 하나의 논문 주제 「동양평화론」 재조명은 한일 관계 조약의 문제점에 동참하여 교분을 나누던 교토의 류코쿠대학龍谷大學 도츠카 에즈로戶塚悅郞 교수가 서울대학교를 방문한 것이 계기가 되었다. 일본 구리하라栗原의 다이린지大林寺에서 열린 안중근 추모 기념 강연 행사에서 칸트 철학 전공자인 마키노 에이지牧野英二 교수가 안중근이 칸트의 「영구평화론」을 읽은 것 같다는 내용의 발표를 했는데, 도츠카 교수가 그 발표문을 내게 건네준 것이다. 이로써 나의 '지식인 안중근' 탐구가 본격화했다.

2013년 12월 『국립서울대학교 개학 반세기사: 1875~1946』 편찬위원장을 맡으면서 2014년 11월에 도쿄의 국회도서관 헌정자료실을 찾았다. 1977년 이치가와 마사아키市川正明(한국명 김정명金正明)가 이 자료실의 '시치조 기요미七條淸美 컬렉션'에서 「안응칠 역사」 한문 원본 등을 찾아내면서 이 컬렉션이 연구자들 사이에 널리 알려졌다. '시치조 기요미 컬렉션'에는 안중근의 여러 모습을 담은 사진들이 포함되어 있어서 더욱 유명했다. 나는 이 컬렉션을 본 적이 없어서 이 여행에서 헌정자료실의 문을 두드렸다.

　두툼한 사진 모음 봉투를 건네받아 하나씩 살폈는데, 뜻밖에도 학계에서 한 번도 거론된 적 없는 사진 한 장을 발견했다. 당대 동아시아 최고의 석학 량치차오梁啓超가 뤼순 안중근 공판정의 기자석에 앉아 있는 게 아닌가. 나는 이 사진을 근거로 량치차오 관련 자료를 최대한 조사하여 『진단학보』 126호(2016.8.)에 「안중근과 량치차오梁啓超 — 근대 동아시아의 두 개의 등불」이란 논문을 발표했다. 이 논문은 일본 학계에서도 관심을 가져, 이듬해인 2017년 이수임李洙任과 시게모토 나오토시重本直利의 공동 편저 『安重根と東洋平和(안중근과 동양평화)』(明石書店)에 일본어로 번역되어 실렸다.


## 6. '근대 국민' 최우등생 안중근 재발견

「국민 탄생의 역사와 안중근」(『동방학지』 제196호, 2021. 9.)은 나의 안중근 연구 최근작이다. 2020년 말 연세대학교 박명림 교수가 "2021년 6월에 연세대 국학연구원에서 안중근 저작 영문판 출간 기념 국제학술회의가 열릴 예정인데, 이 회의 발표자로 참가해 달라."고 요청해 왔다. 좀 갑작스럽긴 했지만, 수년 전부터 머릿속에 있던 주제가 떠올라 수락했다.

2019년에 발표한 「국민 탄생의 역사 — 3·1독립만세운동의 배경」을 토대로 안중근을 새롭게 조명해 볼 생각이었다.

2014년부터 나는, 한국 병합의 불법성을 연구하다가 만난 일본의 저명한 교수, 아라이 신이치荒井信一(2017년 작고)와 사사가와 노리가쓰笹川勝紀 두 선생과 함께 2019년 3·1독립만세운동 100주년에 대비하여 한일세미나 팀을 이끌었다. 나의 한국역사연구원이 석오문화재단의 지원을 받아 네 차례에 걸쳐 세미나를 개최했고, 여기서 발표된 논문 15편을 모아 예정대로 2019년 3월에 『3·1독립만세운동과 식민 지배체제』(태학사)를 출간했다. 이 책에 실린 나의 논문 「국민 탄생의 역사」의 논지에 근거하여 안중근을 새롭게 조명해 보기로 했다. 이 책의 일본어판은 2020년에 사사가와 노리가쓰, 이태진, 변영호邊英浩 공편으로 아카시서점明石書店에서 간행되었다.

청일전쟁 중인 1894년 12월(음력)에 조선의 군주 고종은 일본 측의 압박에 유화적으로 대응하면서 「홍범 14조」를 발표했다. 고종은 유화적 대응 속에서 국가 위기 극복의 근본적 대책으로 '국민 창출'을 위한 새로운 개혁을 도모했다.

「홍범 14조」 실행 차원에서 1895년 2월 23일 「교육조령敎育詔令」을 비롯해 관련 시책에 관한 조령을 잇달아 내렸다. 신분을 불문하는 인재 등용, 교사 양성을 위한 사범학교 및 소학교 설립 등에 관한 교서와 함께 가장 주목할 만한 「교육조령」이 공표되었다. 이 조령은 새로운 교육 강령으로, 덕양德養·체양體養·지양智養의 3양 교육을 표방하고 실용 교육을 선언했다.

군주 고종은 「교육조령」에서 "교육은 실로 나라를 보존하는 근본"으로, "너희 신민臣民의 학식으로 나라를 중흥하는 큰 공을 이룩하고자" 하며, "나라의 분개를 풀어 줄 사람, 나라의 모욕을 막을 사람, 국가의 정치 제도를 닦아 나갈 사람은 바로 너희 신민이다."라고 선언하였다. 교육을 통해 신민을 국민으로 거듭나게 하려는 뜻을 강하게 담았다.

연세대학교 국학연구원에 제출할 논문을 준비하면서 안중근의 자서전 「안응칠 역사」를 새로 읽었다. 놀라운 사실을 발견했다. 안중근은 여러 어려운 상황에 대처해 나가면서, "만일 백성이 없다면 나라가 어디 있을 것입니까? 더구나 나라란 몇몇 대관들의 나라가 아니라 당당한 2천만 민족의 나라인데, 만일 국민이 국민 된 의무를 행하지 아니하고 어찌 민권과 자유를 얻을 수 있을 것이오?" "대한국 2천만인 중의 한 분자가 된 의무를 다한 다음에는 죽어도 한이 없겠다." "대개 군인이란 국가의 중임을 맡은 것이다."라는 말을 곳곳에 담아 놓았다. 이 거침없는 근대적 국민 의식의 언사들은 내 눈을 의심하게 했다.

1879년생 안중근은 고종의 「교육조령」 반포 당시 17세였다. 고종의 국민 창출 시책은 1904년 2월 러일전쟁 이후 국난이 계속되는 와중에 이미 전날의 신민들이 "나라의 분개를 풀어 줄 사람, 나라의 모욕을 막을 사람"으로 거듭남으로써 그 실효를 보고 있었다. 1907년 2월 대구에서 시작한 국채보상운동은 외세에 의해 나라가 부당하게 진 빚을 갚는 것은 '국민의 의무'라고 외치고 있었다. 안중근은 국채보상운동에 진남포 지역 책임자로 참가했다. 청년 안중근은 1895년 이후 '국민 탄생' 역사의 최우등생이었다.


## 7. 국가 원수에게 보내는 하직 인사 유묵 3점

안중근의 의거 100주년(2009), 순국 100주년(2010)을 기념하여 많은 행사가 거행되었다. 그 가운데 예술의 전당 서예박물관에서 열린 의거·순국 100년 유묵 전시회 〈안중근, 독립을 넘어 평화로〉에 특별한 관심을 가져 전시회도 관람하고 전시 도록도 구해 보았다. 당초에 뜻을 둔 것은 유묵에 담긴 영웅 안중근의 지식 세계였다. 유묵에 담긴 글귀가 어느 고전古典에서 나온 것인지를 조사해 보려고 했다. 작업 중에 전혀 예기치 않은 사실을 발견했다.

대부분의 유묵 기문記文은 "경술 이월(또는 삼월) 뤼순 옥중에서 대한국인 안중근이 쓰다庚戌二月(三月)於旅順獄中大韓國人安重根書"라고 되어 있다. 그런데 특별히 유묵을 받는 사람이 있는 경우에는 맨 앞에 "야스오카 검찰관에게 드림[贈 安岡檢察官]"과 같이 누구에게 준다고 쓰고 끝에 "안중근 쓰다[書]"가 아니라 "안중근이 삼가 절함"이라는 뜻으로 "근배謹拜"라고 썼다. 이에 해당하는 것은 야스오카 검찰관, 다케시猛 경시, 미조부치溝淵 검찰관, 소노기園木 선생(통역)에게 주는 유묵 4점으로 확인된다.

그런데 유묵 맨 앞에 받는 사람을 적지 않았는데도 끝에 "근배謹拜"라고 쓴 유묵 3점이 내 눈에 들어왔다. "적을 만나 먼저 나아가는 것은 장수된 자의 의무이다(臨敵先進 爲將義務)"(2월), "나라를 위해 몸을 바치는 것은 군인의 본분이다(爲國獻身軍人本分)"(3월), 그리고 아래의 4언절구 시문 한 점(2월) 등 셋이다. 이 시의 내용 검토 끝에 글귀를 받을 사람으로 한성의 임금(고종)을 염두에 두고 쓴 것이란 풀이를 얻었다.

이러한 독해 결과를 「안중근의 옥중 유묵 3점의 비밀」(『월간중앙』, 2012. 6.)이란 글로 세상에 알렸다. 이를 주목하는 사람은 별로 없었지만, 2021년 6월 연세대 국학연구원 행사를 위해 「국민 탄생의 역사와 안중근」을 구상하는 데 유묵 3점의 비밀은 큰 도움이 되었다.


## 8. 저격 현장 촬영 필름과 공판 기록 원본 문서들의 행방

일본 제국 추밀원 의장 이토 히로부미가 하얼빈 철도 정거장에 도착했을 때, 러시아 재무대신 코콥초프는 동청철도東淸鐵道The Chinese Eastern Railway

관리의 최고위로서 그를 맞이하는 '역사적' 장면을 활동사진에 담기 위해 육군 소속 촬영기사를 현장에 배치했다. 열차가 들어오는 장면부터 안중근이 소지한 브라우닝 권총에서 여섯 발의 총탄이 발사되어 이토 히로부미를 쓰러트리는 장면이 담겼다. 사건 직후 이 필름은 도쿄의 한 필름 거래상이 입수하여 25초짜리로 편집되어 이토 히로부미 추도용으로 공개되었다. 그들이 말하는 '흉한' 안중근을 보여 주기 위한 행사였다.

나는 일본 측이, 그들의 '영웅'이 한국인의 총에 맞아 쓰러지는 장면을 보여 주기 싫어서 필름을 감춘 것으로 알았다. 그런데 1911년 페테르부르크 신문사의 한 기자가 이 필름 상연을 보고 쓴 기사에는 "이토 히로부미를 수행하던 일본 관리들이 총소리에 놀라 도망가는 장면이 우스꽝스러웠다."고 적혀 있었다. 이 기사대로라면, 이 장면이 일본 당국으로서는 '한국인에 의한 피격' 사실보다 더 큰 문제였다. 나는 필름의 행방을 추적한 그동안의 여러 경로와 과정을 정리하여 이를 찾게 되는 후일을 기약하는 데 도움이 되고자 하였다. 원화 또는 편집이 가해진 필름 어느 쪽이든 현재 남아 있을 확률이 높은 곳은 파리와 모스크바 두 곳으로 정리되었다.

다음은 안중근 공판 관련 기록에 관한 글이다. 1977년에 국사편찬위원회가 조선사편수회 자료로 남아 있는 '안중근 등 살인 피고 공판 기록'을 번역하여 『한국독립운동사자료』 6·7(안중근 편 1·2)을 출간했다. 학계는 이것이 안중근 공판 관련 기록의 전부인 줄 알았다. 그런데 국사편찬위원회 편사관 김현영 박사가 2009년에 「안중근 공판 기록 관련 자료」에서 1939년 9월 조선사편수회 수사관보修史官補 다가와 고조田川孝三의 「지린·신징·펑톈·뤼순·다롄 사료채방 복명서吉林·新京·奉天·旅順·大連 史料探訪復命書」를 검토한 결과, '안중근 등 살인 피고 공판 기록'은 다가와 고조가 뤼순 법원 방문 시에 원본을 보고 이를 등사해 보내 달라고 요청하여 조선사편수회가 입수하게 된 것임을 밝혔다.

나는 이 과정이 매우 흥미로워, 2012년 국사편찬위원회 위원장 재직 때 서고에서 이 「복명서」를 찾아 직접 살폈다. 그 결과, 뤼순 법원이 보관하고 있던 공판 기록 가운데 일부만 필사해서 조선사편수회에 보낸 것을 확인할 수 있었다. 총 173건 중 55건만 등사謄寫(베껴쓰기)해서 보내온 것이다. 그동안 전체의 3분의 1에도 미치지 못하는 분량만 학계에 알려져 있던 셈이었다.

1939년 9월 현재 뤼순 법원에 온전히 보관되어 있던 안중근 공판 관련 문건, 즉 취조·증언·증거 등 그 많은 문건이 현재 어디에 보관되어 있는지를 찾아내는 것이 우리의 새로운 과제가 되었다. 나는 국사편찬위원회 위원장 재직 시에 구 뤼순법원과 뤼순감옥 자리에 소재한 다롄시근대사연구소大連市近代史研究所를 찾았다. 연구소 관계자들은 '처음 듣는 소리'라면서 "이곳에 자료가 있었다면 제2차세계대전 후에 중국의 법원 체계가 바뀌면서 뤼순 법원이 다롄시의 중급재판소 산하로 편입될 때 변동되었을 것"이라고 했다. 나는 이 정도의 소견을 듣는 것으로 발길을 돌려야 했다. 정부 차원에서 이 일괄 문건의 보관처로서 유력한 다롄 시 중급재판소 등에 의뢰하는 조사 사업이 있기를 기대해 본다.

# 1부

# 영상과 신문 기사로 보는
# 사건의 전말

# 신문 기사로 보는
# 하얼빈 의거 현장

## 1. 이토 히로부미, 왜 하얼빈으로 갔나? —『하얼빈 웨스트니크』

1909년 10월 24일 자『하얼빈 웨스트니크Harbin vestonik』(러시아 동청철도 기관지)는 이토 공 하얼빈 방문의 사명에 대해 다음과 같이 보도했다.[1]

『재팬 타임스』는 일본과 러시아의 만주 분할에 대해 보도한 바 있고, 그리고 도쿄에서 [발행되는] 다른 외국어 신문에서도 이토 공이 출발 전에 천황 폐하를 알현했다는 것, 장시간에 걸쳐 내각회의가 개최되었다는 것, 이토 공과 가스라 桂 총리의 회견이 있었다는 것 등에 대해 보도했다. 이토 공의 만주행은 단순한, 폐하의 부름思召에 의한 것이 아니라, 정부의 제의도 있었다. 공이 돌아온 후는, 공이 남만주 태수太守의 인수印綬를 차게 되는 것이 사실로 관측된다. 정부는 이토 공에게 남만주철도를 정리할 것, 이 철도에 관한 모든 문제를 현지에서 처치할 것을 특별히 위촉하였다. 나카무라中村 만철 총재가 이토 공을 (다렌에서부

---

**1** 『伊藤公の最期』(日本國會圖書館 七條清美 컬렉션 프린트본), 1927, 6~7쪽.

터) 수행한 것은 바로 이 때문이다.

1.『하얼빈 웨스트니크』(하얼빈 통보), 1908.

위 기사를 소개한『이토 공의 최후伊藤公の最期』는 1927년(쇼와 2) 10월 25일에 발행된 95쪽 분량의 소책자로, 일본 국회도서관 헌정자료실의 '시치조 기요미七條清美 컬렉션'에 1부가 수장되어 있다.[2] 하얼빈 일본인 거류민회 회장 후루사와 고키치古澤幸吉가 같은 해 10월 15일 자로 서문을 썼다. 이 서문에 따르면, 이토 히로부미 서거 사건 후 온갖 낭설이 나돌아서 10주기에 즈음하여 사건의 진실을 바로잡기 위해 낸다고 했다.『하얼빈 니치니치 신문哈爾賓日日新聞』사장 사토 시로佐藤四郎가 같은 취지로 재료를 수집하고 있어서, 거류민회 측에서 수집한 "아직 세상에 발표되지 않은 관부官府 공문서, 목격자의 수기, 그 외 가장 신빙할 만한 자료"를 모두 사토 사장에게 제공하여 이 책을 출판하게 되었다고 했다.

『하얼빈 웨스트니크』의 기사는 일본 제국이 러일전쟁 승리 후 만주 경영의 애로를 일거에 타개하기 위해 대책 모색 차원에서 이토 히로부미의 하얼빈행이 결정되었다는 뜻이다. '남만주 태수太守의 인수印綬를 차게 된다'는 고식古式 표현은 남만주 경영의 모든 권한이 그에게 돌아간다는 사실을 강조한 것으로 보인다. 1909년 10월 현재 일본 제국의 만주 경영은

---

**2** 시치조 기요미는 표지에 "쇼와 7년(1932) 2월 20일 하얼빈에서 구했다."라고 적어 놓았다. 이 책자는 지금까지 학계에 알려지지 않았다. 저자가 2014년 일본 국회도서관 헌정자료실 방문 때 카피본을 입수했다.

관동도독부와 남만주철도주식회사 두 기관에 나누어 맡겨져 있었다. 이토 히로부미의 하얼빈 방문 이후에는 그가 두 기관을 통합하는 새로운 총책을 맡게 될 것이며, 이것이 천황과 내각 사이에 합의되었다는 뜻이다. 곧 지난날 한국에서의 통감과 같은 지위를 부여하여 만주 지역에 대한 일원적 통치 체제를 확립한다는 목표로, 우선 이토 히로부미를 하얼빈에 보내 상황을 점검하겠다는 뜻이었다.

러시아는 당시 만주를 가로지르는 동청철도를 매각한다는 공고를 내고 있었기 때문에 하얼빈 방문 필요성은 더욱 절실했다. 미국의 시어도어 루스벨트 정부는 1904년 2월에 시작된 러일전쟁에서 일본을 도왔다. 1905년 9월의 포츠머스 조약 체결 때도 루스벨트 정부는 일본 정부와 만주 일원을 상업 지대로 공동 개발한다는 조건으로 일본을 도왔다. 영국도 마찬가지였다. 그러나 조약 성립 후 일본은 1906년 만주에 관동도독부를 세웠고, 1907년 러일협약으로 미국과 영국의 만주 진출을 배제했다.

1909년 5월 러시아는 패전 후 재정난을 겪게 되어 재무대신 블라디미르 코콥초프Vladimir Kokovtsov의 발의로 동청철도 매각을 공고했다. 시베리아 철도 하나라도 제대로 지키자는 뜻이었다. 이 공고에 미국이 제일 먼저 반응을 보였다. 미 대륙 횡단철도 개발에 공로가 많은 사업가 에드워드 해리먼Edward H. Harriman의 이름으로 매입 의사를 밝혔다. 그러나 그가 9월에 갑자기 사망하자, 이토 히로부미는 정부와 천황에게 제국 일본이 이를 매입하자고 제안했다. 이에 재무대신 코콥초프와 교분이 있던 고토 신페이後藤新平가 나서 두 사람의 만남을 주선했다. 1906년 고토 신페이는 남만주철도주식회사(이하 '만철'로도 표기함) 총재로 부임한 뒤 만철이 사용할 철도 레일을 러시아 제품으로 구입하는 건으로 재무대신 코콥초프의 호감을 산 사이였다. 재무대신 코콥초프는 동청철도 관리의 총책이었다. 추밀원樞密院 의장 이토 히로부미는 코콥초프와 만나 동청철도 매입 건을 마무리하기 위해 하얼빈으로 가게 되었다.

**2.** 안중근 하얼빈 의거 당시 러시아의 재무대신이었던 블라디미르 코콥초프(Vladimir N. Kokovtsov). 1911년 9월 11일부터 1914년 2월 12일까지 러시아 총리를 지냈다. (위)

**3.** 미 대륙 횡단철도 개발에 공로가 많았던 에드워드 해리먼(Edward H. Harriman). 러시아 동청철도 매각 공고에 첫 번째 원매자였다. (아래 왼쪽).

**4.** 대만 총독부 민정국장(장관)을 거쳐 1906년 7월 남만주철도주식회사 총재에 취임한 고토 신페이 (後藤新平). 하얼빈 저격 사건 당시는 체신대신이었다. 출처: 『近世名士写真』其1, 近世名士写真頒 布会, 昭10(1935). (아래 오른쪽)

『이토 공의 최후』에 실린 『하얼빈 웨스트니크』 기사는 지금까지의 '동청철도 매입 목적의 하얼빈 방문설'을 한층 강화해 주는 내용이다. 이 철도를 매입하면 일본 제국은 이제 남만주철도 주변 지역에 대한 선線 지배에서 면面 지배로 바꾸게 될 것이고, 그렇게 되면 이토 히로부미가 남만주 전역을 통치하는 '태수의 직'을 받게 될 것이라는 내용을 담은 것이었다.

이토 히로부미의 사명은 막중했지만, 실제 여행길에 나서서는 개인적인 '만유漫遊'라고 하여 사명을 감추었다. 일부러 한시인漢詩人 모리 카이난森槐南을 대동하기까지 했다. 이토 히로부미는 시나가와 현 오이소大磯 역에서 특별열차에 오른 이후 '만유'의 풍을 만끽하려는 듯 브랜디 잔을 손에서 놓지 않았다.

창춘長春에서 러시아 측이 제공한 특별열차로 바꾸어 타고 하얼빈으로 향한 마지막 구간에서, 이토는 하얼빈 총영사 가와카미 도시츠네川上俊彦에게 '신구대륙대치론新舊大陸對峙論'이란 단어를 처음 발설했다. 가와카미 총영사는 하얼빈에 도착하여 코콥초프 재무대신을 만나면 통역을 맡을 사람이었으므로 미리 이 용어에 적합한 러시아어 단어를 준비하라는 뜻이었다. 신대륙은 미국, 구대륙은 유라시아의 일본과 러시아로, 그 양자 대치의 시대를 여는 것이 이토의 원대한 구상이었다. 한마디로 러시아와 손잡고 만주 땅에 미국과 영국이 발을 들여놓지 못하게 한다는 구상이었다.

한편, 1907년 대한제국의 황제 고종이 헤이그에서 열리는 제2차 만국평화회의에 3인의 특사를 파견하여 '동양 평화'라는 이름으로 범한 일본 제국의 불법적인 국권 탈취 만행을 폭로하자, 이토 히로부미는 황제를 강제로 퇴위시키고 군대를 해산하면서 황태자 순종을 즉위시켰다. 황태자는 1898년 독차毒茶 사건 이후 간헐적으로 심신 장애 증세를 보였는데, 이 약점을 이용해 황제를 교체하여 대한제국의 저항을 줄이는 효과를 노렸다. 그러나 전국 각지에서 항일 무장투쟁이 끊이지 않고 일어났다. 이토는 본국으로부터 1개 사단을 증파하기까지 했으나 이를 진압하는 데 실패하자 1909년 4월 스스로 통감 직에서 물러났다. 최후로 1910년 1~2월에 순종 황제와 함께 남순南巡(서울-대구-부산-마산 왕복), 서순西巡(서울-평양-의주-개성-서울)의 순행巡幸 행사로 황제와의 우호 관계를 표시하며 한국인들의 저항을 순무巡撫하려 했으나 뜻대로 되지 않았다. 곳곳에서 황제를 환영하는 수만 명의 인파를 보고 자신의 '보호국화' 정책의 실패를 자인하고 귀국하였다. 이후 이토는 비교적 한직인 추밀원 의장 직을 받아 오이소 별장에 칩거하였다. 이토에게 동청철도 매입 건은 이 오명을 씻을 절호의 기회였다. 그래서 10월 14일부터 시작된 12일간의 하얼빈행 여행은 시종 흥겨웠다.

일본에서 출발할 때 추밀원 의장 이토 히로부미의 수행원은 모두 10명이었다. 철도 관계 경험자, 러시아어와 중국어 통역이 가능한 인사 외에 비서와 시종인, 의사 등이었다. 비서, 시종인, 의사 등은 천황을 보필하는 궁내청 소속이었다. 다롄에서 창춘으로 향할 때는 남만주철도주식회사

**5~6.** 이토 히로부미의 오이소(大磯) 별장 창랑각(滄浪閣)의 화관(和館, 위)과 양관(洋館, 아래). 1909. 4. 통감 직에서 물러난 후 이곳에 거주했다.

현 총재와 이사가 동승하여, 하얼빈 철도 정거장에 도착했을 때는 모두 12명이었다. 그 명단은 아래와 같다.

**도쿄 출발 시의 수행원**

① 귀족원 의원 무로다 요시아야室田義文(1847~1938): 양학교에서 러시아어와 영어를 배우고, 1887년 부산 주재 영사, 1892년 총영사를 지내면서 경부선 부설권을 따내는 데 이바지했다. 이토 히로부미의 신임을 받아 외무성의 요직을 많이 맡았다.

② 식부관式部官(궁내청 내부관) 후루야 히사츠나古谷久綱(1874~1919): 도시샤同志社를 졸업하고, 관료, 중의원, 도쿄 고등상업학교 교수 등을 역임했다. 이토 히로부미 내각 총리대신 때 비서관을 오래 맡았다. 브뤼셀 자유대학에서 박사학위를 받았다.

③ 공사관 2등 서기관 데이 에이호鄭永邦(1863~1916): 명나라 정성공鄭成功의 후예로, 도쿄 외국어학교를 졸업하고, 베이징 공사관원을 역임했다. 1895년 시모노세키조약 체결을 위한 베이징 회담 때는 이토 히로부미의 통역을, 1905년 러일전쟁 후의 만주 선후조약善後條約 체결 때는 고무라 주타로小村壽太郎의 통역을 맡았다.

④ 육군 소좌 마쓰키 나오수케松木直亮(1876~1940): 육군사관학교를 졸업하고(제10기), 1902년 육군대학교에 입교했다. 1904년 2월 러일전쟁으로 중퇴하여 4월에 출전했고 8월에 전쟁에서 부상을 입었다. 1906년 육군대학교에 복교했다. 1907년 11월 육군대학교 졸업 후 바로 참모본부원 겸 노기 마로스케乃木希典 군사참의관의 부관으로 임명되었다. 이토 히로부미의 뤼순 러일전쟁 격전지 답사와 관련해 수행했다.

⑤ 궁내대신 비서관 모리타이 니치로森泰二郎: 수행 비서.

⑥ 궁내성 어용계 고야마 젠小山善: 수행 의사.

⑦ 궁내속宮內屬 黒澤滋十郎

⑧ 종자小林勝三郎

⑨ 종자奧村金之助

⑩ 모리카이난森槐南(1863~1911): 나고야 출신. 한漢 시인 모리 슌도森春濤의 아들로, 어머니森淸子도 여류 가인歌人이었다. 추밀원 소속으로 도서료 편집관, 식부관 등을 역임했고, 제국대학 문과대학 강사로서 중국 문학을 가르쳤다. 이토 히로부미뿐만 아니라 메이지 초기의 태정관 산조 사네토미三條實美(1837~1891)와 친했다.

**다롄에서부터 동승한 수행자**

① 나카무라 요시고토中村是公(1867~1927): 히로시마 출신으로, 도쿄제국 대학 법과를 졸업했다. 타이완 총독부에 입사하여 민정국장 고토 신페이後藤新平의 신임을 얻어, 남만주철도주식회사 창설 후 총재 고토 신페이가 부총재로 임명했다. 이후 제2대 만철 총재가 되었다.

② 다나카 세이타로田中淸太郎: 남만주철도주식회사 이사.

## 2. 안중근이 쏜 총소리에 놀라 달아난 이토 수행원들 — 『페테르부르크 신문』

이토 히로부미가 탄 열차가 하얼빈 철도 정거장에 들어설 때 러시아 육군 소속 영화 촬영기사 코브초프가 촬영기를 돌리기 시작했다. 재무대신 코콥초프의 명령에 따른 것이었다. 이 필름의 복사본 하나가 일본의 한 사업가에게 팔려 갔다.[3] 매입자는 최소 30분 길이는 될 필름을 잘라 20초짜

---

**3** 이 책 4부의 첫 번째 글 「하얼빈 의거 현장 촬영 필름의 행방」 참조.

리로 편집했다. 이토 히로부미가 쓰러지는 장면은 잘라 내고, 안중근이 러시아 헌병에게 잡혀가는 장면은 남겼다. 이렇게 편집된 필름을 이토 히로부미 추도식장(도쿄시 국기관)에서 상영하여 많은 수익을 올렸다. 그러나 이것과는 별개로, 일본에서도 소수의 제한된 사람들이 이토가 쓰러지는 장면이 나오는 필름을 볼 수 있었다. 1910년 1월 6일 자 『요미우리 신문』은 "(영화를) 봤더니 이토 후작을 수행한 고관들이 도망가고 숨기 바빴다. 필름이 공개되면 용맹을 떠벌렸던 정치인들의 해명이 필요할 것이다."라는 기사를 실었다.

러시아 『페테르부르크 신문』 1911년 10월 24일 자 기사는 이보다 훨씬 더 자세한 내용을 담고 있다. 이를 옮기면 다음과 같다.

이 사건은 V. N. 코콥초프(현 총리, 당시 재무대신)가 하얼빈에서 이토 히로부미를 맞이하는 성대한 환영식에서 일어난 것으로 전해진다. 사건의 모든 것을 담으려는 어디에나 있는 영화 촬영기사들이 촬영기를 작동한 덕분에 암살의 충격이 일어나는 순간을 촬영할 수 있었다. 필름에는 혼란스러운 순간에 일어난 모든 것이 담겨 있다. 이 필름을 소유한 행운아는 필름을 상영하려고 했지만, 갑자기 상영 금지 조치가 내렸다. 이 필름은 다음과 같은 흥미로운 장면을 담고 있다. 희생정신을 발휘한 V. N. 코콥초프는 쓰러진 후작[이토 히로부미 – 인용자]을 부축하고 있는 반면에 코콥초프와 이토를 수행하던 인물들은 깜짝 놀라 가까운 곳으로 피신하고 있다. 그들은 정신이 나가 도망쳤으며, 어느 러시아 장군은 네 발로 기어가면서 겁먹은 채 주변을 둘러보고 있다. 당시 하얼빈에 있었던 어느 프랑스인 기업가가 이 필름의 상영 금지 조치를 알고 필름의 소유자를 찾아갔다. 그는 필름 소유주에게 15,000프랑을 주고 필름을 샀으며, 그것을 프랑스로 가져가 상당히 오랜 기간 상영했다.

안중근 장군이 쏜 여섯 발의 총소리에 이토 히로부미를 수행하던 자들

**Убийство Ито и В.Н.Коковцев в кинематографе.**

Прибывшие с Дальнего Востока лица передают «К. 0.» интересные подробности к ровавой сцены убийства маркиза Иго, при которой так же, как и при убийстве Столыпи на, присутствовать теперешний премьер В.Н.Коковцов.

В.Н.Коковцов выказал много мужества и выдержанности характера и не только не смут ился близкой опасностью, но подхватил падавшего маркиза, который почти у него на р уках и скончался.

Известно, что убийство произошло в момент торжественной встречи В.Н.Коковцова в Харбине, и вездесущий кинематографщик, желая запечатлеть на ленте, вертел свой апп арата и продолжал вертеть его и во время выстрела.

На ленте отразилось, таким образом, все происшедшее в эту бурную минуту.

Когда счастливый обладатель ленты захотел ее потом демонстрировать в своем кинемат ографе, последовало вдруг запрещение.

Оказывается, что лента зафиксировала одну любопытную сцепку. Изображен В.Н.Коко вцев, самоотверженно поддерживающий падающего маркиза, а невдалеке от него груп а испуганных лиц, сопровождавших Коковцова и Ито.

Они растерялись и бросились в бегство, а один русский генерал полз на четвереньках и боязливо оглядывался.

Узнав о запрещении демонстрировать эту ленту, к владельцу кинематографа обратился бывший тогда в Харбине один французский предприниматель. Он дал ему 15,000 фран ков за эту ленту и увез ее во Францию, где она и демонстрировалась в течение долгого времени.

**7.** 『페테르부르크 신문』 1911년 10월 24일 자 기사.

이 모두 놀라서 정신없이 달아난 것이 현장의 모습이었다. 이 광경 때문에 일본은 필름의 상영을 금지하고 필름을 아예 숨겨 버렸다. 파리를 비롯한 다른 몇 곳에서 같은 필름이 상영된 사실이 확인되지만, 필름의 행방을 추적하기는 쉽지 않은 실정이다.[4]

## 3. 당황하여 오보를 연발한 일본 신문 —『모지 신보』

이토 히로부미의 만주 시찰에 관한 보도는, 이토가 배를 탄 지점인 모지

---

**4** 이 책 4부의 첫 번째 글 「하얼빈 의거 현장 촬영 필름의 행방」 참조.

항(후쿠오카현 기타규슈시)에 소재한 『모지 신보門司新報』가 제일 많이 냈다. 1909년 10월 7일 자 1면에 「이토 공의 외유外遊」 기사를 시작으로 관련 기사를 매일 신다시피 했다.[5] 이토 히로부미 피격 보도는 10월 27일 자 호외 발행으로 시작했다. 그런데 사건 초기의 기사는 갈팡질팡하여 오보가 극심했다.

### 10월 26일 자 호외(27일 자 2면에 재수록)

#### ①「이토 공, 저격당했다」

"이토 공은 당지에 도착하자마자 정거장 플랫폼에서 한국인에게 저격당했다."

#### ②「이토 공 저격자 체포」

"이토 공은 오늘 아침 예정대로 하얼빈에 도착하여 성대한 환영을 받았는데 플랫폼에 내리자 환영 군중 가운데서 어떤 한국인이 뛰쳐나와 권총으로 이토 공을 저격하여 명중시켰다. 이토 공은 그 자리에 쓰러져서 대단한 소동이 일어났는데, 호위 임무를 맡은 어떤 경부警部(경찰)가 즉시 범인을 포박했다. 이에 관하여 관계 당국도 급전急電으로 접한 모양이어서 이곳 하얼빈에 상세히 조회 중인 것 같다."

#### ③「이토 공작, 결국 훙거薨去」

"이토 공의 조난遭難에 대해 그 후의 보도에 따르면 권총은 흉부를 명중했다. 즉시 하얼빈 병원에 입원했지만 위독하다가 결국 10시에 훙거薨去[사망의 높임말-인용자]했다. 이와 동시에 이토 공을 안내하던 다나카田中 만철 이사, 가와카미川

5 『일본신문 안중근 의거 기사집: 門司新報』I(한국독립운동사자료총서 제29집), 독립기념관 한국독립운동사연구소, 2011.

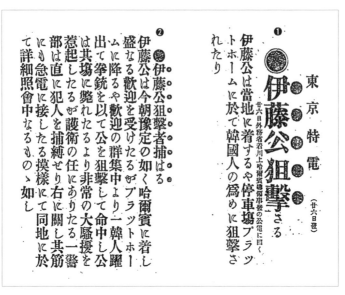

**8.**『도쿄 특전(東京特電)』호외.

上 하얼빈 총영사 두 명도 총상을 입고 한때 그 자리에 쓰러졌다."

　사건 당일의 호외 기사가 소략하더라도 탓할 것이 못 된다. 이토 공이 한국인의 총에 맞았다는 내용이다. 저격한 사람의 이름도 아직 나오지 않은 상태이다. 사건 후 하루 지난 27일에 다롄에서 보내져 28일 신문에 실린 아래 기사는 자세한 정황이 파악되었지만, 부정확한 내용, 과장된 내용이 많다. 앞의 『페테르부르크 신문』의 영상 기사와는 거리가 멀다.

### 1909년 10월 28일 1면(다롄 특전特電, 27일 발)

### 「이토 공 조난 상보」(① ② ③ 구분은 저자)

　이토 공 일행이 26일 오전 9시 하얼빈에 도착하자 러시아 대신은 기차 안으로 이토 공을 방문하여 약 20분간 담화를 나눴다. 일동은 가와카미 총영사의 선도 안내로 하차했다.

① 러시아와 청국 양국 군대와 각국 외교단, 러시아·청국 문무 관료의 환영이 있었다. 공은 서서히 정렬한 환영 인파 쪽으로 걸음을 옮겨 각국 대표자와 악수했다. 그리고 일본인 단체 쪽으로 돌아가기 위해 정렬한 러시아 군대 쪽에 이르렀을 때 돌연 탕탕, 폭죽인지 불꽃놀이 같은 소리가 나는 순간 탄환 세 발이 공의 오른쪽 배복부背腹部에 명중하고 나카무라 총재가 뒤에서 이토 공을 받쳐 안았다. 공은 태연자약하게 "세 발 맞은 것 같다."고 중얼거렸다.

일동은 매우 놀라서 극진한 간호를 위해 기차 안으로 모시고 들어가 오야마小山 의사가 붕대 처치를 했다. 마침 환영하러 온 일본 의사 3명, 러시아 의사 등도 함께 응급처치했지만, 약 30분 후 절명하였다. ② 예상치 못한 일을 당했는데도 (이토 공은) "누구야? 모리森도 당했느냐?"고 마지막까지 중얼거렸다. ③ 흉한은 20세 정도의 조선인이고 흉기는 6연발 권총이다. 공을 쏜 다음 가와카미 총영사의 오른팔과 흉부를 저격하고, 마찬가지로 모리 씨도 저격당했고, 다나카 만철 이사는 오른발을 맞았다. 흉한은 공 때문에 죽임을 당한 다수의 한국인을 위해서 복수한 것이라고 공언했다.

①은 이토가 기차에서 내린 후 저격당할 때까지의 이동 경로이다. 이를 정리하면, '러시아·청국 양국 군대 → 각국 외교단, 러시아·청국 문무 관료와 악수 → 일본인 단체 쪽으로 돌아서 러시아 군대 쪽으로 향함'이다. 이에 따르면 이토는 러시아군과 청국군, 양국 외교단 및 관리, 일본 거류민 단체 등이 모여 선 곳을 거쳐, 되돌아서 러시아 군대(의장병)가 있는 쪽으로 향하다가 저격당한 것이 된다. 뒤에서 밝히겠지만, 청국 군대와 일본 거류민단은 각국 외교단 및 문무 관료들이 선 자리의 바깥쪽 멀리 있었다. 앞의 호외 ②에서 보듯이 '환영 군중 가운데서 어떤 한국인이 뛰쳐나왔다'고 한 초기의 잘못된 정보에 따른 오류로 보인다.

②에서는 총을 맞은 이토가 했다고 믿기 어려운 반응이 기술되어 있다.

예상치 못한 일을 당했는데도 "누구야? 모리森도 당했느냐?"고 마지막까지 중얼거렸다고 했다. 10년 뒤 진상을 정리한『이토 공의 최후』는 이 장면을 다음과 같이 밝혔다.

> 이토 공은 총성이 난 방향으로 향하여 잠시 우두커니 서서 낮은 소리지만 온 힘을 다한 소리로 "누구야?"라고 일갈했다.

모리는 궁내대신 비서관 모리타이 니치로森泰二郎로 이 여행에서 이토의 수행 비서였다. 죽는 순간에도 수행 비서를 챙기는 주군主君의 의연한 모습으로 미화하려는 보도로 보인다. 이런 과장은 ①의 "공은 태연자약하게 '세 발 맞은 것 같다.'라고 중얼거렸다."에서도 나타난다.

③에서 저격자 안중근의 나이나 사용한 권총에 대한 정보가 부정확한 것은 사건 초기라는 점에서 양해될 수 있지만, 앞의『페테르부르크 신문』이 전하는 저격 현장, 곧 수행원 모두가 총소리에 놀라 각기 도망가기 급급한 장면이 연출된 현장과는 너무나 차이가 많다. 현장의 진실을 감추어야 하는 상황이 부정확한 기사를 내놓았을 것이다.

# 새로 찾은 『이토 공의 최후』가 밝힌 저격 현장의 진실

## 1. 새로 찾은 1919년 간행의 『이토 공의 최후』

1909년 10월 26일에 발생한 이토 히로부미 피격 사건은 일본인에게 매우 큰 충격을 주었다. 당시 신문 보도조차 정확하지 않았기 때문에 낭설도 많았던 것 같다. 그래서 이토의 10주기를 맞아 하얼빈 일본인 거류민단과 『하얼빈 니치니치 신문』이 나서서 진상규명 작업을 하여 『이토 공의 최후 伊藤公の最期』가 나왔다. 이 책자는 저자가 2014년 일본 국회도서관 헌정자료실에 보관되어 있는 '시치조 기요미 컬렉션'에서 찾았다. 이 책자가 정리한 현장의 '진상'은 다음과 같다. 차에서 내리기 직전 코콥초프 재무대신이 이토에게 플랫폼에 도열한 의장대 사열을 받아 달라는 요청을 한 데서부터 시작한다.

이토 공은 여행 중이었기 때문에, 자신에게는 준비된 정장이 없어서 군대 열병이 문제가 되는 게 아닐까 하여 겸손하게 그만두려 했지만, 코콥초프 재무대신이 평복으로도 좋다고 하면서 부탁했기 때문에 그 정중한 경의에 깊이 감사하여 군대 열병을 기꺼이 승낙했다. [객차 안에서] 25분간의 회담을 끝내고, 무로다室田·후루야古谷·나카무라中村·모리森 및 가와카미川上 등을 따라서 특별열차의 귀빈칸을 나와 플랫폼에 내려섰다.

특별열차 귀빈칸에서 내린 이토 공은 러시아 재무대신으로부터 동청철도 및 국경 수비군단의 각부 장관[장교]들을 소개받고 일일이 악수를 나눴다. 코콥초프 재무대신은 부하를 동반하고 몸소 앞장서서 이토 공의 왼쪽에 나란히 서서 가고, [이토 공은] 러시아군 의장병이 정렬한 앞쪽을, 오른쪽에서 왼쪽 끝으로[객차 쪽에서 보면 왼쪽에서 오른쪽 끝으로] 향해 서서히 걸음을 옮겨 열병하고, 의장병의 제일 왼쪽 끝에 이르자 이토 공은 거기에 나란히 서 있는 각국 영사 일단一團, 러시아와 청국 양국의 관헌 및 각 단체의 대표자와 인사를 나눴다. 당초에 이토 공은 러시아 의장병 열병을 끝낸 뒤 열차 안의 살롱으로 돌아와 각국 대표, 그 밖의 중요한 외국 관헌을 접견하기로 했는데, 공公은 환영 나온 사람들의 호의를 저버릴 수 없다고 생각해서인지, 코콥초프 재무대신의 소개로 하얼빈시장 베르그, 시심재판소장始審裁判所長 스트라조프, 동同 검사 미르레르 등과 악수했다. 그리고 이토 공은 코콥초프 재무대신이 시키는 대로 다시 의장병 분열식에 임하기 위해 거기서 발걸음을 되돌려 재무대신의 오른쪽에서 조금 뒤떨어져 걸음을 옮기고, 그리고 가와카미 총영사는 그 오른쪽을 따랐다.

이때 어디서 나타났는지, 러시아 의장병 왼쪽에서 2, 3번째 대열[伍列]의 사이[伍間]로부터 한 조선인이 돌연 권총으로 이토 공을 겨냥하여 공의 오른쪽을 비스듬히, 몇 발을 연속으로 쏘았다. 이 순간, 이토 공은 총성이 난 방향을 향해서 잠시 우두커니 서서 낮은 소리지만 온 힘을 다한 소리로 "누구야?"라고 일갈했다. 그러나 갑자기 무언가에 기대고 싶어 하는 모습을 보였기 때문에, [주위 사람들이] 처음으로 이토 공의 몸에 무슨 일이 생긴 것을 알았다. 공에게 가장 가까이 있던 코콥초프 재무대신은 바로 오른손으로 그를 받치고, 무라다室田·후루야古谷·나카무라中村 등이 이를 포옹하고[둘러싸고] 재무대신의 지시에 따라, 후루야 히사츠나古谷久綱의 발언으로 바로 열차 안의 살롱으로 옮겼다. …

먼저 쏜 세 발은 이토 공에 명중하고, 나중의 세 발은 모리 타이지로森泰二郎,
가와카미 도시츠네川上俊彦, 다나카 세이지로田中淸次郎 등에 명중하여 부상하
고, 또 유탄이 나카무라 요시코도中村是公의 바지를 뚫었다.

　10년 뒤의 정리는 사건 당시의 신문 보도들과 달리 많이 정돈된 감을
준다. 그러나 1911년 활동사진을 보고 쓴 『페테르부르크 신문』의 현장감
에는 미치지 못한다. 러시아 코콥초프 재무대신이 쓰러지는 이토 히로부
미를 껴안은 것 하나는 일치한다. 무라다·후루야·나카무라 등이 이토 공
을 둘러쌌다는 기술은 믿기 어렵다. 이것이 사실이라면 동영상 필름이 감
추어졌을 리 없다.

　다음으로 위 인용문 셋째 문단의 첫 구절 "이때 어디서 나타났는지"라
는 대목이 주목된다. 인용문은 이 구절 바로 다음에 "안중근은 일본인 환
영 나온 자들의 열에서 나왔다고도 한다."는 문장을 ( )에 넣었다. 이는 전
해져 내려오는 소문을 소개한 것으로, 『이토 공의 최후』가 수집하여 제시
한 자료들에 따르면 이 전하는 얘기가 잘못된 것을 밝히는 데 역점을 두고
있다. 이에 관해서는 이어지는 2번 항에서 밝힌다.


## 2. 안중근은 일본 환영객 군중 속에서 나와 이토 히로부미를 쏜 것이 아니었다

사건 당일 『모지 신보』 호외 ② 「이토 공 저격자 체포」(51쪽)는, 안중근이
하얼빈 철도 정거장 플랫폼의 환영 군중 가운데서 나와 이토 히로부미를
저격한 것으로 보도하였다. 이후 이 설은 거의 사실처럼 널리 퍼졌다. 이
후 제작된 삽화나 영화도 대부분 안중근이 군중 속에서 나오면서 이토를
저격하는 것으로 그려졌다. 1919년 10주기를 맞아 출간된 『이토 공의 최

**〈자료 1〉『이토 공의 최후』의 사건 현장 설명 사진 및 그림**

**1.** 이토 공 조난 당시의 하얼빈 역(중앙 5인이 둘러싼 가운데가 조난 지점).

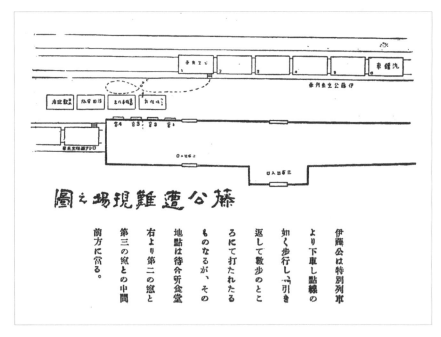

**2.** 이토 공 조난 현장도.
이토 공은 특별열차[그림의 위쪽 둘째 칸-인용자]에서 하차하여 점선과 같이 걸어갔고, 되돌아서 몇 걸음 지점[화살표-인용자]에서 총을 맞았다. 그 지점은 대합소 식당[그림의 아래쪽 4개 창문 표시 부분-인용자] 오른쪽에서 제2의 창과 제3의 창 중간 앞에 해당한다. [위 그림 캡션의 번역]

58

## 〈자료 2〉 저격 현장 배치도

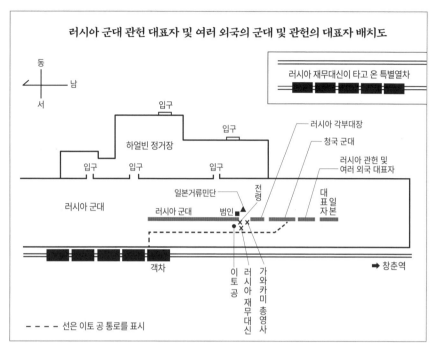

**3.** 저격 현장 배치도 A. 출처: 김우종 주편(主編), 『안중근과 하얼빈(安重根和哈爾濱)』(흑룡강 조선민족출판사, 2005, 83쪽, *한국어·중국어 공용)의 그림을 새로 그림.

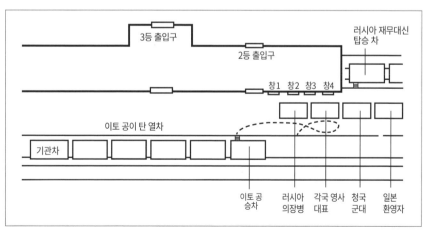

**4.** 저격 현장 배치도 B. 출처: 『이토 공의 최후(伊藤公の最期)』(哈爾濱日日新聞社, 1927, 첫 면)의 그림을 새로 그림.

후』는 이의 잘못을 지적하고 바로잡는 데 힘썼다. 그래도 '소문'을 제지하는 데는 한계가 있었다. '소문'대로 만든 영화로는 1950년대 북조선에서 제작한 〈안중근, 이등박문을 쏘다〉(1979)가 대표적이다.

안중근이 실제로 이토 히로부미 일행이 도착하기를 기다린 곳은 철도 정거장 안 찻집이었다. 플랫폼 두 번째 칸 찻집(도판 2)에서 기다리다가 의장대 사열이 시작될 때, 두 번째와 세 번째 대오隊伍 사이로 앞쪽에서 지나가는 이토 공을 조준하여 쏘아 명중시켰다. 6미터 남짓한 거리, 출중한 사격 실력이었다. 일반인들은 이 장면을 상상할 수가 없어서 안중근이 환영 인파 속에 몸을 숨겼다가 이토를 본 순간 튀어 나와서 쏜 것으로 쉽게 생각했다. 이 장면은 초기 현장 배치도(도판 3)에도 반영되어 있다. 그러나 『이토 공의 최후』는 이를 바로잡는 현장도를 제시했다(도판 2와 4). 양자를 비교하면 아래와 같다.

저격 현장 배치도 A(도판 3)에는 '露國軍隊官憲代表者及諸外國ノ軍隊及官憲ノ代表者配置見取圖(러시아 군대 관헌 대표자 및 여러 외국 군대 및 관헌 대표자 배치 견취도)'라는 일본어 제목이 붙어 있는 것으로 보아 뤼순 법원의 자료로 추측된다. 앞에서 살폈듯이 사건 당시 일본 신문의 호외 보도 등의 '범인이 일본인 환영 군중 사이에서 나왔다'는 말에 영향을 받아서인지, 배치도 가운데에 '일본거류민단'이라는 표시 부분 앞에 범인이 표시되고, 그 앞에 이토 공이 서 있는 것으로 표시되었다.

이 배치도에 따르면 가운데 플랫폼 구역에 표시된 환영 집단은 '① 러시아 군대 – ② 러시아 군대 – ③ 일본거류민단 – ④ 러시아 관헌 및 여러 외국 대표자 – ⑤ 일본 대표자' 순이 된다(왼쪽부터).

저격 현장 배치도 B(도판 4)는 하얼빈 정거장 그림이 배치도 A(도판 3)보다 구체적이다. 우선 3등 승객 출입구와 2등 승객 출입구가 구분되어 있다. 이것은 2000년대 개축 전의 건물이 실제로 그랬다. 그리고 2등 승객 출입구 구역에 창이 네 개 표시되어 있다. 이것은 찻집의 창 표시로, 안중

**5.** 이토 히로부미가 타고 온 열차가 도착한 시간의 플랫폼 광경. 오른쪽의 이토가 타고 온 객차 안으로 재무대신 코콥초프가 들어간 뒤 그 입구에 러시아 의장병 2명이 서 있다. 건너편 1, 2, 3, 4 표시 인물은 러시아 측 고관 및 각국 대표들이고, 그 오른쪽으로 정렬한 대오는 청국 군대이다.

**6.** 이토 히로부미가 타고 온 귀빈 차 안에서 20여 분간의 환담을 마치고 모두 열차 밖으로 하차하는 장면. 1은 러시아 의장대 병사, 2는 일본인 수행원, 3은 가와카미 총영사, 4는 코콥초프 러시아 재무대신, 5는 이토 히로부미, 6은 러시아 관헌이다.

근은 창 2와 3 사이에서 나온 것으로 표시되어 있다(점선). 이는 법원의 안중근 취재문과도 일치한다.

다음, (저격 현장 배치도 B에서) 플랫폼에 환영 나온 집단은 '① 러시아 의장병 – ② 각국 영사·대표 – ③ 청국 군대 – ④ 일본 환영자' 순으로 되어 있다(왼쪽부터). 그 아래 점선 표시는 이토 공이 타고 온 특별열차의 귀빈칸('이토 공 승차伊藤公乘車'로 표기)에서 내려 러시아 재무대신 코콥초프의 요청에 따라 러시아 의장병(의장대)을 사열하기 위해 점선 표시대로 우측 방향으로 걸어가다가 ② 그룹 인사들과 인사하기 위해 타원형 모양으로 돌아서 그 앞으로 가서 인사를 나누고, 방향을 바꿔 ① 러시아 의장대 쪽으로 가다가 사열을 시작하는 지점에서 러시아병 대오 속 화살표 방향으로 총알이 날아와 저격당한 것으로 표시되어 있다. 『이토 공의 최후』는 이에 대해 "러시아 의장병 왼쪽에서 2, 3번째 대열[伍列]의 사이[伍間]로부터 한 조선인이 돌연 권총으로 이토 공을 겨냥하여 공의 오른쪽을 비스듬히, 몇 발을 연속으로 쏜 것이다."라고 설명했다.

배치도 B는 일본 환영자(거류민단)가 이 현장에서 가장 멀리 떨어져 있었던 것으로 표시했다. 배치도 A는 일본 환영자를 가운데로 끌어오다가 정작 일본 대표 그룹을 가장 먼 자리에 표시하는 난센스를 범했다.

결론적으로 안중근은 환영 나온 일본거류민단 인파 속에 섞여 자신을 위장하다가 이토에 접근하여 저격한 것이 결코 아니었다. 그는 러시아 의장병 대열 뒤쪽에서, 6미터 정도 거리가 되는 대열 앞쪽에서 움직이는 이토 히로부미를 겨냥하여 가슴과 복부 부분에 세 발을 명중시키는 고도의 숙련 사격술로 적장을 처단하는 작전에 성공했다.

도판 5와 6은 저격 사건이 일어나기 직전의 관련 사진이다. 도판 5는 특별열차가 도착한 직후 플랫폼에 도열한 러시아 의장대 모습이다. 그리고 도판 6은 특별열차 귀빈칸에서 이토 히로부미가 코콥초프 러시아 재무대신과 함께 하차한 직후의 광경이다.

# 2부

# 일본 탐문 정보가 말하는 사건의 배후: 고종 황제와 대한의군

# 안중근: 불의·불법을 쏜 '대한의군 참모중장'

## 1. 안중근 연구와 인식의 현황

1909년 10월 26일 오전 9시 30분경, 만주 하얼빈 철도 정거장에서 30세의 한국인 남자가 일본의 거물 정객 이토 히로부미伊藤博文를 쓰러트리고 그 자리에 서서 "꼬레아 우라"(한국 만세)를 세 번 외쳤다. 메이지 일본 제국의 '영광'을 대표하는 이토 히로부미를 한국인이 처단했다는 것은 동아시아 제패를 꿈꾸며 승승장구하던 일본 제국과 그 신민들에게 큰 충격이었다. 10일 뒤 국장으로 치러진 장례식에 40만이 참배했다는 사실이 그 충격의 정도를 말해 준다. 이 숫자는 당시 일본 인구의 10분의 1에 해당하는 것이라고 한다. 일본인들이 받은 충격이 그만큼 컸다면, 그들로서는 이토를 쏜 '안중근'이라는 이름을 쉽게 잊을 수 없었을 것이다. 그러나 안중근에 관한 최근의 일본 책들에 따르면, 지금 그 이름을 기억하는 일본인은 거의 없다고 한다.

반면, 한국인들은 안중근뿐만 아니라 처단된 이토 히로부미라는 이름도 생생하게 기억하고 있다. 이토 히로부미는 한국인들에게 근 반세기

동안 참담한 고통을 안겨 준 대표적인 인물로, 그 이름을 쉬이 잊을 수 없는 것은 당연하다.

그러나 안중근에 관한 저술 상황은 정반대이다. 안중근에 관한 연구는 당연히 한국이 우세해야 한다. 그러나 의거 100주년인 2009년 기준으로, 한국 측은 논문 편 수에서만 우세하고, 단행본에서는 일본 측에 훨씬 뒤진다. 일본에서 나온 단행본 저서는 네댓을 헤아리는데 한국에서는 하나도 찾아보기 어렵다. 소설책도 찾기 어렵다. 일본에서는 저명한 소설가가 사건이 일어나기 수십 일 전부터 두 사람의 행적을 추적하는 논픽션을 내기도 했다.[1] 이 대조적 현상이 의미하는 것은 무엇일까? 이유 여하를 막론하고 한국 측으로서는 부끄러운 일이다.

이토 히로부미 처단 사건에 대한 한국 측의 인식에서 근본적으로 반성해야 할 것은, 안중근이 이토 히로부미를 쏜 '입장'을 아직 분명히 하고 있지 못한 점이다. 안중근 자신은 재판정에서, 개인이 아니라 대한국의군義軍 조직의 참모중장參謀中將으로서 적장에 해당하는 이토 공을 쏜 것이라고 거듭 천명했다. 학계는 이에 관한 기록을 안 지 오래인데도 아직도 이를 적극적으로 평가하지 않고 있다. 그의 행위가 단순히 개인의 의분에 의한 것으로 규정되면, 그는 한낱 테러리스트 또는 살인자라는 비난을 면하기 어려워진다. 반면에, 그가 스스로 주장하듯이 국가적 차원에서 항일 조직의 일원으로 감행한 것이라면, 그것은 구국을 위한 혁혁한 전과가 된다.[2] 최서면崔書勉이 지적한 대로, 사건은 일본 정부와 법정(관동도독부 뤼순 지방법원)이 바라는 대로 전자의 형태로 종결 처리

---

**1** 佐木隆三,『伊藤博文と安重根』文藝春秋, 1992.

**2** 이 문제는 신용하가 「안중근의 사상과 국권 회복운동」(『한국사학』2, 1980.) 결론 끝부분에서 "우리는 과연 안중근을 어떻게 보아야 할 것인가? 그는 암살자인가? 그는 의병인가?"라고 처음 제기했지만, 이후 아무런 토론도 응답도 없었다.

되어, 안중근은 "사격에 능숙한 포수[獵手]", "잘못된 애국심으로 무모한 암살을 저지른 자"로 이미지가 굳어지는 경향이 없지 않았다.[3] 특히 국제적으로는 그렇다. 이런 정황은 한국 측이 깊이 반성해야 할 과제가 아닐 수 없다.

메이지 일본 정부는 당시 서양 언론을 상대로 온갖 공을 들여 "한국인은 일본의 통치를 원하고 있다."고 널리 선전했다. 일본 정부는 이 사건으로 그것이 무너지는 것이 두려웠다. 일본 측은 비밀 탐문 조사를 통해 안중근의 배후 세력을 파악했지만, 그 결과를 은폐하고 "배후는 없는" 것으로 하여 사건의 의미를 축소, 종결지었다. 조사한 대로 국가적 차원의 항일 조직을 배후로 밝힐 때 그것이 초래할 일본 정부의 국제적 부담과 손실을 크게 우려하였다. 사건이 이렇게 종결된 것은 당시의 사세로는 부득이한 것이었다고 하더라도, 지금까지도 안중근의 주장을 제대로 펴 주지 못하고 있는 것은 부끄러운 일이 아닐 수 없다. 이는 결과적으로 일본의 책략을 용인하는 꼴이기도 하므로 결코 그대로 둘 수 없는 사안이다. 대한의군 참모중장 안중근의 법정 투쟁 실제부터 살펴보자.

## 2. "나는 적진의 포로이므로 만국공법을 적용하라!"

이토 히로부미를 쏜 안중근의 신병은 사건 당일 저녁에 하얼빈 러시아 총영사관과 초심재판소初審裁判所 소관에서 하얼빈 일본 총영사관으로 증거물과 함께 넘겨졌다. 그리고 사흘 뒤, 일본 관동도독부 뤼순 지방법원 검찰관 미조부치 다카오溝淵孝雄[4]가 출장 신문訊問을 하고, 11월 1일에 관동도

---

**3** 崔書勉,「安重根自傳」解說,『外交時報』No.1074, 日本 外交史料館, 1970. 5.

독부 뤼순 감옥으로 옮겨졌다.[5] 여기서 검찰 측이 11회, 통감부 경시청에서 거의 비슷한 횟수로 취조한 다음, 이듬해 1910년 2월 7일부터 12일까지 6일간 다섯 차례의 공판이 열렸다. 제1호 법정에서 주임 재판관 진지코 신로쿠眞鍋十藏[6](관동 지방법원장), 검찰관 미조부치 다카오, 서기관 와타나베 료이치渡辺良一, 통역 소노키 스에요시園木末喜[7] 등이 공판을 진행했다.[8] 대동공보사大東共報社 측 안중근구제회安重根救濟會에서 신청한 국제변호인단[러시아인 미하일로프, 영국인 더글러스 경, 일본인 기시岸(도쿄의 유명 변호사), 고바야시小林, 그 외 1인, 하얼빈 거주 스페인 변호사 1인 등]과 안중근 유족 측에서 신청한 변호사 안병찬安秉瓚과 통역 고병은高秉殷 등은 배제되

---

**4** 1874~1944. 고치현高知縣의 사족士族으로, 1899년 도쿄제국대학 법과를 졸업하고 같은 해 사법관 시보를 거쳐 사법관이 되었다. 1908년 관동도독부 법원이 설립되면서 검찰관으로 부임했다. 『人事興信錄』데이터베이스.

**5** 관동도독부 뤼순 지방법원 및 고등법원은 1908년 9월에 관동주재판령關東州裁判令이 제정되어 설립되었다.

**6** 1870년생. 남작. 야마구치현山口縣의 화족華族으로, 1890년 문관 고등시험에 합격하여 1892년 교바시구京橋區 재판소, 도쿄지방재판소, 나고야공소원名古屋控訴院의 각 판사를 거쳐 관동도독부 고등법원 판관 및 동 지방법원장이 되었다. 『人事興信錄』데이터베이스.

**7** 1883~1952. 구마모토현熊本縣 기쿠치군菊池郡 가모가와촌加茂川村 출생으로, 1899년 7월 조선어학 수습 유학생으로 한성에 와서 1902년 6월까지 공부했다. 1904년 러일전쟁 때 한국주차군 사령부의 통역이 되어 조선통신원 감독으로 전보, 검열과 번역을 담당했다. 1906년 통감부 감사부監査部 문관 재직 중에, 1909년 10월부터 관동도독부 촉탁 통감부 통역생 자격으로 안중근의 통역을 담당했다. 佐木隆三, 『伊藤博文と安重根』, 文藝春秋, 1992, 210쪽; 津留今朝壽, 『天主教徒安重根』, 自由國民社, 1996; 김태웅, 「1910년대 전반 조선총독부의 취조국·참사관실과 舊慣制度調査事業」, 『奎章閣』 16, 1993.

**8** 공판 기록은 만주일일신문사가 『안중근 사건 공판 속기록安重根事件公判速記錄』(1910. 3. 28.)이란 이름으로 발행되었고, 1946년 4월 박성강朴性綱이 한국어로 번역하여 『독립운동 선구 안중근 선생 공판기』獨立運動先驅 安重根先生 公判記』(경향잡지사)란 이름으로 출판했다. 1999년 독립기념관 한국독립운동사연구소가 홍종표洪宗杓의 「대동위인 안중근전」(1911, 신한국보사)과 함께 묶어, 장세윤의 해설을 붙여서 '한국독립운동사 영인·교양총서 5집'으로 출간했다. 여기서는 박성강본을 활용하고, 이하 명칭을 『공판기』로 줄인다. 『공판기』는 편자가 사이사이에 소제목을 붙여 안중근의 업적을 드러냈다.

1. 일본 관동도독부 뤼순 지방법원. (위)
2. 뤼순 지방법원의 안중근 재판 법정. 왼쪽부터 미조부치 다카오(溝淵孝雄) 검찰관, 마나베 주조(眞鍋十藏) 재판장, 소노키 스에요시(園木末喜) 통역, 와타나베 료이치(渡邊良一) 서기. (아래)

고,[9] 국선 변호사 가마다 세이지鎌田正治와 미즈노 기치타로水野吉太郎 두

---

**9** 한국역사연구원 편, 『그들이 기록한 안중근 하얼빈 의거: 일본 외무성 소장「이토 공작 만주 시찰 일건」11책 총람』(석오역사연구자료 시리즈 2), 태학사, 2021, 65~87쪽. 이 중 'Ⅱ-2 주요 자료 24건의 원문 및 번역' 참조.

사람만 변호인석에 앉았다.

안중근의 신병 처리에 관해서는 다음과 같은 세 가지 견해가 제기되었다.

- 첫째, 그의 저격 행위를 전쟁 중의 전투 행위로 간주하여, 발생 지역의 정부가 주도하여 전시戰時 국제법을 적용해 처리하는 방법.
- 둘째, 청국령 만주 안에서 발생한 한국인 범죄로 간주하여, 1899년의 한청조약韓淸條約이 정한 당사자 국적의 영사재판권을 적용하여 신병을 한국 정부에 넘겨 한국 형법을 적용하는 방법.
- 셋째, 피해자 국적인 일본 정부 주도 아래 일본 형법을 적용하는 방법.

안중근과 그 배후 세력(대동공보사)은 처음부터 첫째를 기대했다. 그러나 러시아 정부가 일본 정부의 요구를 받아들여 타협함으로써 실제로는 셋째가 채택되었다. 이 타협에는 두 번째 방법을 수용하는 형식도 참작되었다. 즉 한국의 영사재판권을 인정하더라도 한국의 외교권은 '1905년 보호조약'으로 일본 정부에 넘겨졌으므로 일본 정부가 이를 인수하여 처리하는 것은 당연하다는 해석이 도입되었다. 실제로, 뤼순 법원이 공판 직전에 선임한 국선 변호사가 이를 취했다.[10] 이런 법 적용에 대해 안중근은 승복하지 않았으나, 현실적으로는 일본 정부의 뜻대로 진행되었다.

1910년 2월 7일에 공판이 시작되어 12일 제5회 공판에서 안중근에게 살인과 살인미수의 죄가 구형되고, 14일에 구형대로 선고가 내려졌다. 재판장의 판결 주문主文의 핵심은 다음과 같다.

---

**10** 『공판기』, 128~134쪽, (변론) 「본론 其一 … 선결문제」.

생각건대 피고 안중근이 이토 공작을 살해한 행위는, 제국 형법 제199조에 사람을 죽인 자는 사형 또는 무기 혹은 3년 이상의 징역에 처함이라는 것에 해당하고, 가와가미川上 총영사, 모리森 비서관, 다나카田中 이사를 살해하려다가 목적을 달성하지 못한 소위(행위-인용자)는 동법 제43조, 제199조, 제203조, 제68조에 해당하여, 즉 4개의 살인죄가 병합하였다고 본다. **그 결의가 사분私憤에서 나온 것이 아니라 하지만** 심모숙려深謀熟慮하고 또 엄숙한 경호를 뚫고 지명인사知名人士가 모인 장소에서 감행한 것이므로 살인죄의 극형을 과하는 것이 지당하다고 믿고, 그가 한 짓에 따라 피고 안중근을 사형에 처한다. 그러나 이 한 죄에 대해서만 사형에 처하고 제국 형법 제46조 제1항의 규정에 의하여 다른 3개의 살인 미수죄에 대해서는 그 형을 과하지 아니한다.

일본 제국 형법 제199조 등은 일반 살인죄에 관한 규정이다. 뒤에 다시 말하겠지만, 안중근은 법정에서 자신은 대한의군 참모중장으로서 적장을 처단했으므로 국제법의 '육전陸戰 포로에 관한 법'을 적용하라고 여러 차례 진술로 주장했다. 주문은 그것을 "그 결의가 사분에서 나온 것이 아니라 하지만"이라는 문구로 일축하고, 이토 수행원 3인에 대한 살인미수 죄가 더해질 수 있지만 이는 적용하지 않고 제199조만의 형으로 사형에 처한다고 했다. 안중근은 이토를 겨냥하여 3발을 쏜 뒤 혹시 '저 자가 이토가 아닐 수도 있다.'고 생각하여 수행하던 3인에게도 가격하여 부상을 입혔다. 그가 체포되었을 때, 사용한 브라우닝 권총에는 총알 1발이 남아 있었다.

법원의 사형 선고는 3월 26일 오전 10시에 집행되었다.[11] 사건 발생 144일 만이었다. 위 선고가 있기까지 안중근이 벌인 법정 투쟁의 중요 대

---

**11** 안중근의 최후에 대해서는 한국역사연구원 편,『그들이 기록한 안중근 하얼빈 의거』, 태학사, 2021, 120~123쪽, '살인범 안중근의 최후' 참조.

목을 살피면 다음과 같다.

2월 7일 오전 10시에 열린 제1회 공판은 진지코 신로쿠 재판장이 검찰관의 기소에 근거하여 안중근을 비롯한 연루자를 신문하는 형식으로 진행되었다. 관동도독부 촉탁 통감부 통역생 소노기 스에요시의 통역으로 질문과 답변이 이어졌다. 일반 취조에서 시작하여 '발포 사실'을 묻는 순서에서 재판관은 "이토 공작 살해 및 수행원 수명을 부상시킨 사실을 인정하는가?" "그것은 먼저 말한 3년 전부터 생각하고 있던 바를 실행한 것에 지나지 않는 것인가, 혹은 새로이 생각한 것인가?"라고 묻자 안중근은 다음과 같이 답했다.

> 그것은 3년 전부터 생각하던 것을 실행한 것이며, 그것도 나는 의병의 참모중장으로서 독립전쟁을 하얼빈에서 행하여 이토 공을 죽인 것으로, 결코 내 개인으로서 한 바가 아니오. 참모중장의 자격으로 실행한 것이니 실지는 포로로서 취급해야 할 것인데, 금일 이렇게 일반 살인 피고인으로 이곳에서 취조를 받는 것은 대체 잘못된 것으로 생각합니다.[12]

안중근은 같은 날 오후에 계속된 신문에서 자신이 관련된 의병 조직에 대해서도 구체적으로 답변했다. 안중근에게 이런 질문이 던져졌다. "의병 참모중장으로 결행했다고 하면 관계된 조직원이 많을 텐데, 사전에 상의한 사람은 우덕순禹德淳(또는 우연준禹連俊)밖에 없다고 한 것은 무슨 뜻인가?"이에 대해 안중근은 이렇게 답했다.

> 나는 독립군 의병의 참모중장으로서 이토 공을 살해한 것이지만, 동지와 상모相謀해도 [동지들은] 각각 그 업에 종사하면서 독립 평화를 위해 동맹하고 있

---

**12** 『공판기』, 12쪽.

었기 때문에, 농부는 농업에 종사하고, 유세하는 자는 유세하는 것으로, 서로 다른 일을 하고 있다. 나는 특파 독립대로 온 것으로, 결행에 만약 시간이 있었다면 상당한 수의 병사를 모집할 수 있었을 것이며, 또 나에게 병력이 있었다면 대마도對馬島 해협까지 가서 이토 공이 타고 오는 배를 공격해 침몰[打沈]시켰을지도 모른다.[13]

의병 조직의 지휘관들에 대한 질문에 대해서도, 8도 총지휘관은 강원도 태생의 김두성金斗星, 그 예하의 지휘관으로는 허위許蔿·이가영李家英·민긍호閔肯鎬·홍범도洪範圖·이범윤李範允·이운찬李運瓚·신돌석 등을 들었다. "직접 장관長官은 누구인가?"란 질문에 대해서는 김두성이라고 답했고, 특파(대)원으로서 하얼빈에 왔다면 그로부터 받은 명령이 있었느냐는 질문에 대해서도, "다시 명령을 받은 것은 아니지만, 작년 연추煙秋 부근에서 노령 및 청국 안에서의 의병 사령관으로서 임의 행동을 취하라는 명령을 받았다."라고 답했다.[14]

이상과 같은 질의와 답변을 통해 안중근이 대한의군 (의병) 참모중장

---

**13** 『공판기』, 34쪽. 둘째 날 공판에서 재판장은 조도선에게 의병과 관계있느냐고 묻자 조도선은 "그것은, 안중근은 의병으로서 했겠지만, 의병 된 자도 우리나라[我國]를 위해서는 의군義軍입니다. 나는 오직 한 사람의 국민으로서 결행하려고 생각한 것이지 의병이니 하고 의병이 아니면 안 한다고 하는 것은 아닙니다."라고 답했다. 조도선이 의병과 의군을 구분하여 후자를 근대적 국군으로 생각한 것인지는 검토가 필요하다. 안중근이 소속한 부대 명칭은 대한의군大韓義軍으로서, 『공판기』에서 의병이란 용어가 되풀이되고, 또 조도선은 의병과 의군을 구분하고 안중근은 의병이란 말을 그대로 쓰고 있는 것은 유의할 필요가 있다. 안중근은 『안응칠 역사』에서 강한 근대적 국민의식을 표시하고 있다. (이태진, 「국민탄생의 역사와 안중근」, 『동방학지』 196집, 2021; 이 책 3부의 첫 번째 글 「국민 탄생의 역사와 안중근」 참조.) 그러므로 그가 조도선과 같은 의식이 없었다고 말할 수는 없다. 아마도 재판관이 일방적으로 '의병'이라는 용어를 사용했거나 통역이 그렇게 말했기 때문에 안중근도 이를 굳이 변별하면서 진술하지 않았을 수도 있다.

**14** 『공판기』, 17쪽.

자격으로 이토 히로부미를 저격했다는 것은 의심의 여지가 없다. 그러나 그가 말하듯이 이토 히로부미 처단이 과연 진정한 전투 행위로 간주할 수 있느냐는 문제는 더 검토할 필요가 있다. 이에 대한 이해를 위해 그의 항일 투쟁 경력을 살펴보기로 한다.[15]

## 3-1. 안중근의 항일투쟁 경력

안중근은 1905년 '보호조약'으로 국권(외교권)이 피탈되는 것을 보고 중국 상하이 이주 계획을 세웠다. 상하이와 산둥반도 일대의 한국인들을 모아 국권회복운동 조직을 만들고, 국제도시 상하이에 있는 외국인의 도움을 얻으려고 했다. 그는 1905년 말 상하이로 건너갔다. 그러나 1906년 1월(음력 1905년 12월) 부친의 사망 소식으로 급히 귀국함으로써 이주 계획은 포기했다.

안중근은 상하이 체류 중에 황해도에서 사역 중이던 르각Le Gac 신부를 우연히 만났다. 신부는 홍콩을 다녀오는 길이었다. 신부는 안중근의 말을 듣고, 그보다 교육사업에 힘쓰기를 권했다. 안중근은 귀국 후 그의 조언을 따라 교육사업에 열중했다. 서우학회西友學會에 가입하여, 가산을 기울여 평남 진남포에서 삼흥학교三興學校와 돈의학교敦義學校를 설립했다. "교육이 흥하면[土興] 국민이 흥하고[民興] 국민이 흥하면 나라가 흥한다[國興]"는 르각 신부의 조언에 따라 '삼흥'이라 이름을 붙이고, 돈의학교라는 가톨릭 학교를 인수했다. 그리고 1907년 2월 대구에서 국채보상운동이

---

**15** 앞서 언급한 신용하의 논문 「안중근의 사상과 국권 회복운동」(『한국사학』 2, 1980.)이 총괄적인 정리로서 가장 앞선다. 그리고 『공판기』는 안중근 활동의 1차적인 자료로서 구체적인 사실은 이를 통해 하나하나 확인할 수 있다.

**3.** 르각 신부와 신자들.

일어나자 진남포 지역 책임자로서 이에 참가했다.

그러나 1907년 7월 헤이그 특사 사건으로 황제가 강제로 퇴위당하고, 정미7조약 강제 체결, 군대 해산 등이 잇따라 진행되는 것을 보고 국내 교육활동에 한계를 느꼈다. 국민으로서 지금 해야 할 일은 무장투쟁이라고 판단하여 국외 의병부대 창설을 목표로 경부선을 이용해 부산으로 가서, 거기서 배를 타고 원산을 거쳐 간도로 향했다.

간도에 도착했을 때 이미 이곳에 통감부 파출소가 설치되어 일본의 감시가 미친 것을 보고, 그해 겨울에 러시아 땅 연해주 블라디보스토크로 갔다. 여기서 간도 관리사 이범윤과 이곳의 유력 인사 최재형崔在亨 등 여러 항일운동 인사들을 만나 무장 독립론을 펴면서 항일 부대 창설을 종용했다. 이범윤은 1902년 5월 황제로부터 북변도관리사北邊道管理使로 임명되어 이곳에 머물고 있었다. 그는 러일전쟁 때 이 지역의 유일한 공직자로, 러시아군을 지원하라는 황제의 지령을 수행 중이었다. 그의 신분과 경력상 그의 동의를 받는다는 것은 의병 조직의 공공성 확보로 중요

**4.** 최재형. 1915. 출처: 독립운동가 최재형 기념사업회.

한 일이었다.

연추煙秋의 재력가 최재형은 재정 지원에 앞장섰다. 그리하여 이위종·엄인섭·백삼규·이경화·김기룡·강창두·최천오 등 20~30명의 동지와 함께 동의회同義會를 조직하여 최재형을 대표로 추대했다. 이 동의회와 이범윤의 간도 창의회彰義會가 힘을 모아 마침내 대한의군大韓義軍을 발족시키는 데 성공했다. 동의회와 창의회는 총독에 이범윤, 총대장에 김두성을 각각 추대하고 안중근 자신은 참모중장(오늘날 군 조직의 참모장에 해당할 듯)의 직을 부여받았다. 통칭 이범윤 부대로 알려지는 이 의군 조직의 무장 부대원은 300~500명이었으나 회원 수는 수천 명에 달했다.

대한의군은 발족하자마자 바로 국내 진공 작전을 폈다. 안중근은 1908년 6월에 200~300명 대원을 거느리고 함경북도 경흥군 노면蘆面 상리에 주둔 중이던 일본군 수비대를 급습하여 적병 2명을 사살하고 아군 전원은 무사 귀환하는 전과를 올렸다.

두 번째 목표는 함경도 의병장 홍범도洪範圖 부대와 안팎으로 호응하는 체제를 만드는 것이었다. 홍범도 부대는 무산 지방에서 유격 전술로 일본군 수비대를 공격하여 많은 전과를 올리고 있었지만, 무기가 열악하다는 한계가 있었다. 안중근은 이들에게 새로이 무기를 공급해 함께 작전을 펼치면 한꺼번에 대규모 정예군을 확보하는 효과를 얻을 것으로 판단했다. 이 목표 아래 경흥 부근과 신아산新阿山 부근으로 진공하여 적병 10명을 사살하고 군인과 상인 몇 명을 생포하는 전과를 올렸다. 그런데 안중근은 포로 처리에서 실수 아닌 실수를 저질렀다.

1899년 헤이그에서 열린 제1차 만국평화회의에서 「육전 포로에 관한 법(육전의 법과 관습에 관한 협약)」이 채택되었다. 즉, 전시 포로의 즉결 처리(총살)를 금지하고 수용소 수용 원칙을 정하고, 수용소 시설이 없을 때는 즉각 석방하도록 규정했다. 안중근은 이를 준수하는 뜻으로 일본인 포로들을 석방해 주었다. 그러나 이 준법정신이 화를 초래했다. 그 포로들의 본대 귀환으로 안중근 부대의 위치가 일본군 수비대에 알려져 배후 기습 공격을 받게 된 것이다. 안중근 부대는 기습해 온 적과 치열한 교전을 벌였지만 60~70명만 남는 참패를 당했고, 그 대오가 다시 재기습을 받아 생존자는 7~8명뿐이었다.

사선을 뚫고 두만강을 건너 블라디보스토크로 돌아왔지만, 이 참패는 안중근에게 큰 짐으로 남았다.[16] 그는 이때 자결을 결심할 정도로 큰 좌절감에 사로잡혔으나, 동지들의 만류 속에 뒷날을 기약하고 털고 일어섰다. 안중근은 일본이 대한제국에 가한 불의·불법과 싸우기 위해 항쟁을 시작했으므로, 당시 국제사회가 중시하기 시작한 국제법 준수를 마음의 강령으로 삼았다. 국제법 준수, 그것이 화근이 되어 많은 부하를 잃었지만, 뒷날 뤼순 법정에서 '포로에 관한 국제법 준수'를 외치는 웅변이 될

---

**16** 이 전투의 참패에 대해서는 자서전 『안응칠 역사』에 자세히 적혀 있다.

**5.** 안중근의 단지동맹을 기린 엽서.

수 있었다.

안중근은 블라디보스토크에서 다시 동지들을 만나 의병 재기 운동을 벌였다. 그러나 포로 석방 건에 대한 비난만 있었지, 호응은 거의 받지 못했다. 재력가 최재형의 지원도 일시 중단되었고, 직속 상관인 김두성도 의병 부대를 해산하는 결정을 내렸다. 다만 안중근에게 독립 특파 부대를 조직하여 자유롭게 활동하는 것은 허락해 주었다.[17] 안중근과 동지 12명은 당장에 의병을 재기하는 것이 불가능하다고 판단하여, 1909년 1월 7일(음) 전원이 왼손 무명지를 잘라 태극기 앞면에 "대한독립大韓獨立"이란 넉 자를 혈서로 써서 후일을 기약하고 헤어졌다. 유명한 단지동맹斷指同盟이었다.

안중근은 이후 대동공보사大東共報社 기자(탐방원)로 연추 지국을 열어 신문 보급에 종사했다. 그리고 의병 재기를 염두에 둔 교육과 강연 활동을 멈추지 않았다. 1909년 9월, 그는 동지들을 만나기 위해 블라디보스토크의 본사에 들렀다가 거기서 이토 히로부미가 만주에 온다는 소식을 접하고, 대책 회의에 참여하여 특파대 구성에 제일 먼저 지원하여 대장이 되었다.

이렇듯 안중근이 벌인 1907년 7월 이후 3년간의 활동은 대한의군 참모중장으로서의 적장 처단설을 뒷받침하기에 충분하다.


## 3-2. 대한의군은 국군인가?

다음으로 '대한의군이 국가적 차원의 조직일 수 있는가'를 검토해 볼 필요가 있다. 안중근은 1910년 2월 12일의 최종 변론에서 이에 대한 답변을 스스로 해 놓고 있다. 즉 고종 황제가 1907년 7월 이토의 압박과 위협으로 강제 퇴위되자, 한성의 인민과 병사들이 이에 분개해 일본군과 전투를 벌이기 시작했고, 이것이 도화선이 되어 십수만의 의병이 각지에서 일어났으며, 이런 가운데 고종 황제가 "나라가 위급 존망에 처했는데 공수

---

**17** 신용하, 「안중근의 사상과 국권 회복운동」, 『한국사학』 2, 1980, 335쪽.

방관拱手傍觀[수수방관의 뜻-인용자]하는 것은 국민 된 도리가 아니다.”라는 내용의 조칙을 내렸다고 밝혔다.[18] 이 조칙을 받들어 한국민은 오늘까지도 분개하여 일본군과 싸우고 있다고 했다.[19]

그는 곧 대한의군의 창설이 이 조칙을 받든 것으로 생각한 것이며, 이때 황제로부터 직접 공직을 임명받은 이범윤을 앞세운 것도 국가적 공공성 확보를 염두에 둔 것으로 볼 수 있다. 무엇보다도 중요한 것은 한성의 황제가 보낸 군자금이 대한의군 창설에 사용되었을 가능성이다.

1997년 11월, 러시아 모스크바 문서보관소에서 1909년 현재 원산 주재 영사로 근무하던 러시아 총참모부 정보국 대위 니콜라이 비류리코프가 본부 정보국으로 보낸 4월 16일 자 비밀 보고 전문電文이 발견되었다. 블라디보스토크 루스코-키타이스키 은행(러청은행) 예금계좌에 대한제국 전 내장원경內藏院卿 이용익李容翊의 명의로 된 군자금 일화 30만 엔 상당의 금액(당시 시가로 쌀 10만 석 상당)이 있다는 내용이었다. 비류리코프 대위는 황제의 한 측근이 이를 함부로 인출되지 못하도록 부탁했으며, 고종 황제가 비밀리에 독립군에게 협조하고 있으므로 일본이 이 돈을 빼앗을 우려가 있다는 내용도 전하고 있다.[20] 이러한 사실은 같은 시기에 고종 황제가 연해주로 망명할 계획을 세운 것, 그리고 1909년 3월 15일 자「서북간도 및 부근 각지 민인 등처 효유문論西北間島及附近各地民人等處」을 내린 것[21] 등과 함께 연해주를 본거지로 한 항일투쟁 설계란 관점에서 매우 중

---

**18** 고종 황제는 실제로 1907년 7월, “선전관 이강년을 도체찰사로 삼아 지방 4도의 양가 자제들이 각각 의병을 일으키도록 하며, 소모장召募將을 임명하되 인장과 병부를 새겨서 쓰도록 하고, 만일 명령을 따르지 않는 자가 있으면 관찰사와 수령들을 먼저 베고 파직하여 내쫓을 것이며, 오직 경기 진영의 군사는 나와 함께 사직에 순절할 것이다.”라는 내용의 조칙을 비밀리에 내렸다.『독립운동사자료집』제1집, 223~224면.

**19** 『공판기』, 175쪽.

**20** 1997년 11월 모스크바국립대 소속의 박종효朴鍾涍 교수가 이 문서를 발견하여 세상에 처음 알려졌다.「고종, 일화 30만엔 러 은행 예치」,『조선일보』, 1997. 11. 27.

요한 의미가 있다.

앞서 언급했듯이 안중근은 공판 첫날부터 자신의 거사는 독립전쟁 차원에서 이루어진 것임을 분명히 밝혔다. 이어 셋째 날 공판 진술에서는 "의병의 참모중장으로서 각처의 전쟁에 출전하였는데, 지금 이 법정에 끌려 나온 것은 곧 전쟁에 나가서 포로가 된 것으로 생각한다."라고 하였다.[22] 그리고 다섯째 날 '공판 최후의 1시간'에

6. 이용익.

서는 다음과 같이 자신의 주장을 다시 한번 정리하여 강력하게 변론했다. 본건에 대해 (국선) 변호인 가마다 쇼지는, 한국민은 청국 내에서 치외법권을 가지므로 1899년(광무 3)에 체결된『한국형법대전』에 근거하여 치죄治罪되어야 하는데, 한국 형법에는 이 사건에 적용할 만한 규정이 없으므로 무죄라고 주장하고 있지만,[23] 이는 부당한 설이다. 나는 "개인적으로 한 것이 아니라 의병으로서 한 것이니까 전쟁에 나갔다가 포로가 되어 이곳에 온 것으로 믿고 있으므로 나의 생각으로는 나를 처분하려면 국제공법 만국공법에 의하여 처분하기를 바랍니다."라고 밝혔다.[24]

그는 1899년 제1차 헤이그 만국평화회의에서 「육전陸戰의 법과 관습에 관한 협약」이 채택되어 국제적으로 공인된 이상, 자신이 1908년 7월

---

**21** 이태진,『일본의 한국병합 강제 연구—조약 강제와 저항의 역사』, 지식산업사, 2016, 314~316쪽.

**22** 『공판기』, 103쪽.

**23** 『공판기』, 179쪽.

**24** 『공판기』, 179쪽.

의 전투에서 그 규정에 따라 일본군 포로들을 석방했듯이 이토를 저격한 자신도 이 규정에 따라 처리되어야 한다고 시종일관 주장했다. 안중근의 거듭된 천명은 그 자체가 재판 형식의 부당성을 지적하는 법정 투쟁으로서 중대한 의미가 있다.

앞에서 제시했듯이 진지코 신로쿠 재판관은 2월 14일 선고에서 일본 형법 199조의 일반 살인죄를 적용했다. 수행원 셋에게 총상을 입힌 것도 살인미수 죄를 적용해야 할 것이지만, 전자만 과하여 사형을 언도했다. 주문에 "그 결의가 사분私憤에서 나온 것이 아니라고 하지만"이라고 붙인 것은 안중근이 시종 주장하는 적장 처단설에 대한 조그마한 반응의 표시였다. 뤼순 법정은 안중근의 변론을 사실상 무시하고 이토 히로부미에 대한 잘못된 인식으로 저지른 살인죄 하나를 적용하여 사형에 처했다.

## 4. 일본 정부의 사건 진상 은폐, 축소 처리

1909년 10월 28일 사건 발생 2일째, 고무라 주타로小村壽太郎 외무대신은 정무국장 구라치 데쓰키치倉知鐵吉에게 다음과 같은 훈령을 내렸다. '지금까지의 보도에서 근거 있는 중요한 사실이 발견되지 않지만, 이 같은 비행이 저질러진 동기, 한국 국내와의 관계 여부 등은 탐사할 필요가 있다. 그러므로 귀관은 바로 뤼순으로 출장하여 관동도독부 및 법원 당국과 힘을 다해 아래와 같은 세 가지 사항들에 해당될 만한 것들을 최대한 조사해서 보고토록 하라.'고 지시하였다.[25]

---

**25** 『日本外交文書』42-1, 사항 9 伊藤公 凶變에 관한 건, 168, 10월 28일 小村外務大臣으로부터 倉知 정무국장에게, 「伊藤公 遭難 사정 조사를 위한 旅順 출장에 관한 內訓의 건」.

- 제1. 각 피고인의 지위, 경력, 성행性行, 주거지 및 배회 지방, 소속 당파, 평소 가지고 있는 정치상의 의견, 소속 종교, 평소 왕래 통신하는 인물, 자산 상태 특히 생활비 출처, 흉행을 하거나 기도企圖하기에 이른 경로.
- 제2. 피고인이 관계한 조직적 단체의 유무, 만약 있다면 그 목적, 조직, 근거지, 수령首領 및 주요한 단체원, 단체 비용의 출처.
- 제3. 피고인에 대한 교사자教唆者 유무, 만약 있다면 교사자 및 그 원原 교사자에 대한 사항, 교사의 방법 및 교사자와 피교사자와의 평소의 관계.

구라치 정무국장의 지휘 아래 진행된 배후 조사 활동은 관련 기관에 의해 다방면으로 이루어졌다. 구라치 국장은 1909년 12월 6일 고무라 외무대신에게 「이토공 가해 사건 관련 수사 방법에 관한 보고 건」을 올려 한국인 밀정을 사용할 수 있도록 특별비로 경비를 인상해 줄 것을 건의했다.[26] 이 특별 조치가 이루어진 뒤 일본 기밀 탐지 라인이 한인 사회에 직접 침투하여 고급 정보가 외무성에 보고되기 시작했다. 그 가운데 1910년 1월 8일 자로 한국 통감 소네 아라스케曾禰荒助의 이름으로 올려진 것이 대표적이다. 그 요지는 아래와 같다.[27]

1909년 10월 10일 한인 교포 신문 대동공보사大東共報社 사무실에 한국인 7인이 모여 이토 히로부미 총살 계획을 세웠다. 신문사 사장 유진율兪鎭律[명의상의 사장은 러시아인 미하일로프], 주필 정재관鄭在寬, 기자 윤일병尹一炳·이강李剛·정순만鄭順萬, 연추 지국장 겸 탐방원 안중근, 집금 회계원 우덕순 등이 함께 자리하여, 만주를 방문하는 이토를 총살하면 이 사건을 다루는 공판이 전 세계의 이목을 집중시킬 것이 확실하다. 이때 일본이 한국에 대해 저지른 죄상을 폭로

---

26  한국역사연구원 편, 『그들이 기록한 안중근 하얼빈 의거』, 태학사, 2021, 39~41쪽.
27  한국역사연구원 편, 『그들이 기록한 안중근 하얼빈 의거』, 태학사, 2021, 47~63쪽.

하면, 국권 회복 운동에 큰 전기가 될 것이라는 의견이 우세하였다. 처단 계획이 합의에 이르자, 안중근과 우덕순이 실행 요원이 되기를 자원하였고, 이들에게 2명의 보조 요원이 더 할당되었다. 대동공보사 근무자로 수개월 전에 하얼빈에 간 조도선曹道先,[28] 안중근 지인의 아들로 러시아어 통역이 가능한 유동하劉東夏[29] 등이 접촉 대상으로 결정되었다. 4인조 특파대가 결성되었다. 대동공보사 요원은 곧 동의회 중요 인물들로서 대한의군에 연계되어 있다.

일본 정부는 1910년 1월 위와 같은 배후 세력에 대한 탐문 조사를 실시하여 대한의군이란 국가적 조직이 배후라는 것을 알게 되었다. 재판장을 비롯한 관계관들이 모두 이를 알고서 재판을 진행했다. 그러나 일본 정부는 이 사건을 정치적 사건으로 확대하지 않기로 결정하고, 관동도독부 지방법원에도 이를 통고해 놓고 있었다. 만약 조사한 대로 진상이 드러나면 국제사회로부터 일본 정부가 지게 될 부담이 클 것이며, 그것은 곧 대동공보사 요원들이 바라던 것이 될 것으로 판단했기 때문이다. 정무국장 구라치를 통해 일찍이 관동도독부 지방재판소 소장에게 전달된 지령은, "사건에 배후 관계가 없다", 범행은 안중근 개인에 의해 저질러진 것이며, 이 행위는 "극히 중대한 것이므로 징악懲惡의 정신으로 극형에 처하는 것이 마땅하다."라는 것이었다.[30] 일본 정부는 사건을 축소, 은폐하여 단순 개인의 살인죄로 처리함으로써 대동공보사 요원들의 의도를 꺾었다.

최종적으로 일본 정부는 1월에 법원장 히라이시 우진도平石氏人를 도쿄

---

28 조도선은 러시아 체류 이범진 쪽에서 하얼빈으로 왔으므로 이 정보는 부정확하다.

29 「안응칠 역사」에서는 '柳東夏', 일본 측 취조 또는 공판 기록에는 '劉東夏' 또는 '柳江露'라고 표기되어 있다.

30 齋藤充功, 『伊藤博文を撃った男』, 時事通信社, 1994, 89쪽.

로 불렀다. 그사이 대동공보사 측에서 국제변호인단의 구성이 진행되었으므로 이에 대한 대책도 필요했다. 히라이시 법원장은 1월 27일 뤼순으로 돌아왔다. 귀임하자마자 2월 5일 개정을 공고하고, 국선 변호사 외에 어떤 변호인도 채택하지 않는다고 선언하였다.[31] 정부의 지시였다.

**7.** 콘스탄틴 미하일로프. (사진: 최덕규 박사 제공)

대동공보사 측은 저격이 성공한 소식을 들은 뒤 사건이 국제법에 따라 처리되기를 바라면서, 러시아인 변호사 콘스탄틴 미하일로프와 영국인 변호사 더글러스J. C. E. Douglas를 고용했다. 미하일로프는 러시아 육군 중좌 출신의 퇴역 군인으로 지금까지 대동공보사의 명의 사장 신분이었는데, 변호에 나서기 위해 11월 14일 자로 사장직을 그만두었다.[32] 간도와 연해주 지방의 한국인들은 이들의 변호 활동을 위해 의연금을 갹출하기도 했으며, 국내 변호사로서 안병찬安秉瓚이 안중근 어머니의 요청으로 변호를 신청했다.[33] 그러나 이들의 활동은 일본 정부의 위와 같은 대책으로 공판정에서는 모두 봉쇄돼 버리고 말았다.

## 5. 「이토 히로부미의 죄악 15개 조」와 안중근의 시국관

안중근은 이토 히로부미를 저격한 자신의 행위는 교전 중의 전투 행위라

**31** 佐木隆三, 『伊藤博文と安重根』, 文藝春秋, 1992, 212~213쪽.

**32** 변호사 선임 건, 곧 국제변호인단 구성 시도에 관해서는 한국역사연구원 편, 『그들이 기록한 안중근 하얼빈 의거』, 태학사, 2021, 65~75쪽 참조.

**33** 신용하, 「안중근의 사상과 국권 회복운동」, 『한국사학』 2, 1980, 356~357쪽; 한국역사연구원 편, 『그들이 기록한 안중근 하얼빈 의거』, 태학사, 2021, 76~84쪽 참조.

고 주장하면서 이토의 죄악 15개를 들어 저격의 정당성을 스스로 변호했다. 구체적으로 그 내용을 검토해 보기로 한다.

안중근은 저격 사유 15개 조를 두 차례에 걸쳐 표명했다. 옥중에서 연필로 써서 1909년 11월 6일 오후 2시 30분에 감리監吏에게 제출한 것(이하 「연필본」),34 옥중 집필 자서전 「안중근 자전安重根自傳」(또는 「안응칠 역사安應七歷史」)에 실린 것(이하 「자전본」, 1909년 12월 13일에 쓰기 시작하여 1910년 3월 15일 탈고) 두 가지가 있다.35 「연필본」에 붙은 서문의 요지는, 오늘날 문명시대라고 하면서 상등 사회, 고등 인물이 오히려 야만적인 행위로 평화를 파괴하고 있다. 동양에서는 일본의 이토 히로부미가 바로 그 대표적 예로서, 자신이 하얼빈 역에서 만인이 보는 가운데 저격으로 성토한 것도 평화 파괴를 더 방치할 수 없었기 때문이라고 밝혔다. 그런 다음에 「이토 히로부미의 죄악 15개 조」를 다음과 같이 열거하였다.36

1. 1867년 대일본 메이지 천황明治天皇 폐하의 부친[고메이孝明] 태황제 폐하를 시살弑殺한 대역무도한 일.

2. 1894년[1895년의 착오. 1894년 7월 23일 야반의 일본군의 '경복궁 침입 사건'과 겹쳐 생길 수 있는 혼동이다-인용자] 사람을 시켜 한국 주둔 병정을 황궁으로 돌입시켜 대한大韓 황후 폐하를 시살한 것.

3. 1905년 병력으로 대한 황실로 돌입하여 황제 폐하를 위협하고 5조약[을사

---

**34** 『일본외교문서』 42-1, 사항 9 伊藤公 凶變에 관한 건 177, 11월 7일 安應七의 옥중에서의 手記 送付의 건, 附屬書에 실려 있다.

**35** 안중근 의사의 자서전은 최서면이 일본 도쿄 고서점에서 발견하여, 일본어로 번역해 「安重根自傳」이란 제목으로 일본 『外交時報』 No. 1974(外交時報社, 1970. 5.)에 소개하고, 한국어본은 1970년 안중근의사숭모회가 「안중근 자서전」이란 제목으로 간행했다.

**36** 한국역사연구원 편, 『그들이 기록한 안중근 하얼빈 의거』, 태학사, 2021, 100~102쪽.

보호늑약-인용자을 늑정한 일.

4. 1907년 다시 병력을 더하여 대한 황실로 돌입하여 칼을 뽑아 위협하여 7조약[정미조약-인용자을 늑정한 후 대한 황제 폐하를 폐위한 것.

5. 한국 내 산림, 천택川澤, 광산, 철도, 어업, 농상공 등의 산업을 강제로 빼앗은 것.

6. 소위 제일은행권을 강제로 사용하게 하여 한국 내지에 혼란스럽게 풀어 전국 재정을 고갈시킨 일.

7. 국채 1,300만 원을 한국에 강제로 부과한 것.

8. 한국 내지의 학교 서책을 압수해 불태우고 국내외 신문을 민인들에게 전하지 않은 것.

9. 한국 내지의 허다한 의사義士들이 봉기해 국권을 회복하기를 바라는 자를 폭도라고 칭하고 혹은 총포로 혹은 교살하여 죽이는 것이 끊이지 않으며 심지어 의사들의 가솔 전체가 죽임을 당한 것이 10여만 명이나 된 것.

10. 한국 청년들의 외국 유학을 금지한 것.

11. 소위 한국 정부 대관 오적五賊, 칠적七賊 등과 일진회一進會 무리들과 결탁하여 한국인이 일본의 보호를 받기를 바란다고 운운한 것.

12. 1909년에 다시 5조약을 늑정한 것.

13. 한국 3천리 강토를 일본의 속방으로 만들고자 하는 듯이 선언한 것.

14. 한국이 1905년부터 편안한 날 없이 2천만 생령의 곡소리가 하늘을 울리고 살육이 끊이지 않으며 포성, 탄환의 비가 지금까지 쉼 없는데 홀로 이토伊藤가 한국이 태평무사한 듯이 메이지 천황을 속인 것.

15. 이로부터 동양 평화의 영위營爲를 깨뜨리고 모든 인종이 장차 멸망을 면하지 못하게 된 것.


「자전본」은 「연필본」에 비해 표현이 간결하고 순위를 재배치한 차이가 보이지만, 내용은 거의 비슷하다.[37] 메이지 천황의 아버지(고메이 천황

孝明天皇) 시해의 건이 순위가 첫째에서 끝으로 바뀐 것은 이례적이다. 이것은, 이토 히로부미 등 도쿠가와 막부 타도 세력이 혁명 초기에 메이지 천황의 아버지를 막부 지지파라고 하여 죽이는 대역부도의 죄를 저질렀다는 설을 받아들여 거론한 것이다.[38] 안중근은 사건 초기에, 이토 등 메이지 집권 세력이 도덕성을 잃은 것을 세계에 널리 알릴 생각에서 고메

---

**37** 1. 한국 황후를 살해한 죄. 2. 한국 황제를 폐위시킨 죄. 3. 5조약[을사조약]과 7조약[정미칠조약]를 강제로 체결한 죄. 4. 무고한 한국인을 학살한 죄. 5. 정권을 강제로 빼앗은 죄. 6. 철도·광산·산림·천택을 강제로 빼앗은 죄. 7. 제일은행권 지폐를 강제로 사용하게 한 죄. 8. 군대를 해산시킨 죄. 9. 교육을 방해한 죄. 10. 한국인들의 외국 유학을 금지한 죄. 11. 교과서를 압수하여 불태워 버린 죄. 12. 한국인이 일본인의 보호를 받고자 한다고 세계에 거짓말을 퍼뜨린 죄. 13. 현재 한국과 일본 사이에 경쟁이 그치지 않고 살육이 끊이지 않는데도 한국이 태평 무사한 것처럼 위로 천황[일본]을 속인 죄. 14. 동양 평화를 깨뜨린 죄. 15. 일본 천황 폐하의 아버지 태황제를 죽인 죄.

**38** 고메이 천황이 사거한 후 머지않은 시기에 독살설이 소문으로 돌았다. 이에 관하여 일본 주재 영국 공사 어네스트 사토Earnest Satow는 *A Diplomatic in Japan*(p.6)에서 "소문으로는 천황이 돌아가신 것은 두창痘瘡이라고 한다. 그러나 수년 후 그 사정을 잘 아는 측근 한 분의 말을 듣고 나는 천황이 독살되었다는 것을 믿게 되었다."라고 기록으로 남겼다. (네즈마사시ねずまさし, 1954년 번역문). 이 소문은, 제국 시대에는 불경죄로 몰려 투옥될 가능성 때문에 주장하는 사람이 없었다. 1945년 패전 후 연구자들 사이에 공개적으로 독살설과 병사설이 검토되기 시작했다. 1953년 6월 의사학자醫史學者인 사에키 스지이치로佐伯理一郎는 고메이 천황의 전의典醫였던 이라코 고존伊良子光尊의 병상 일기를 검토하여, 이와쿠라 도시미치岩倉具視가 그의 조카딸 호리카와 모토코堀河紀子를 시켜 천황을 독살했다고 주장했다. 이로 인해 찬반론이 일어났다. 네즈 마사시ねずまさし는 1954년에 「고메이 천황은 병사인가 독살인가孝明天皇は病死か毒殺か」(『歷史學研究』 173;『天皇家の歷史』 제3권, 新評論社)에서 『孝明天皇日記』, 『中山忠能日記』 등의 사료를 자세히 검토한 결과, 천황이 두창 회복 중에 갑자기 병상이 악화하여 사망한 대목을 중요시하여 사인을 비소砒素에 의한 독살로 보았다. 이후 1970년대, 1980년대까지 논쟁이 계속되는 가운데 독살설이 더 유력해졌다. 현행 사전 가운데 독살설을 싣고 있는 것은 1970년대, 1980년대 간행된 것들이다. (柳光壽, 『日本史辭典』, 角川書店, 1976; 『人名辭典』, 三省堂, 1978; 다나카 아키라田中彰, 『明治維新の敗者と勝者』, 日本放送出版會, 1980). 이상의 기술은 2009년 서울대 국사학과 대학원 강의 때 고미야 히데타카小宮秀陵(현 독쿄대학獨協大學 교수)가 조사한 리포트에 근거하였다. 이와 같은 내력으로 볼 때, 1880년대 일본을 왕래하던 조선 인사들이 영국 공사 어네스트 사토와 접촉이 있었으므로 그를 통해 전해진 것을 안중근도 접하게 된 것이 아닌가 추정된다.

이 천황 살해 사실을 첫머리에 내세웠던 것 같다. 제 나라 천황을 시해하는 데서 이미 부도덕성을 보였다는 뜻이다.

그러나 「자전본」에서는 이 사건이 한국과의 관련성이 떨어지는 것으로 판단한 탓인지 맨 끝으로 돌렸다. 한국인이 일본의 침략에 강력히 저항하는데도 이토가 천황에게 태평무사한 것처럼 거짓 보고한 것도 제 나라 천황에 대한 다른 하나의 불충으로 들었다. 한국에 대한 것으로 가장 강조한 것은 무력을 사용해 왕비(황후)를 시해하고, 조약을 강제하고, 황제를 강제로 퇴위시킨 사실들이다. 그리고 이에 대한 인민의 저항을 도륙으로 진압한 것도 거의 비슷한 비중으로 다루었다.

황후 시해와 황제 강제 퇴위의 죄를 앞세운 것은 안중근의 국가관·시국관을 보여 주는 것으로 주목할 필요가 있다. 후세 한국인들은 일반적으로 이 시기의 황제(고종)와 황후(명성)에 대해 부정적으로 인식하고 있다. 즉 황후는 권력욕으로 시아버지 대원군과 대립하여 국사를 그르친 사람이며, 군주 고종은 왕비와 아버지 대원군 간의 권력 싸움 틈바구니에서 우왕좌왕하다가 나라를 망친, 우유부단한 군주로 인식되었다. 그러나 이는 망국의 책임을 군주와 왕비에게 돌려 인식하게 하는 후세 역사 왜곡의 결과였다. 왕(황제)과 왕비(황후)가 진실로 그런 사람들이었다면, 아무리 일본인들이 저지른 짓이라 하더라도 안중근이 최상급의 죄상으로 취급하지는 않았을 것이다.[39]

철도 건설, 광산 개발, 군대 양성, 화폐 제도, 교육 제도 등에서 가해진 일본의 수탈 행위에 대한 강력한 비판도 후대인들의 인식과는 다른 점이 많다. 후대에서는 대한제국 정부가 자력 근대화의 능력이 없어 일본의 식민지가 될 수밖에 없었다고 인식하고 있지만, 이런 부정적 인식 아

---

**39** 명성황후 민씨에 대한 일본인들의 왜곡에 대해서는 이태진, 「역사소설 속의 명성황후 이미지—정비석의 역사 소설 『민비』의 경우」, 『한국사시민강좌』 41, 2007, 일조각.

래서는 위와 같은 사업 시설 저지에 대한 강력한 비판이 나올 수 없다. 예컨대 제일은행권 통용 문제만 해도 후대에서는 역사가들조차 대한제국의 화폐제도가 부실했기 때문에 불가피했던 것처럼 인식하고 있다. 그러나 안중근은 반대로 대한제국의 재정 고갈을 가져온 원인으로 강제 통용을 지적하고 있다. 대한제국의 자력 근대화 가능성이 없었다면, 안중근의 이토 히로부미에 대한 비판은 나올 수 없을 것이다.

안중근은 종반부에서 국제사회를 상대로 저지른 이토 히로부미의 죄상을 들었다. 이토는 한국의 보호국화를 정당화하기 위해 한국인들이 그것을 원하고 있다든가, 보호국이 된 이래 시정施政이 개선되어 태평무사한 것처럼 국제사회에 거짓 선전하고 있다고 비판했다.

마지막으로 동양 평화를 깨트린 죄를 들었다. 그는 옥중에서 자서전 집필을 마친 뒤, 다시 「동양평화론」의 저술에 착수할 정도로 이 문제를 중시했다. 「동양평화론」은 본래 이토를 비롯한 일본 정치인들이 부르짖던 것이다. 한·중·일 3국이 협력하여 결속하는 것만이 서양 세력의 침략을 막아 동양의 평화를 유지하는 길이라고 했다. 그러나 일본의 동양 평화론은 일본을 맹주로 하는 것을 전제 조건으로 하여 침략의 본성을 내재하고 있었다. 안중근은 서양 세력의 침략을 막기 위한 3국의 결속은 동양 평화를 위해 필요한 것이란 데는 동의했다. 그러나 전정한 동양 평화는 3국의 독립 보장 위에서만 가능하다고 하였다. 따라서 일본을 맹주로 하는 평화론은 허위라고 지적했다. 다시 말하면, 일본을 맹주로 한 동양 평화론은 다른 나라의 주권을 침탈하는 침략주의에 불과한 것이라고 비판하였다. 그것이 현재 눈앞에 벌어지고 있는 현실이라고 분노했다. 일본은 맹주를 자칭하는 선을 넘어, 침략의 야욕을 실현하기 위해 거짓말까지 하는 것을 통렬히 비판했다.

러일전쟁 개전 때 반포된 (메이지) 천황의 「선전宣戰 조칙」은 분명히 동양 평화와 한국의 독립 보장을 명시했다. 그런데 전쟁이 끝난 뒤 한국의 주권을 빼앗는 사태가 벌어지고 있으니, 이것은 용납할 수 없는 기만이요 불의·불법으로, 이 사태를 만든 핵심 인물은 처단할 수밖에 없었다는 것이 안중근의 논변이다.[40] 여기서 천황과 이토를 분리하여 이해한 점은 주목할 만하다. 즉 러일전쟁 개전에 관한 조칙에 표시된 동양 평화는 천황의 진정한 뜻인데, 이토가 전후 처리에서 그 뜻을 거스르는 불충을 저질렀다고 비판했다. 이것은 천황에 대한 안중근의 오해일 수도 있지만, 양자가 한통속이란 것을 알면서도 그런 군신 관계는 국제적으로 용납될 수 없는 것이란 비판 의식을 담은 것일 수도 있다.

어떻든 안중근은 일본 천황에게는 불충한 신하, 한민족에게는 만고에 없는 원수가 된 이토를 그대로 두고서는 동양의 평화를 기대할 수 없으므로, 자신이 그를 처단한 것은 진정한 동양 평화를 위한 의전義戰이라고 했다. 동양 평화라는 미명을 앞세워 불의와 불법의 수단으로 침략을 자행하고 있는 이 일본의 우상을 쓰러트리지 않으면, 한국의 독립 기회도, 동양 평화에 대한 희망도 없을 것이므로 그를 처단했다는 것이 안중근의 변론 요지이다.


## 6. 안중근 최후의 정체성 발견: 어질고 약한[仁弱] 나라에 태어난 죄

1909년 10월 26일 안중근은 이토 히로부미를 처단하고 이듬해 3월 26일 사형 집행으로 순국했다. 그 직후 5월에 육군대신 데라우치 마사다케寺內正毅가 제3대 통감이 되어 '한국병합'을 강제하는 사전 준비가 시작되었다. 3개월 뒤인 1910년 8월 22일에 한국병합조약이 강제되고 29일에 공

---

**40** 『공판기』, 102~103쪽.

포되었다. 대한제국의 국권 피탈에 관한 사건들의 이러한 시계열에서 볼 때, 안중근의 이토 히로부미 처단 사건의 중대성은 더욱 커진다. 그의 삶과 죽음은 이후 한국인 항일투쟁의 정신적 기둥이 되었다. 저격 사유 15개 조는 그의 행동이 정확한 시국 인식과 투철한 역사의식에 근거함을 보여 주는 것이었다. 그것은 당대 역사에 대한 바른 이해의 기준으로 삼아도 좋을 만큼 높은 정확성과 타당성을 지니고 있다. 이처럼 역사적 진실에서 저격 사유를 구한 것은 고뇌가 그만큼 컸음을 의미한다.

안중근의 이토 히로부미 처단은 사상적 근거를 가지고 있다는 점을 중시해야 한다. 그는 옥중에서 「동양평화론」이란 글을 지어 이토를 비롯한 메이지 정치지도자들이 부르짖던 동양 평화론의 허위를 폭로하려고 했다. 동양 평화라는 미명으로 동양 3국의 결속을 촉구하면서 한국의 독립을 보장한다는 약속을 되풀이했지만, 청일전쟁과 러일전쟁 후에 그들이 보인 모습은 침략자였을 뿐이다. 거짓 주장으로 남의 나라 주권을 빼앗는 것은 곧 동양 평화를 파괴하는 행위로 용납할 수 없는 일이었다. 그는 진정한 동양 평화를 위해서는 거짓 평화론의 수괴를 처단할 수밖에 없었다. 안중근이 저격한 대상은 곧 자연인 이토 히로부미가 아니라 남의 주권을 침탈하는 침략주의 정치가 이토 히로부미였다.

이토 히로부미 저격 사건은 주권 수호 전선의 전과란 점에서도 역사적 의의가 크다. 이 사건은 일본 정부의 탐문 조사에서 드러난 대로 블라디보스토크의 대동공보사와 동의회, 그리고 대한의군 등의 조직이 배후였다. 이 조직들이 형성한 전선은 고종 황제의 조칙을 받들어 형성된 것이란 점에서 국가적 조직으로서의 근거를 가진다. 안중근의 이토 저격은 "사격에 능숙한 포수"가 아니라 대한의군 참모중장 자격으로 결행한 것으로, 저격 성공은 곧 항일 독립운동 전선의 빛나는 전과였다. 저격의 공을 이렇게 개인이 아니라 조직에 돌리더라도 안중근 개인의 공적이 손상되는 것은 결코 아니다. 그는 그 조직을 구성하는 데 가장 많은 힘을 쏟았던 주역이었다.

안중근의 이토 저격 사건은 동양 평화론의 도덕적 근거, 처단할 자의 불의와 불법 행위에 대한 정확한 사실 파악 아래 국가의 이름으로 결행되었다. 과감한 실천력이 이룩한 공은 이후 한민족의 '독립운동의 선구先驅'[41]가 되어 항일투쟁력의 원천이 되었다. 그 결행의 완결성은 사건 조사에 관여한 일본인들로부터 가장 위대한 사람은 안중근이란 말이 흘러나오게 했다.

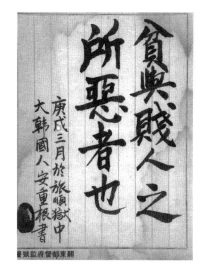

**8.** 안중근 유묵 〈빈여천인지소오자야(貧與賤人之所惡者也)〉.

그가 옥중에서 써서 남긴 유묵 가운데 하나는 "가난과 천함은 사람이 가장 싫어하는 것이다貧與賤人之所惡者也"라고 하였다. 그는 정신적으로 우리가 가난하거나 천해지는 것을 경계하고 거부했다.

안중근은 자서전 「안응칠 역사」 종반부에, 사형을 선고받은 뒤 죽음을 두려워하는 진솔한 인간의 모습과 함께 자신의 행위에 대한 최종적인 결론을 다음과 같이 적어 남겼다.

"그러나 일본국 4천만 민족이 '안중근의 날'을 크게 외칠 날이 머지않을 것이다. 동양의 평화가 이렇게 깨어지니 백 년 풍운이 어느 때 그치리요. 이제 일본 당국자가 조금이라도 지식이 있다면 어찌 이 같은 행동을 할 수 있을 것인

---

**41** 주 8에서 밝혔듯이 광복 이듬해 1946년 4월 박성강은 만주일일신문사에서 발행한 『안중근 사건 공판 속기록安重根事件公判速記錄』(1910. 3. 28.)의 한국어 번역본을 『독립운동 선구 안중근 선생 공판기』란 이름으로 내면서 '독립운동 선구'라는 용어를 처음으로 사용했다.

가. 지난 1895년(을미)에 한국에 와 있던 일본 공사 미우라 고로三浦梧樓가 병정을 몰아 대궐을 침범하고 한국의 명성황후 민 씨를 시해했으되 일본 정부는 미우라를 아무런 처형도 가하지 않고 석방했는데, 그 내용인즉 반드시 명령하는 자가 있어서 그렇게 한 것이 분명한 일이다. 그런데 오늘에 이르러 나의 일을 말하면, 비록 개인 간의 살인죄라고 할지라도 미우라의 죄와 나의 죄가 어느 것이 중하며 어느 것이 경한가. 그야말로 머리가 깨어지고 쓸개가 찢어질 일이 아니냐. 내게 무슨 죄가 있느냐, 내가 무슨 잘못을 범했느냐?" 하고 천만번 생각하다가 문득 크게 깨달은 뒤에 손뼉을 치며 크게 웃고 말하되, "나는 과연 큰 죄인이다. 다른 죄가 아니라 내가 '인약仁弱'의 한국 인민 된 죄로다(我非他罪 我爲仁弱韓國人民之罪也)."[42]

'인약' 곧 어질지만 약한 나라, 약하지만 어진 나라의 인민이라는 정체성 발견, 그것으로 그는 형장에서 "대단히 침착하여 안색과 언어에 이르기까지 평상시와 조금의 차이도 없이 종용자약從容自若하고 깨끗하게 죽음으로 나아갔다."[43]

---

**42** 윤병석 편역, 「安應七歷史(七條淸美文書本)」, 『안중근 문집』(한국독립운동사자료 총서 제28집), 독립기념관 한국독립운동사연구소, 2011, 154~155쪽(한문); 「안중근 의사 자서전」, 『대한의 영웅 안중근 의사』, 안중근의사숭모회·안중근의사기념관, 2008, 184~185쪽.

**43** 한국역사연구원 편, 『그들이 기록한 안중근 하얼빈 의거』, 태학사, 2021, 122쪽, 「살인범 안중근의 최후」 번역문.

# 하얼빈 의거,
# 고종 황제의 지시라는 일본 측 정탐 보고

## 1. 새로운 자료를 찾아

일본 외교사료관이 소장하고 있는 '하얼빈 사건'에 대한 취조 및 탐문 자료(『이토 공작 만주 시찰 일건伊藤公爵 滿洲視察 一件 별책別冊』 11책) 가운데, 이 사건에 대한제국 고종 황제가 개입되어 있다는 보고 및 이에 근거한 일본 정부의 판단 자료를 최근 내가 발굴하여 언론이 보도한 적이 있다.[1] 이 글은 이에 대한 상세 보고의 성격을 갖는다. 이 자료는 지금까지 전혀 알려지지 않은 것일뿐더러 사실 자체가 전혀 예상하지 않았던 것이므로 사회적으로나 학술적으로 중요성이 크다고 생각된다.

항일 의병운동에 관한 연구에서 고종 황제가 중심에 있다는 주장은 오영섭에 의해 제기되어 왔다.[2] 최근에 그는 연해주에서 이범윤李範允·이

---

1 「"안중근 구출하라" 고종, 러에 密使: '재판 관할권' 변경 시도」, 『조선일보』, 2009. 8. 29; 「日, 안중근 의거 배후로 고종 지목」, 『연합뉴스』, 2009. 8. 29.
2 오영섭, 『고종 황제와 한말 의병』, 2007, 선인.

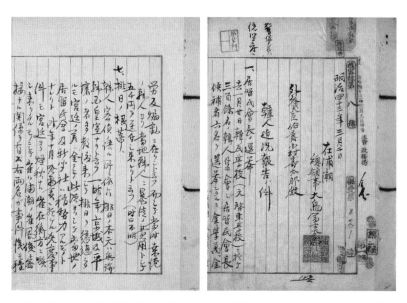

**1.** 『이토 공작 만주 시찰 일건 별책』 11책의 탐문 보고 「한인 근황 보고의 건」 문건 중 '1. 거류민 회장의 선거'(1면, 오른쪽)와 '7. 배일(排日)의 뿌리[根蒂]'(4면, 왼쪽).

범진李範晉 등 '고종 세력'의 1907~1908년 의병 활동과의 관련 속에서 안중근과 그의 저격 사건의 위치를 파악하는 논문을 발표했다.[3] 여기서 그는 안중근이 법정에서 스스로 자신의 사령관이라고 밝힌 김두성金斗星 에 대해 고종 황제 밀사로서의 이력을 밝히기도 했다. 즉 김두성(1876년 생)은 중추원 제도가 도입되었을 때 황제로부터 의관議官으로 추천된 적 이 있었고, 황제 직속 궁내부의 내장원內藏院, 수륜과水輪課 및 봉상시奉常寺 주사主事를 역임한 경력을 가졌으며, '고종 세력'의 밀사로서 지방에 내 려가 재야 의병의 전략과 전술을 통괄하는 막중한 임무를 이면에서 처리

---

**3** 오영섭, 「간도 지역 독립운동과 안중근이 지도한 의병 전선」, 안중근 의거 99주년 기념 국제학술회의 〈동북아 평화와 안중근 의거 재조명〉, 안중근·하얼빈학회, 2008. 10. 17. 이 발표문은 「안중근의 의병운동」이라는 제목으로『영원히 타오르는 불꽃: 안중근의 하얼 빈 의거와 동양평화론』(이태진 외 안중근·하얼빈학회 편, 지식산업사, 2010)에 실렸다.

한 이력을 가진 인물임을 밝혔다. 김두성의 이런 경력이 곧 이토 히로부미 저격 사건 당시 연해주 독립의군獨立義軍의 사령관이 될 수 있게 한 것이라고 했다.

내가 새로 발굴한 자료는 오영섭의 연구 성과를 뒷받침하거나 이를 더 발전시키는 성격의 것으로, 그 내용은 다음 두 가지 사실에 관한 것이다.

첫째, 일본 관동도독부 산하 뤼순 지방법원에 넘겨진 안중근의 신병을 황제가 국제적으로 명성이 있는 변호사들을 동원하여 러시아 법정으로 옮기려고 한, 이를테면 안중근 구출 작전에 깊이 관여된 사실.

둘째, 저격 사건이 처음부터 황제 측이 기획하여 연해주 의병 세력이 이를 실행에 옮긴 것으로 보인다는 일본 첩보망의 보고.

이 가운데 후자는 오영섭의 연구가 다뤄 오던 것과 관련이 있지만, 전자는 지금까지 전혀 알려지지 않은 것이다.

돌이켜 생각해 보면, 1905년 11월의 보호조약 강제 후, 고종 황제는 국제사회를 상대로 무효화 운동을 펼쳤고, 그것이 빌미가 되어 일본 측에 의해 강제로 퇴위당한, 말하자면 일본 침략의 최대 피해자였다. 따라서 그런 위치에서 가해자에 대한 저항과 반격은 당연히 나올 수 있다. 일제 식민주의 역사관이 남긴 황제에 대한 부정적 인식, 즉 무능 군주론의 영향, 그리고 일본 측의 감시가 극대화된 상황에서 비밀스럽게 진행된 저항 활동이 가지는 자료상의 제약 등으로 지금까지 항일 독립운동 연구에서 황제의 존재는 잘 드러나지 않았다. 오영섭의 연구는 곧 이런 제약을 타개해 나가는 전위 작업이었다.

고종 황제는 러일전쟁 발발 후, 한성에 파견된 일본의 한국주차군韓國駐箚軍에 의해서 경운궁慶運宮(현 덕수궁)에 갇혀 있는 상태였다. 그런 가운데 오영섭이 밝혔듯이 '별입시別入侍'의 암약으로 외부 세계와 연결을 가

지면서 항일운동을 펼쳤다. 황제는 강제 퇴위당한 후 경운궁 중명전에서 의병 활동을 지시, 독려하는 밀지를 내리는 한편 국제사회를 상대로 항일운동을 지속시켰다.[4] 황제는 국가 원수이자 침략의 최대 피해자로서 의병 활동의 무력 대항을 독려하던 중 최대의 가해자인 이토 히로부미伊藤博文가 만주 여행에 오르자 이를 그에 대한 적극적인 공격의 기회로 삼았다. 그의 여행이 만주에 대한 일본의 지배력 강화를 가져온다면, 그것은 곧 그간 간도 일원에서 어렵게 구축한 무장 항일 의병의 기지를 위협하는 결과를 가져올 수 있으므로 더욱 좌시할 수 없는 문제였다.

## 2. 블라디보스토크에 출현한 고종 황제의 밀사

일본 외교사료관 소장 『이토 공작 만주 시찰 일건 별책』 11책의 자료[5]는 대개 외무성 정무국장 구라치 데쓰키치倉知鐵吉의 지휘로 블라디보스토크·하얼빈·창춘長春·뤼순 등 관련 지역의 영사관망을 통해 획득된 정탐

---

**4** 오영섭의 『고종 황제와 한말 의병』(2007, 선인) 중 제3장 「고종세력의 의병 추동과 동의회의 결성」 참조. 하세가와 요시미치長谷川好道 사령관은 1904년 10월경부터 경운궁慶運宮 동편 환구단圜丘壇 앞에 위치한 대관정大觀亭[영빈관]을 무단 점거하여 사령부 겸 거처로 사용하면서 경운궁의 동정을 감시했다. 고종 황제는 이 감시망을 피해 경운궁 서쪽 중명전에 기거하였다.

**5** 일본 외교사료관 소장 『이토 공작 만주 시찰 일건伊藤公爵滿洲視察一件 별책別冊』 자료는 1995년 한국 국가보훈처에서 『아주제일의협 안중근亞洲第一義俠安重根』이란 이름으로 간행한 적이 있다. 그러나 인쇄 상태가 나빠 자료의 판독이 어려운 부분이 많아 이 논문에서는 이를 이용하지 않고 외교사료관으로부터 직접 CD로 복사해 온 것을 활용했다. 이 자료는 내가 입수해 온 후 각 보고 사항을 목차로 만들어 2021년에 『그들이 기록한 안중근 하얼빈 의거: 일본 외무성 소장 「이토 공작 만주 시찰 일건」 11책 총람』(한국역사연구원 편, 태학사)으로 국내에 보급되었다. 이 자료집은 모든 왕래 전문電文 자료를 목록화하고 해설을 붙이는 한편, 소장 기관인 일본 외교사료관의 허락을 받아 자료 전체를 담은 DVD를 원본 자료로 첨부했다.

보고서, 육군참모부 지휘하의 한국주차군 헌병대사령부에서 현지에 직파한 헌병 밀정이 올린 보고문, 그리고 뤼순 법원의 검찰관과 통감부 경시청이 각각 수행한 취조取調 심문 및 정탐 보고서 등으로 구성되어 있다.[6] 이 가운데 고종 황제 밀사에 관한 자료는 영사관 정보망을 통해 보고된 것이며, 이에 대한 최종 판단에는 육군참모부 및 육군대신(데라우치 마사타케寺內正毅)의 입김이 강하게 작용한 것으로 나타난다.

저격 사건의 배경에 대한 일본 측의 탐문 수사는, 초동 단계에서는 많은 제약을 받았다. 사건의 진원지인 연해주 일대가 러시아령으로 러·일 간 수사 협조에 대한 어떤 협약도 체결되어 있지 않아 정부 차원의 협조를 받기 어려운 점,[7] 한국인들의 동태를 파악할 수 있을 정도로 한국어에 능통한 일본인을 정보원으로 확보, 투입하기 어려운 점 등이 탐문 수사의 제약이었다.[8] 한국주차군 아카시 모도지로明石元一郎 사령관의 지휘로 헌병 장교 2명을 블라디보스토크에 투입할 때도 그들의 신원을 용산 소재의 니시혼간지西本願寺 승려로 등록하여 블라디보스토크의 니시혼간지에 보내는 형식을 취해야 했다. 이런 제약 때문에 사건 수사 초기인 1909년 11~12월에 확보한 정보들은 정확도가 떨어지는 것이 많았다. 예컨대 통감부 통감 소네 아라스케曾禰荒助(2대)의 이름으로 보고되는 '극비'표시

**6** 이 자료의 구성에 관해서는 한국역사연구원 편, 『그들이 기록한 안중근 하얼빈 의거』 (태학사, 2021)의 '기획·편찬의 변'(이태진), 'I. 자료집의 구성'(오정섭), 'II-1 주요 자료 24건의 해설'(이태진) 등 참조.

**7** 메이지 42년 11월 20일에 고무라小村 외무대신이 재블라디보스토크在浦潮 오토리大鳥 총영사에게 보낸 암호문(제64호)에 "日露 양국 간에는 아직 사법상의 공조에 관한 조약이 없기 때문에" 수색에 어려움이 있을 것을 지적했다.

**8** 「이토공伊藤公 가해 사건에 관련한 수사 방법에 관한 보고의 건 (한국인 밀정 사용)」(機密 제56호, 明治 42년 12월 6일, 재하얼빈在哈爾賓 총영사 가와카미 도시히코川上俊彦가 외무대신 백작 고무라 주타로小村壽太郎에게), 한국역사연구원 편, 『그들이 기록한 안중근 하얼빈 의거』, 태학사, 2021, 40~41쪽.

가 된 「흉행자 및 흉행 혐의자 조사서兇行者及兇行嫌疑者調査書」의 경우, 제1·2 보와 제3보(1910. 1. 8.) 사이에 내용상 많은 차이가 있다.

현지에 있는 일본 측 관련 기관들이 이러한 제약을 타개하기 위해서는 한국인을 밀정으로 고용하는 것이 필요했다. 그리하여 블라디보스토크의 경우, 1909년 12월 6일에 탐문 수사비 증액을 요구하여 즉각 수용되었다.[9] 한국인 밀정 고용은 탐문 정보의 질과 양을 높여 주었다. 1910년 1월 이후의 보고서들은 질적으로 훨씬 구체적인 정보를 담고 있는 것들이 많은데, 이는 이러한 탐문 수사력 강화에 힘입은 것으로 보인다.

사건 발생 초기에 뤼순 현지로 급파된 외무성 정무국장 구라치 데쓰키치倉知鐵吉는 1909년 12월 18일 자로 장문의 보고서(29면)를 쓴 뒤, 관동도독부 민정장관 시라니白仁에게 자신의 역할을 넘기고 귀국했다.[10] 아마도 사건 대책 수립에 그가 필요했기 때문에 내각에서 귀국을 요구했던 것으로 보인다. 그래서 그가 귀국한 다음, 사건 관련 지역에 한국인 밀정이 투입되는 변화와 함께 탐문 정보의 질이 갱신되기 시작했다. '태황제'의 밀사와 안중근 구출을 위한 변호인단 구축 등에 관한 보고는 모두 1910년 1월 이후의 것으로, 신빙성이 상당히 높아진 상태였다. 먼저 밀사에 관한 보고문들부터 보기로 한다.

첫 보고문은 1910년 1월 29일에 블리디보스토크 주재 일본 총영사 오토리 후지타로大鳥富士太郎가 외무대신 고무라 주타로小村壽太郎에게 올린 전보문이다.

**9** 「이토공伊藤公 가해 사건에 관해 요청한 특별비 기타 지출 방안에 대한 품청 건」(機密 제 57호, 明治 42년 12월 6일, 재하얼빈在哈爾賓 총영사 가와카미 도시히코川上俊彦가 외무 대신 백작 고무라 주타로小村壽太郎에게), 한국역사연구원 편, 『그들이 기록한 안중근의 하얼빈 의거』, 태학사, 2021, 42~43쪽.

**10** 明治 42년 12월 18일, 極秘.

메이지明治 43년(1910) 1월 29일 재블라디보스토크在浦潮 오토리大鳥 총영사
내전사來電寫
~~明治 43년 1월 29일 後 7:30 - 7:40 大鳥總領事, 小村外務大臣~~
~~제11호~~

최봉준崔鳳俊 이하 민회원民會員은 양성춘楊成春의 사망에 관하여 협의하기 위
해 지난 28일 집회하였는데, 27일 경성京城으로부터 하얼빈哈尒賓을 거쳐 당
지에 도착한 송선춘[일본어 표기는 ソンソンジュン, 성은 ソン(宋)으로 달리 표기했
다-인용자] 연령 37, 8세 종두 [자국] 있는 자 및 조병한[趙 ビョンハン] 연령 35, 6
세의 두 사람은 동회同會에 출석하여 이번 태황제太皇帝 폐하의 칙勅을 받들어
뤼순에 있는 안응칠安應七을 옥중으로부터 구출하기 위해 유세하러 온 것에
대해 조력助力해야 한다고, 태황제의 새璽가 찍힌 친서親書를 보이고, 그 취지
는 이자를 파견함에 대한 것이고, 그 말하는 바를 보아 조력해야 함을 말하는
데 있다. 폐회 후 최봉준은 그 진위를 의심함에 대해 취조를 요한다고 말하였
다. 위 두 사람은 당지當地로부터 니콜스크, 하바롭스크 방면으로 간다고 하
였다. 위 송宋은 일찍이 한국 관리로서 일본 및 아메리카에도 간 적이 있고 일
본어와 영어에 숙달되어 있고, 또 위 두 사람은 모두 단발斷髮 양장洋裝을 하고
있다. 한인 엄인섭嚴仁涉(燮)은 27일 파르티잔스크蘇城로부터 당지에 도착하
여 한인정韓人町 최 모의 집에 투숙하고 있다.

두 밀사와 관련한 위 내용을 요약하면 다음과 같다.

---

**11** 자료의 강조, 삭제 표시는 원문 그대로이다.

(가) 태황제(고종 황제)의 밀사를 자처한 사람은 37~38세쯤의 송선춘과 35~36
세쯤인 조병한 2인임.

(나) 경성에서 출발하여 하얼빈을 거쳐 현지(블라디보스토크)에 1910년 1월 27
일 도착했음.

(다) 1월 28일 최봉준이 주재하는 블라디보스토크 (한국인) 민회民會에 처음 나
타나서, 태황제의 칙명을 받들어 뤼순 감옥에 있는 안응칠(안중근)을 구출
하기 위해 유세하러 온 것이 사명이니 도우라고 함.

(라) 태황제의 어새御璽가 찍힌 친서를 보임.

(마) 두 사람은 곧 니콜스크(우수리스크雙城子)와 하바롭스크 방면으로 갈 예정임.

(바) 송선춘은 한국 관리로서 일본과 미국을 다녀온 적이 있고 일본어와 영어
에 숙달해 있으며, 두 사람은 모두 단발 양장을 함.


오토리 총영사는 위 보고에 이어 같은 해 2월 4일에 다시 한 차례 같은
건에 관해 보고했다.


● 탐문 보고 자료 2.

메이지明治 43년(1910) 2월 4일 오후 12시 6분 발신, 오후 2시 50분 도쿄 착
신, 오토리大鳥 총영사 → 고무라小村 외무대신

제18호, 왕전往電 제11호의 밀사를 위해 지난 3일 민회를 개회하여 모인 자
최崔·김金·김학만金學萬·고상준高尙俊·이상운李尙雲·김상만金相萬·차석보車錫甫
등 40여 명. 최 민회장 먼저 공동회가 모은 안安 및 그 유족 구제 기금의 잔금
1,253루블留을 밀사를 위해 사용함은 불가하다. 오히려 밀사에 대해서는 그
진위를 확인할 필요가 있다고 논단하였다. 밀사는 다시 니콜스크 기타 등지로
한국 태황제의 뜻을 전하기 위해 곧 당지當地를 떠난다고 한다.

이 보고서는 추가 사항으로, 민회 참가자의 일부 명단과 인원(40여 명), 그리고 최봉준 회장이 앞서 안중근 유족 구제금의 잔금 1,253루블을 밀사를 위해 미리 쓸 수는 없다고 말하고, 또 이들의 진위 파악이 우선해야 한다고 스스로 말한 점, 그리고 이들은 곧 예정대로 니콜스크 등지로 떠날 것에 대한 재확인 등을 담고 있다.

오토리 총영사는 이어 2월 17일에 다시 「한인韓人 근황 보고의 건」에서 '한인거류민회韓人居留民會의 분운紛紜', '공동회共同會'에 이어 '태황제 밀사太皇帝密使'에 관해 보고했다.

● **탐문 보고 자료 3.**

기밀 한機密韓 제6호, 메이지明治 43년(1910) 2월 17일 재블라디보스토크在浦潮 총영사 오토리 후지타로大鳥富士太郎 → 외무대신 백작 고무라 주타로小村壽太郎 전殿, 한인韓人 근황 보고의 건

一. 한인거류민회韓人居留民會의 분운紛紜 [생략]

一. 공동회共同會 [생략]

一. 태황제太皇帝 밀사密使

객월客月[1월] 27일 경성으로부터 하얼빈을 거쳐 당지當地에 온 이른바 태황제의 밀사 송선춘과 조병한 두 사람은 동同 28일 양성춘楊成春 사후의 선후책善後策에 관한 협의를 하던 거류민회에 출석하여 품속[懷中]으로부터 1통의 서면을 꺼내 이를 회중會衆에 보이고 자기는 이번 우리 태황제太皇帝 폐하의 칙명을 받고 이렇게 폐하의 친새親璽가 찍힌 밀서密書를 가지고 뤼순의 옥중에 있는 안중근을 구해 내어 노령露領에 있는 우리 동포와 함께 힘써 이를 노국露國의 재판에 맡기기 위해 당지에 왔다고 공공연하게 말하였다. 하지만 일이 너무나 의외였기 때문에 회중은 어리둥절할 뿐이었다. 최 민회장은 밀사의 품성[素性] 아울러 밀칙密勅의 진위에 대해서는 천착할 필요 있어서 그날

밤은 그대로 산회하면서도 의심스럽게 여겼다. 宋송·趙조 두 사람은 다시 니콜스크 및 하바롭스크로 가서 유세한다고 알리고, 4~5일 후 趙조는 니콜스크로 향하여 당지를 출발하고, 이어 김기룡金基龍·엄인섭嚴仁燮·정재관鄭在寬·이강李堈 등도 서로 전후하여 동지同地를 향해 출발하였다. 위 밀사 중의 1명 송선춘은 일찍이 본국에서 관직을 가진 적이 있고 나중에 일본 및 미국 샌프란시스코桑港에도 간 적이 있으며 일日·영英 양국어를 하는 자로서 현재 한인정韓人町 김 소시 집에 체재하고 있다.

'보고 자료 1'과 거의 비슷한 내용을 약간 자세한 표현으로 정리한 다음, 끝에 4, 5일 후(민회에 나타난 28일을 기준으로 하면 2월 1, 2일) 조병한이 니콜스크로 출발한 뒤, 김기룡金起龍·엄인섭嚴仁涉·정재관鄭在寬·이강李剛 등이 날을 달리하여 곧 같은 지역으로 떠났다는 사실을 밝혔다. 블라디보스토크에 남은 송선춘은 현재 한인정韓人町의 김 소시 집에 머물고 있다고 했다. 당시 니콜스크(우수리스크)에는 안중근의 가족이 와 있었다. 블라디보스토크 한인회는 이미 '안응칠 유족 구제회'를 결성하여 모금 운동을 벌이고 있었다.[12]

오토리 총영사의 후속 보고는 5일 뒤인 2월 22일에 「한황韓皇의 밀사 송 모某某에 관한 건」이란 제목으로 다시 전문電文으로 발송되었다.

● 탐문 보고 자료 4.

기밀 한機密韓 제7호, 메이지明治 43년(1910) 2월 22일 재블라디보스토크在浦潮 총영사 오토리 후지타로大鳥富士太郎 → 외무대신 백작 고무라 주타로小村壽

---

**12** 機密 韓 제2호, 明治 43년 1월 20일, 在浦潮總領事大鳥富士太郎 → 外務大臣 伯爵 小村壽太郎殿, 「韓人靜態에 관한 件」

**2~3.** 구라치 데쓰키치 정무국장(왼쪽)과 고무라 주타로 외무대신(오른쪽).

太郎 전殿

한황韓皇의 밀사密使 송 모宋某에 관한 건

경성으로부터 하얼빈을 거쳐 객월客月[1월] 27일 당지에 도착한 밀사 宋송·조趙 두 사람이 지난 28일의 거류민회에 출석하여 태황제의 밀칙을 전한 후 조趙는 니콜스크로 가고 송宋 1인은 당지當地 한인정韓人町 김 소시 집에 체재 중이란 것은 본월 17일 자 '기밀 한機密韓 제6호'로써 보고를 드렸습니다. 위 밀사는 도착 당시 다수의 한인으로부터 어느 정도 그 진위를 의심받고 있었는데 작금에 이르러서 한인들은 위 밀사, 밀칙을 믿기에 이르렀습니다. 본일 자의 졸전拙電 제24호대로 당지에 남아 있는 송宋은 공동회로부터 안安의 가족에 송부할 러화露貨 300루블[留]을 휴대하고 어제 니콜스크로 향해 출발했습니다. 앞서 이곳에 와 있던 밀사의 한 사람인 조趙는 김기룡 외 2명의 한인과 함께 당 지방 한인 총대惣代[촌장, 대표의 뜻·번역자]로서 안安에게 휴가를 요청[暇乞]하게 하기 위해 그 처형 전에 제때에 닿도록 근일 동지同地를 발정發程하여 뤼순에 가도록 하는 일이 있으니 보고합니다.

추가: 송宋은 송 주사라고 불리기도 하는데, 일찍이 본국에서 주사主事의 관직에 있어서 그렇게 불리게 된 것 같습니다.

여기서는 '밀사는 도착 당시 다수의 한인으로부터 그 진위를 의심받았는데, 지금 한인들은 이 밀사와 밀칙을 믿기에 이르렀다.'라고 정황의 변화를 알렸다. 그리고 그동안 블라디보스토크에 남아 있던 송선춘도 "공동회에서 안중근 가족에게 보낼 러시아 화폐 300루블을 가지고 어제 니콜스크로 떠났다."라고 보고했다. 이어서, 앞서 조병한과 함께 니콜스크로 떠난 김기룡 외 2명은 그 지역 한인을 대표하여,[13] 안응칠로 하여금 법원에 휴가를 요청[乞暇]하도록 하려는 임무를 가지고, 안응칠이 처형되기 전에 뤼순에 닿을 수 있도록 급히 떠나게 한 것이라고 했다.

2월 3일, 뤼순 지방법원은 '안중근 사건' 공판을 2월 7일 개정開廷한다고 공고했다. 공판 개정 공고는 최소 1주일 전에 하는 것이 관례인데 5일 전에 나왔다. 이는 안중근 지원 측을 당황케 했다. 위 보고 자료가 밝힌 김기룡 등의 동정, 즉 안중근으로 하여금 뤼순 법원에 휴가 신청을 내게 하려 한 것은 재판 공고의 전후에 있었던 움직임이다. 뒤에서 다시 자세히 밝히겠지만 안중근 '구제 작전'은 1909년 11월 하순부터 대동공보사 사장이던 변호사 미하일로프가 나서서 변호인 신청의 형태로 진행 중이었다. 그러나 일본 정부가 이에 대해 외국인 변호인 불허 방침을 확정함과 동시에 개정開廷을 촉박하게 공고했기 때문에 블라디보스토크 대동공보사의 움직임이 바빠지게 되었던 것이다. 위 일본 총영사관의 보고는 이 숨 가쁜 동정에 대한 보고인 셈이다. 이 보고문은 끝에 송선춘이 그새 한인 인사들 사이에 '송 주사'라고 불리고 있는데 이것이 그가 일찍이 본국에서 주사主事라는 관직에 있었기 때문인 듯하다고 했다.

오토리 총영사는 3월 2일 자로 황제 밀사에 관한 다음의 마지막 보고를 올렸다.

---

**13** "當地方 韓人 惣代로서"라고 표현했는데, "그 지역 한인 대표자로서"라는 뜻으로 읽을 수 있겠다.

● 탐문 보고 자료 5.

기밀 한機密韓 제8호, 메이지明治 43년 3월 2일 재블라디보스토크在浦潮 총영사 오토리 후지타로大鳥富士太郎 → 외무대신 백작 고무라 주타로小村壽太郎 전殿 한인韓人 근황 보고의 건

1. 거류민 회장 선거 [생략]
2. 일본인에 대한 한인의 밀정: 블라디보스토크 정거장 화물 취급소의 관리 안민식安敏植, 30세, 일·러 양국어 통하는 자 [생략]
3. 이강李剛의 휴대 도주: 재미 한인으로부터 온 안중근 유족 구제 공동회에 기부된 1만 엔 중 5천 엔 [생략]
4. 공동회 및 대동공보 [생략]
5. 미하일로프의 밀정 [생략]
6. 한국 궁정으로부터의 밀사

밀정의 말에 의하면, **목하目下 당지當地를 떠나 뤼순으로 간 송宋·조趙 두 사람의 밀사는 결코 가짜가 아닌 것으로, 오히려 선년先年 니콜스크 시市에서 사망한 이용익李容翊도 한황韓皇의 밀사로서 당시 이李가 휴대하여 가지고 온 내탕內帑의 잔금 7천 엔은 지금도 최봉준崔鳳俊의 집에 보관되어 있다고 한다. 당지에 거주하는 이상운李尙雲도 처음에 밀사로서 블라디보스토크에 온 것으로 그 목적[用向]은 폭도의 위로 및 선동에 있다고 한다.** 그리고 당시 샌프란시스코의 한인으로부터 당지 한인에 폭도의 비용으로 5천 엔을 송부送付해 왔다고 한다(시일時日 불명不明).

7. 배일排日의 근체根蒂[근원이라는 뜻-번역자]

한인 밀정이 말하는 바에 따르면 **배일排日의 본원本元은 물론 한국 황제라고 한다.** 재작년 경성 및 평양의 사람 다수가 와서 배일을 종용한 것도 **궁정**이 준 돈으로서 이 무렵부터 당지 거류민회 및 신문사가 점차 세력이 있게

되었다고 하고, 작년 10월 하얼빈에서의 흉변 사건도 궁정으로부터 얀치혜煙秋[그라스키노-인용자]의 최재형崔在亨 집으로 선동해 온 것으로 최崔는 블라디보스토크의 최봉준崔鳳俊과 밀접한 관계를 가지고 있고, 이 두 사람이 사건 후에도 여러 일에 관여돼 있는 것도 알아야 한다고 한다. 그리고 안중근과 북한으로부터 함께 온 김기룡金起龍의 피스톨 기타의 짐[荷物]이 지금 얀치혜 최재형의 집에 보관되어 있음[김기룡의 말]은 사건과 최崔와의 관련을 증거한다고 말한다.

이 보고문 중 6을 보면, '(영사관 측에서 고용한) 밀정의 말에 따르면, "지금 이곳을 떠나 뤼순으로 간 송선춘, 조병한 두 밀사는 결코 가짜[僞物]가 아니다."라고 했다. 즉 그사이 한인회는 두 사람을 진짜 태황제의 밀사로 판단했다는 것이다. 또한, "작년에 니콜스크에서 사망한 이용익李容翊도 실은 한국 황제[韓皇]의 밀사로, 당시 그가 가져온 내탕內帑의 잔금 7천 엔이 지금도 최봉준崔鳳俊의 집에 보관되어 있다."고 했다.[14]

그리고 "이곳에 거주하는 이상운李尙雲도 처음에는 밀사로서 블라디보스토크에 온 것으로, 그 임무는 주로 폭도(의병)를 위로하고 선동하는 것이었다."고 하며, "당시 샌프란시스코의 한인이 이곳의 한인에게 폭도 비용으로 5천 엔을 보내왔다."는 사실(날짜는 불명)도 보고했다.

이 보고문은 한인 측에서도 일본인에 대한 탐문을 위해 밀정을 고용하고 있는 사실(보고문의 2), 그리고 대동공보사 발행인 겸 사장인 러시아

---

**14** 모스크바국립대 박종효朴鍾涍 교수는 1997년에 러시아 총참모부 정보국 니콜라이 비류리코프 대위의 1909년 4월 16일 자 비밀 보고 전문電文을 발굴하여 소개했는데, 이에 따르면 루스코-카타이스키 은행(러중은행) 블라디보스토크 지점에 고종 황제가 보낸 돈 30만 엔(당시 시가로 쌀 10만 석에 해당)이 이용익의 명의로 된 계좌에 예치되어 있다고 했다. 이 전보문에는 "고종 황제가 비밀리에 독립군에게 협조하고 있기 때문에 일본이 이 돈을 빼앗을 우려가 있다."고 적혀 있다고 했다. 「고종, 일화 30만엔 러 은행 예치」, 『조선일보』, 1997. 11. 27.

인 미하일로프가 한인(김진성金振聲)을 고용하여 거짓으로 일본인 밀정 행세를 하게 하여, 일본인이 한인에 대해 어떤 일을 탐색하는지를 파악하고 있는 사실(보고문의 5)을 함께 보고했다. 뒤에서 밝히듯이 미하일로프는 밀사들이 추구하는 안중근 구출 작전에 이미 깊이 뛰어든 인물이기 때문에 이러한 역逆정보망의 운영은 있을 법한 일이다.

오토리 총영사의 마지막 보고문에서 가장 주목되는 것은 한국 황제가 '배일의 중심'이며 하얼빈 사건도 한국 황제의 궁정으로부터 선동한 것이라는 보고이다(탐문 보고 자료 5). 이것도 물론 일본 영사관에 고용된 한국인 밀정이 탐문하여 보고한 것으로, "배일排日의 본원本元은 말할 것도 없이 한국 황제"라고 단언했다. 1908년에 경성 사람과 평양 사람 다수가 이곳에 와서 배일排日을 종용한 것도 궁정이 준 돈을 자금으로 한 것이며, "그 무렵부터 이 지역의 거류민회와 신문사가 점차 세력이 커졌다."고 했다. 이어서 "1909년 10월 하얼빈 사건도 궁정에서 노보키예프스크의 최재형崔在亨 집으로 선동해 온 것"이라고 하고, "최재형과 블라디보스토크의 최봉준의 관계가 밀접하고, 이 두 사람이 사건 뒤에도 여러 일에 관여돼 있다는 사실도 알아야 한다."고 했다. 그리고 "(김기룡의 말에 따르면) 안중근과 함께 북한 지역에서 온 김기룡의 권총 등 짐[荷物]이 지금 노보키예프스크의 최재형 집에 보관되어 있는데, 이것이 최재형과 이 사건이 관련되어 있다는 증거"라고 했다.

이러한 보고들은 오영섭이 1907년 이래 1908년 5월 최재형의 집에서 이루어진 동의회同義會 결성 등에 작용한 '고종 세력'의 역할에 관한 연구 결과와 대체로 일치한다. 만약 이 보고대로 1909년 10월 26일 하얼빈 의거의 배후가 한국 궁정 곧 고종 황제라면, 하얼빈 의거는 새로운 차원에서 해석할 필요가 있다.

## 3. 하얼빈 의거의 기획 전말에 관한 탐문 보고와 제국익문사 요원 정재관

1910년 1월 8일 자로 통감부 통감 소네 아라스케는 본국 외무대신 고무라 주타로에게 '극비'로 「흉행자와 흉행 혐의자 조사서兇行者及兇行嫌疑者調査書(제3보)」를 보냈다.[15] 이 조사서는 8항목으로 구성된 장문의 보고로, 그 가운데 '제1. 흉행의 발단 및 경과'와 '제2. 흉행 후의 동지의 행동'이 주목된다. 이 조사서는 서두에 '안중근 흉행 사건' 발생 이후 블라디보스토크 방면에 한국에서 내방하는 자들이 있는 것을 발견하고, 이곳에 파견한 한국인 밀정이 가져온 정보 가운데 가장 신빙할 만한 것을 열거한다고 했다. 이전에 올린 제1, 제2의 조사서 중 잘못된 것을 정정하고자 한다고 밝히기도 했다. '제1. 흉행의 발단 및 경과'의 보고 내용부터 보면 다음과 같다. 첫째로 1909년 10월 10일 대동공보사에 모인 인물들이 아래와 같이 소개되었다.

> 1909년 10월 10일, 러시아령 블라디보스토크의 한국인이 경영하는 대동공보사大東共報社 사무실에서 사장 러시아인 미하일로프, 발행인 유진율兪鎭律(니콜라이유가이), 주필 정재관鄭在寬, 기자 윤일병尹一炳(윤욱尹煜)·이정래李政來(이강李剛)·정순만鄭順萬(왕창동王昌東) 등 6명이 집무하는 중에 안중근(안응칠安應七)·우덕순禹德淳·조도선曺道先 등 3명이 방문했다. 9명이 한 무리가 되어 잡담하던 끝에 발전한 주요 대화의 내용이 보고되었다.

---

**15** 「흉행자 및 흉행혐의자 조사서兇行者及兇行嫌疑者調査書(제3보)」(機密統發 제20호, 통감 자작 소네 아라스케曾禰荒助가 외무대신 후작 고무라 주타로小村壽太郎에게, 메이지明治 43년 1월 8일), 한국역사연구원 편, 『그들이 기록한 안중근 하얼빈 의거』, 태학사, 2021, 47~63쪽.

그 내용을 대화체로 옮기면 다음과 같다.


A: 이토伊藤 공이 하얼빈哈爾賓에 올 것이라는 정보가 있다.

B: 그는 한국을 다 집어삼키고 지금 또 하얼빈에 온다고 하는데, 과연 그렇다면 반드시 예측할 수 없는 간계를 품고 올 것이다.

C: **그를 암살하는 데 매우 좋은 기회인데,** 불행하게도 역부족이고 어떻게 하기도 어렵다.

미하일로프: 그 말은 매우 맞다. 이토 공은 우리나라 대장상大藏相과 회견할 필요가 있어서 하얼빈에 오는 것이다. **수년간 계획한 암살 기회는 바로 이때이니,** 참으로 천재일우千載一遇의 좋은 기회이다. 주저하면 영원히 그 목적을 달성할 날을 기할 수 없다. 속히 실행의 임무를 담당할 자가 없는가?

좌중: 일이 급작스럽고 금전의 준비가 없을뿐더러 가장 필요한 흉기[무기]가 없고, 자진해서 그 임무를 담당하려는 자도 없을 것이다.

미하일로프: 내가 비용을 대신 내고 또 총검을 공급하겠으니, 여러분들이 동포에게 격문을 돌려서 자금을 모아 훗날 갚아라. 암살 후의 처치에 관해서는 내가 꼭 그 임무를 담당하여 결코 사형에 처해지는 불행에 빠지지 않도록 하겠다.

안중근: 내가 실행의 임무를 담당하여 반드시 그 목적을 달성하겠다. 그러니, 원컨대 암살 후 보호에 전력을 기울여 주기 바란다.

미하일로프: 장하다. 암살을 행하면 반드시 관헌에게 체포될 테지만, 그래도 하얼빈은 러시아의 조차지이니 재판권은 러시아에 있어서 맹세코 무죄로 될 것이다.


위 대화가 이루어진 뒤의 정황은 다음과 같이 보고되었다.

**4~5.** 정재관(왼쪽)과 『대동공보』 1908년 4월 9일(목요일) 자(오른쪽).

옆에서 이 대화를 듣던 우덕순과 조도선도 자진해서 안중근과 공동으로 실행
하겠다고 하여 3명이 서로 약속하고, 대동공보사 사원 5명에게 실행 후 실행
자의 보호에 진력하겠느냐고 물으니, 5명은 반드시 보호하겠다고 맹세하고,
뒷일은 우려하지 말라고 타일러서 이에 협의는 완결되었다.

10월 15일, 사장 미하일로프는 약간의 돈과 권총 3정을 안중근에게 건네주었
고, 2일 안에 동지들과 작별하여 10월 18일 블라디보스토크를 출발하였다.
(이하 생략)

이에 따르면 대동공보사에서의 '암살' 결정은, 하얼빈에서의 결행 후
수사와 재판이 러시아에 맡겨질 것으로 예상하는 등 거사 계획이 비교적
순조롭게 진행되었다고 할 수 있다.

'제2. 흉행 후의 동지의 행동'의 보고 내용 앞부분을 요약하면 다음과 같다.

거사 후, 실제로는 안중근 등 3인의 신병이 일본 측으로 넘어가면서 대동공보사 팀이 크게 낭패했고, "어떻게 해서든 사형에 처해지지 않는 방법"을 취하고자 대동공보사 사장 미하일로프가 상하이로 가서 영국인 변호사 더글러스에게 문의하여 그로부터 즉시 변호의 쾌락을 얻었다. 그리고 이에 필요한 자금은 상하이에 머물고 있던 한국인 민영철閔泳喆·민영익閔泳翊·현상건玄尙健[16] 등이 뛰어다녀 상하이 거주민들로부터 금 1만 엔을 갹출했고, 이 돈은 미하일로프를 통해 더글러스에게 건네어져 변호 계약을 맺는 데 쓰였다. 더글러스는 영국 '제1등의 변호사'로, 자문에 들어가 변호의 노력을 함께하여 미하일로프와 뤼순으로 가서 재판장을 면회하여 변호 허가를 받고, 두 사람은 안중근을 면회하여 결코 사형에 처해지지는 않을 것이라고 위로하고 타이른 후 돌아갔다.[17]

위 보고문의 제2는 안중근 구출 변호 활동 비용 마련을 위한 모금 운동에 대해 다음과 같이 보고하고 있다.

---

**16** 세 사람은 모두 고종 황제의 측근 세력으로, 1904년 2월 러일전쟁 이전에 중국으로 피신했다. 민역익은 일찍이 내장원의 홍삼 수출 임무를 띠고 상하이에 거주하였고, 민영철·현상건은 러일전쟁 직후 신변의 위협을 느끼고 옌타이煙台로 피신했다. 고종 황제의 측근 세력에 관해서는 서영희, 『대한제국 정치사 연구』(서울대출판부, 2003) 제1장 제2절 참조.

**17** 두 사람이 안중근을 면회한 사실은 「안응칠 역사」에도 다음과 같이 기술되어 있다. "하루는 영국인 변호사 한 사람과 러시아인 변호사 한 사람이 찾아와서 내게 말하기를 '우리 두 사람은 블라디보스토크에 있는 한국 사람들의 위임을 받고 와서 변호하려는 것이오, 법원으로부터는 이미 허가를 받았으니 공판하는 날 다시 와서 만나겠소.'라 하고 가는 것이었다." 안중근은 일본이 영국·러시아 변호사를 허용한 것에 대해 놀라면서 일본이 일등 국가가 된 것인가 놀라면서 자신이 오해를 한 것인가 자책하기도 했으나, 나중에 이들의 변호가 거절되고 관선 변호사만 허용된 사실에 대면하여 하등下等 판결이 될 수밖에 없다고 하면서 한동안 일본을 평가한 것을 오히려 후회했다. 안중근의사숭모회·안중근의사기념관 편, 『대한의 영웅 안중근』, 179쪽.

**6~8.** 민영익(왼쪽), 상하이 시절의 현상건(가운데)과 그의 명함(오른쪽).

블라디보스토크 한인들 간에 샌프란시스코에서 전명운田明雲 등이 일본 추천 외교 고문 스티븐스를 암살한 것에 대해 미국 법정이 겨우 7년의 징역에 처했으니 안중근도 무거워 봤자 같은 형기가 될 것이고, 일본이 어찌 무법한 재판을 할 수 있겠으며, 재판이 무법이 되면 반드시 열국에 호소하여 만국 공동 재판으로 가져갈 것이라는 장담이 나왔다. 그러면서 대동공보사 팀에게는 그 비용 조달이 초미의 일이 되어, 샌프란시스코와 하와이의 한국인에게는 정재관·이강 등의 이름으로, 러시아 및 상하이의 한국인에게는 정순만·유진율·윤일병 등의 이름으로, 의금義金이라 일컬어 지금 열심히 모으는 중이다. 한편으로 러시아 수도에 체류 중인 이범진李範晉 및 그 아들 이위종李瑋鍾은 러시아 관헌에게 안중근을 일본 정부에 인도한 부당함과 장래의 보호 교섭 방법을 타진했다. 그리고 블라디보스토크에 있는 최봉준이 2,000엔을, 노보키예프스크에 있는 최재형이 400엔을 낸 것을 비롯해 여러 사람이 만국 재판에 대비해 모금에 응하고 있다. 또한 안중근의 가족(처자妻子)을 쑤이펀강에서 블라디보스토크 한인촌 개척리開拓里로 데려와 보호 중이라고 한다.

이상 소네 통감의 이름으로 올린 조사 보고서에 나타나는 안중근 구출 활동은 뒤순에 파견된 외무성 구라치 정무국장의 보고 전문들을 통해서도 확인이 된다. 구라치는 1909년 12월 2일 자 전문電文[18]에서 미하일

**9~10.** 이범진[왼쪽, 파리 프랑스 외교사료관 소장, 고(故) 박병선 여사 채집]과 이위종(오른쪽, 러시아 페테르부르크에서, 1911, 독립기념관).

로프가 상하이로부터 변호사 더글러스와 함께 그저께(11월 30일) 밤 다롄에 도착하여, 다음 날(11월 31일) 이곳 법원에 출두하여 두 사람이 안중근의 변호인이 되는 것을 신청했고, 법원에서는 안安의 의견을 듣고서 그 청구를 수리하여 두는 것으로 했다고 밝혔다. 그리고 안중근은 두 사람이 면회할 때 감옥에서의 대우가 정중하여 만족하다는 뜻을 밝혔고, 이를 블라디보스토크에 있는 한인들에게 전하기를 바란다고 했다.

　이 조사서를 통해 확인되는, 안중근 변호를 위한 한인들의 모금 운동은 앞의 황제 밀사의 출현에 대한 이해를 높여 준다. 즉 밀사들은 스스로 표명했듯이 안중근 구출을 위한 모금 운동을 독려하는 것이 목적이었다.

　여기서 몇 가지 문제가 제기된다. 첫째, 러시아인 미하일로프가 이토

---

**18**　明治 42년 12월 2일, 倉知 정무국장 → 小村 외무대신, 제36호.

저격 계획에 앞장선 까닭은 무엇인가?

미하일로프에 대해 현재까지 알려진 사실은 다음과 같다. 그는 러일전쟁 중에 두만강 일대에서 간도관리사間島管理使 이범윤李範允이 이끄는 한인 의병 부대와 함께 진공 작전을 수행한 경력이 있는 러시아군 장교 출신으로, 변호사 자격을 가지고 있기도 했다. 러시아군과 한국 의병의 공동 작전은 러일전쟁 전인 1903년 8월 15일과 전쟁 중인 1905년 1월 10일에 진행되었다. 이는 한국 황제가 러시아 황제에게 보내는 친서에 러시아군이 한반도의 북부에 진입한다면 한국인들이 이에 협력할 것이라고 한 것과 일치하는 움직임이다.[19] 이범윤은 실제로 간도와 연해주 일대에서 황제로부터 직함을 부여받은 유일한 인물이었다. 그가 전쟁이 끝난 뒤 간도에서 연해주로 근거지를 옮긴 것은 물론 러시아군과의 이런 협력 관계 때문이었을 것이며, 미하일로프가 한국인들이 세운 대동공보사 사장으로 앞세워진 것도 이런 협력 관계의 경력 때문이었을 것이다. 바로 앞서 『해조신문海潮新聞』이 한국인(최봉준) 명의 때문에 일본의 방해 공작에 말려 단명으로 폐간한 것을 참작하여 그(미하일로프)를 앞세우게 된 사정도 있었다. 어떻든 그가 한국인들의 항일운동에 협조적이었다는 것은 쉽게 이해할 수 있지만, 과연 그가 모든 것을 이끌어 가는 위치였는지는 달리 확인할 필요가 있다.

둘째, 안중근 구출 활동에 대한 황제 측의 위치는 어떠했는가? 즉 서울의 황제 측이 미하일로프가 이끄는 대동공보사 팀의 활동을 추동한 것인가, 아니면 선동하는 위치였는가?

하얼빈 의거에서 미하일로프의 위치는 탐문 보고에 나타나듯이 주동

---

**19** 와다 하루키 지음, 이웅현 옮김, 『러일전쟁 기원과 개전』 2, 한길사, 2010, 880 881쪽. 친서는 1996년 서울시립대학교 서울학연구소가 정도 600년 기념으로 해외 소재 사료 수집 사업으로 획득했다.

의 위치라기보다는, 대동공보사의 명의상 사장으로 한국인들이 계획한 일을 표면에서 이끄는 형식을 취한 것일 수 있다. 그러면 이 관점에서 실질적인 주동적 역할을 한 인물은 누구였을까? 1909년 12월 7일 일본 관동도독부의 육군참모장 호시노 긴코星野金吾가 구라치 데쓰키치 정무국장에게 보낸 보고문이 주목된다.[20] 이 보고문의 주요 탐문 내용은 다음과 같다.

(가) 하얼빈 흉행, 곧 하얼빈 의거를 주도한 사람은 샌프란시스코에서 한국어 신문을 발행하던 전 시종무관侍從武官 정재관鄭在寬(또는 鄭在官)이다.

(나) 정재관은 하와이와 블라디보스토크의 항일 단체에 강력한 영향력을 행사하고 있는 인물로서, 1908년 3월의 스티븐스 암살 사건을 일으킨 주동자이기도 하다.

(다) 그는 약 2개월 전 샌프란시스코에서 발행되는 한국어 신문『신한민보新韓民報』(1907년 11월 20일 창간한 『공립신보共立新報』가 1909년 2월 10일 개호됨)]에 한국인이 이토 공을 권총으로 겨누고 있는 삽화를 싣게 한 적이 있다.

(라) 정재관은 경성(한성)을 거쳐 블라디보스토크에 와서 안중근 등 뜻이 같은 무리를 사주하여 하얼빈 사건을 감행하게 하였다.

(마) 사건이 성공적으로 끝난 뒤에는 하얼빈의 한인들에게 서신을 보내 칭찬하고, 곧 하얼빈을 방문하겠다고 하였다.

---

**20** 秘, 關都督府 未發 제682호, 明治 42년 12월 7일, 관동도독부 육군참모장 星野金吾 → 외무성 정무국장 倉知鐵吉 殿. "창춘의 우에하라上原 소좌로부터 다음의 보고가 있었으니 참고하시기 바람. 하얼빈 사건 후보後報, 하얼빈에 남아서 총영사관의 탐사에 조력한 한인韓人 모某는 12월 2일 돌아와서 상세한 내용을 이곳 제국 총영사가 직접 통보할 수 있도록 하여 공동으로 조사한 개요를 다음과 같이 보고한다." 한국역사연구원 편, 앞의 책, 2021, 149쪽의 표 중 155번 문서 참조.

이 보고문은 사건의 기획 인물로 정재관을 지목하고 있다. 그는 앞서 언급한 「흉행자 및 흉행혐의자 조사서(제3보)」에서 대동공보사의 주필로 소개되었다. 사장 미하일로프가 주필 정재관의 요청으로 거사 계획과 사후 변호, 구출의 일을 표면적으로 대행했을 가능성은 얼마든지 있다. 기존 연구에서 이미 잘 밝혀져 있듯이, 정재관은 1902년 미주 샌프란시스코로 이주한 뒤, 북미 지역 교민들이 결성한 국민회國民會의 총회장이 되었고, 1909년 5월 이상설李相卨과 함께 북미와 하와이 지방의 국민회 총회 결의로 '원동遠東'에서 독립운동 사업을 추진하라는 중책을 맡고 블라디보스토크로 왔다.[21] 위 보고문이 밝히듯이, 그는 1908년 3월 샌프란시스코에서 일어난 스티븐스 사살 사건에서 주도적 역할을 했다. 스티븐스가 기자회견에서 "한국인들이 보호조약을 환영한다."는 말로 일관하자 그 자리에서 응징에 나섰고, 이튿날 전명운과 장인환이 그에게 총격을 가하는 것으로 사태를 발전시키는 데 큰 역할을 한 것이다.[22] 이런 그의 이력으로 보아, 대동공보사 회의 때 이토 히로부미 저격을 먼저 발의한 사람이 그였을 수 있다.

정재관은 1902년 하와이를 거쳐 샌프란시스코로 이주하였다. 이해는

---

**21** 尹炳奭, 『國外韓人社會와 民族運動』, 일조각, 1990, 310쪽, 323~324쪽.

**22** 1908년 3월 20일 스티븐스가 샌프란시스코에 도착하여 신문기자들에게 "일본의 한국 지배는 한국에게 유익하다."라는 내용의 친일 성명을 발표했다. 그 내용이 3월 21일 자 『샌프란시스코 크로니클The San Francisco Chronicle』 등에 보도되자 이곳 한인회 모임인 공립협회共立協會와 대동보국회大同報國會의 회원들이 22일 저녁에 공립관共立館에서 모여 한인공동회를 개최했다. 여기서 정재관을 비롯해 4인의 총대總代를 선정하여 스티븐스를 찾아가 항의, 시정을 요구하기로 했다. 4인이 스티븐스의 숙소(페이몬트 호텔)를 찾아가 사과와 정정을 요구하자 여전히 이완용과 이토 히로부미를 찬양하는 망언을 일삼자 총대들이 '분기대발憤氣大發'하여 먼저 정재관이 주먹으로 스티븐스의 멱살을 지르니 의자를 업은 채로 뒤로 자빠졌다. 이어 다른 총대들도 스티븐스를 공격했다. 그다음 날인 23일 9시 30분에 장인환·전명운 의사의 저격 의거가 일어났다. 윤병석 해제, 『장인환·전명운의 샌프란시스코 의거 자료집』 I·II, 국가보훈처, 2008, 30~31쪽.

**11~13.** 전명운(왼쪽), 장인환(가운데), 그리고 전명운 의사의 스티븐스 공격 삽화[오른쪽, 『고베 신문 (神戶新聞)』 1908년 4월 14일 자].

바로 황제 직속 비밀 정보기관인 제국익문사帝國益聞社가 통신사를 가장하여 비밀리에 창설된 해이다. 광무 6년(1902)에 제정된 『제국익문사비보장정帝國益聞社秘報章程』은 해외 주요 도시에 통신원을 파견하는 것을 규정하고 있다.[23] 이로 보면 시종무관 출신의 정재관은 이민을 가장하여 익문사 통신원으로 미국에 파견되었던 것으로 볼 수 있다. 황제 직속 항일 정보기관의 요원이었던 만큼 국권 수호를 위한 그의 활동은 그만큼 활발했던 것으로 보인다. 그가 샌프란시스코에서 『공립신보共立新報』를 창간하여 미주 지역의 동정을 실어 국내에 전하고 국내에서 일어난 일본의 만행을 규탄하는 것은 곧 『제국익문사비보장정』이 세운 요원의 활동 사항이다.

정재관은 스티븐스 처단 후 미주 지역 교민회가 성금을 모아 조국에

---

**23** 이태진, 「고종황제의 항일정보기관 益聞社 창설과 배경」, 『고종시대의 재조명』, 태학사, 2000, 387~402쪽. 『제국익문사비보장정』은 현재 한국학중앙연구원의 장서각藏書閣 '이왕직 도서' 속에 1부가 소장되어 있다.

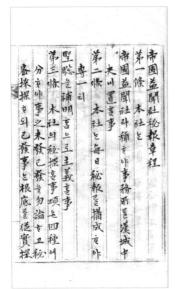

**14~16.** 『제국익문사비보장정(帝國益聞社秘報章程)』 표지(위 오른쪽), 내지 1면(위 왼쪽), 내지 18면(아래 오른쪽, 이상 3점의 출처: 한국학중앙연구원 장서각 소장). 『제국익문사비보장정』 18면 의 제10조에는 "본사 비보를 진정(進呈)할 때는 좌기(左記)의 인장(印章)을 봉투에 날인하여 표준(表準)할 것"이라 하였고, 원형에 오얏꽃 무늬와 4괘로 "聖聰輔佐(성총보좌)"라는 문구를 넣은 도장 이미지를 수록했다.

**17.** 제국익문사의 「聖聰輔佐」 인장. 출처: 의친왕기념사업회. (아래 왼쪽)

가까운 곳에서 광복군을 세우는 데 써 달라는 부탁을 받는다. 그래서 그는 1909년 4월 헤이그 밀사로 미국을 순방하던 이상설李相卨과 함께 귀국길에 올라 블라디보스토크로 와서 『대동공보』의 주필이 되었고, 그러면서 샌프란시스코에서 발행되는 『신한민보新韓民報』의 블라디보스토크 통신원을 겸했다. 그 『신한민보』 1909년 9월 15일 자 지면에 특별한 삽화가 실렸다. 여성으로 표현된 한국을 사무라이 일본이 농락하는 장면의 한 일본 신문 삽화를 싣고, 이에 응답이라도 하듯이, 금척金尺(모든 규범의 척도)이란 이름의 한국 남성이 이제 만주까지 맛나게 먹겠다고 나선 욱일旭日 곧 일본을 향해 천도天道와 공법公法의 이름으로 권총 5발을 쏘는 장면의 삽화를 나란히 실었다. 안중근은 뤼순 감옥에서 사카이境 경시로부터 신문訊問받을 때 이 삽화가 자신의 의거 결행 결심에 큰 영향을 주었다고 밝힌 적이 있다. 이러한 정황은 대동공보사 회의에서 "이토 히로부미를 처치할 수 있는 이 '천재일우千載一遇'의 기회를 놓치지 말자."고 강력히 주장한 주인공이 정재관이었으리라고 추측하게 한다. 정재관은 1911년 이후 권업회勸業會 활동에서도 광복군 창설에 적극적이었듯이 무장투

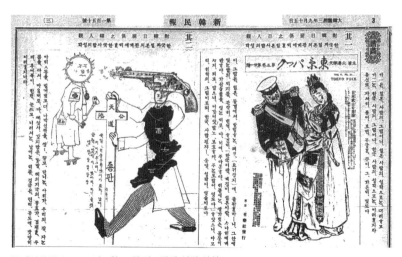

**18.** 『신한민보』 1909년 9월 15일 자 3면에 실린 삽화.

쟁론을 앞세웠다.

호시노 긴코의 위 보고문은, 정재관이 한국에 들어온 시점은 사건 2개월 전이며, 경성(한성)을 거쳐 블라디보스토크로 왔다고 했다. 일본 측의 정보망은 그가 경성에서 무슨 일을 했는지는 알지 못한다고 했다. 경운궁의 황제 측이 이토 히로부미 저격 기획과 관련하여 그와 접촉했다면 바로 이때가 된다. 위 보고문이 밝히듯이 그가 시종무관의 경력이 있었다면 황제 측과의 접선은 불가능하지 않다.


## 4. 고종 황제 고문 헐버트의 상하이행, 덕화은행 황제 예금 인출 임무

안중근의 하얼빈 의거 전후에 고종 황제 주위의 동향으로 주목되는 것은 오랫동안 국제 관계 문제에서 고종 황제를 도왔던 호머 헐버트Hormer Hulbert의 중국 상하이행이다. 사건의 현지 지휘 총책으로 뤼순에 와 있던 구라치 데쓰키치 정무국장과 고무라 주타로 외무대신 사이에 오간 전문들에서 헐버트의 숨은 활약에 관한 탐문 보고가 발견된다.

첫 탐문 보고 전문은 헐버트가 1909년 11월 7일 아침에 사케다마루酒田丸에 승선하여 인천으로부터 다롄에 도착하였는데, 그의 여행은 미국으로 돌아가기 위한 것이라고 하며 엄중 경계 중이라는 내용이다.[24] 그리고 바로 뒤이은 보고문은, 인천서 오는 선상에서 헐버트는 '자신은 시베리아를 거쳐 미국으로 귀국한다.'고 말했다고 하지만, 9일 4시 급히 다롄으로 떠나는 사이쿄마루西京丸를 타고 상하이로 향했다고 보고하고, 이곳의 영사에게 그의 동정을 경계하도록 훈령을 내려 주기 바란다고 요청했다.[25]

---

**24** 1909년 11월 7일 오전 8시 50분 在여순 정무총감 구라치 → 외무대신 고무라, 제4호.
**25** 1909년 11월 7일 오후 2시 倉知 → 小村 외무대신, 제5호.

이어 상하이에 도착하여 파레스 호텔에 투숙했고, 이후 11일까지 3일간의 행적을 이곳 다키시마瀧島 경찰서장이 소상하게 추적하여 보고했다.[26] 이 탐문 보고는 '상하이에서의 그의 행동은 한국인 등 특정 인물과의 접촉이 없어서, 특별히 의심할 만한 것을 볼 수 없다.'고 했다. 상하이에서는 선상에서 만난 영국인 회사원이라고 하는 모리스 헨리 주니어와 함께 같은 호텔에 투숙한 것을 보고했다. 둘째 날에는 산둥로

**19.** 황제의 밀사로 활약할 즈음의 호머 헐버트.

山東路의 군중 속에서 그를 놓쳤다고 보고하면서, 그가 들른 곳으로는 미국 기독교 선교회 출판사 및 서점, 광학회廣學會(1887년 설립된 기독교와 과학에 관한 서구의 개념 전달 단체), 전신회사電信會社, 미국 침대회사 대리점, 난징로南京路의 도서관, 환전소 등이 보고되었다.

헐버트는 11월 11일 오전 9시 반에 사이쿄마루를 타고 다롄으로 출발했는데, 이후에는 창춘과 하얼빈을 거쳐 런던으로 가는 여정인 것으로 보고가 마무리되었다.[27] 그런데 문제는 오히려 의심할 만한 행적이 보이지 않는다는 보고 그 자체이다. 다롄에서 갑자기 나선 것으로 되어 있는 상하이행이 특별한 목적이 없었을 리 없다. 이토 히로부미 저격과 같은

---

**26** 「미국인 헐버트에 관한 건」(機密 제64호, 메이지明治 42년 11월 12일, 재在상하이 일본 총영사관 총영사대리 마쓰무로 요스케松室洋右가 외무대신 백작 고무라 주타로小村壽太郎에게) 및 첨부 자료 「미국인 헐버트 행동 시찰視察 보고」(메이지明治 42년 11월 11일, 시키시마識島 서장이 마쓰오카松岡 총영사대리에게), 한국역사연구원 편, 『그들이 기록한 안중근 하얼빈 의거』, 태학사, 2021, 89~93쪽.

**27** 明治 42년 11월 14일, 슌知 → 小村 외무대신, 제16호, 瀧島署長 보고문.

대사건이 일어난 시점에서는 더욱 그렇다.

고종 황제는 "상하이上海 덕국은행德國銀行에 임치任置한 짐朕의 소유 재산"을 찾아오는 임무를 그에게 부여하여, 1909년 10월 20일 자로 '황제어새皇帝御璽'가 날인된 친서 위임장을 써 준 일이 있었다. 황제는 1903년 12월 2일 일화 15만 엔 상당의 금덩어리(bar) 23개(575kg)를 이 은행에 예치했다. 황제는 이때 이를 모두 찾고자 헐버트에게 위임장을 써 주었는데, 헐버트가 현지 은행을 찾았을 때 이 재산(153,939.53엔)은 모두 1908년 4월 22일 자로 통감부가 개입한 가운데 궁내대신宮內大臣 이윤용李允用의 이름으로 인출된 뒤였다.[28] 헐버트는 황제가 10월 20일 자로 써 준 위임장을 가지고 이 예치금을 찾기 위해 11월 7일 인천에서 사카다마루에 올랐던 것이 확실하다.

고종 황제가 상하이 독일 은행 곧 덕화은행德華銀行의 돈을 찾고자 헐버트에게 위임장을 써 준 1909년 10월 20일은 안중근이 블라디보스토크에서 하얼빈으로 떠나기 하루 전, 하얼빈 의거가 성공하기 6일 전이다. 따라서 이 인출 시도가 사후 수습을 위한 것은 물론 아니다. 헐버트가 위임장을 가지고 인천에서 상하이로 출발한 시기는 11월 7일로, 거사 후이다. 그렇다면 10월 20일 현재 근 6년간 예치해 둔 거액의 돈을 찾아야 할 까닭이 무엇인지가 문제이다.

이토 히로부미는 1909년 10월 9일 '개인 자격'의 만주 시찰이라고 하면서 천황을 알현하여 이에 대한 칙허를 받았다. 그리고 10월 14일 추밀원 의장 이토는 오후 5시 20분에 가나가와현神奈川縣 오이소역大磯驛에 특별히 기차를 세워 시모노세키로 가는 급행열차에 올랐다. 10월 16일에는 모지門司에서 배를 타 10월 18일에 다롄에 도착했다. 그의 만주행은 10월

---

**28** 1994년 1월 대한민국 외교부 공개 문서, 「對독일 未淸算 채권의 청산 요청, 1951~55」 분류번호 722.1 GE, 등록번호 48. 201쪽, 207쪽, 217쪽, 218쪽, 220쪽, 223쪽.

20~21. 고종 황제가 1909년 10월 20일 상하이 덕화은행에 예치한 내탕금을 인출하기 위해 헐버트에게 내린 친필 위임장(1994년 1월 대한민국 외교부 공개 문서, 왼쪽)과 1895년 당시의 상하이 덕화은행(Deutsch-Asiatische Bank) 건물(오른쪽).

10일부터 신문에 보도되었고, 블라디보스토크의 대동공보사 팀도 보도가 나오자 바로 대책을 의논하기 시작했다. 한성 경운궁(덕수궁) 중명전에 있던 고종 황제도 이 무렵에는 이미 이토의 하얼빈 방문을 알았을 것이다. 10월 20일 헐버트에게 거액의 예치금을 찾기 위한 위임장을 써 준 것이 하얼빈 의거와 연관되었을 것이라는 정황은 충분히 상정된다. 거사 6일 전에 위임장을 써 주었고, 거사 성공 후 안중근의 신병이 일본 법정으로 넘겨진 뒤 11일 만에 헐버트는 상하이로 갔다. 정황적으로 고종 황제 측이 안중근 신병 구출 및 변호 활동에 많은 비용을 예상하고 이를 위해 덕화은행 예금 인출을 결정했을 가능성이 상정된다.

그러나 이 인출 건이 허사가 되자 실제 자금 조달은 어려움을 겪을 수밖에 없었다. 12월에 들어서 미하일로프가 상하이에 가서 더글러스 변호사에게 동의를 받고 계약금 조달을 위해 상하이에 거주하던 민영찬·민영익·현상건이 동분서주하여 10,000엔을 마련해야 했던 것도 이 예기치 않은 상황과 무관하지 않다. 그리고 1910년 1월 블라디보스토크에 황제의 밀사가 나타나 안중근 구제 모금을 독려하는 상황도 자금난으로 인한 한 장면으로 볼 수밖에 없다. 즉 황제 측에서 그동안 비밀리에 지원해 오던 독립 의병 전선의 힘을 활용해 만주 여행길에 오른 이토 히로부미를 제거하려 했고, 이에 필요한 자금 충당을 위해 헐버트의 상하이행이 이루어진 것이라고 생각할 수 있다. 더욱이 안중근의 신병이 러시아 측에서 일본 측으로 넘겨지자 그 필요성은 더 절박해졌을 것이다.

헐버트에 대한 의심은 사건 발생 초기부터 일본 정보망 사이에 올랐다. 11월 9일 한국주차군의 한 정보통은 하얼빈 사건을 스티븐스 사건과 같은 것으로 간주하여 배후로 미국인 헐버트와 언더우드를 지목했고,[29] 12월 4일 구라치 정무국장의 보고에서는 헐버트와 더글러스 변호사 사이에 왕래의 흔적이 없다는 상하이 총영사의 보고를 첨부할 정도로 그를 예의 주시하고 있었다.[30]

## 5. 국제 변호인단 구성과 좌절의 전말

안중근 사건에 대한 일본 정부의 법적 대응은 사건 초기인 11월 5일에 이미 거론되기 시작했다. 이날 구라치 정무국장이 고무라 외무대신에게 보낸 제3호 전문電文에는 다음과 같은 요청이 실려 있다.

> 흉도의 처벌은 [일본] 제국 형법에 근거해야 하며, 장차 한국 형법에 근거하여야 함에 대해서는 [관동]도독부에서 강구 중이다. 위 [제국 형법 근거]는 검찰관에서 공소公訴 제기하는 방법으로 결정할 필요가 있으므로 [일본 제국] 형법

---

**29** 明治 42년 11월 9일, 岡本中佐 → 明石少將.

**30** 明治 42년 12월 4일 倉知 정무국장 → 小村 외무대신, 제41호.

3조, 한청조약韓淸條約 5조 및 선년先年의 재청영사在淸領事에 발부한 훈령 등을 참조하여 본성[외무성]의 의견을 급히 전보로 내려 주기 바란다.

그리고 이에 대한 답변은 11월 8일에 다음과 같은 내용으로 도착했다. 즉 '청국에서의 한국인은 보호국인이기 때문에 그 범죄는 형법 제1조의 이른바 제국(일본) 내에서의 범죄로 간주하여 당연히 제국 형법을 편용遍用함이 옳다고 생각한다.'는 원론적 방침과 함께 이에 대한 부연 해석이 전해졌다. 이후 안중근 및 다른 혐의자들에 대한 검찰관의 심문, 통감부 경시청 아카시境 경시의 신문 등은 배후 조사에만 의미를 둔 것에 지나지 않는 것이었다.

일본 정부 수뇌부에서는 12월 초에 '수색搜索'과 재판을 분리하는 방침을 세웠다. 즉 12월 2일에 외무대신 고무라는 정무국장 구라치의 전문(제28호)에 대한 답전答電에서 그러한 방침을 전달하고 있다. 구라치는 이 사건의 배후 조사를 위해 관련 현지 러시아 당국의 원조가 필요한 데 대한 조치를 지시해 주기를 요청했는데, 고무라 외상은 러시아 정부에 대한 원조를 공개적으로 구하지 말고 시간을 가지고 블라디보스토크에서의 비밀 수색을 충분히 하고, 공판은 그 종료에 구애받지 않고 진행하도록 하겠다고 답했다. 그리고 정부는 예심 재판 열기를 희망하지 않으며, 재판언도서裁判言渡書 같은 것도 될수록 간단히 하고자 한다고 밝혔다.[31] 이어 12월 3일에는 안중근에 대해 지방법원에서 검찰관이 사형을 구형하고 선고도 이를 따라 이루어지도록 하되, "만만의 하나라도 법원에서 무기 도형徒刑을 판결하는 일이 있을 때는 검찰관이 공소하도록 하여 고등법원에서 사형을 언도하도록 한다."고 방침을 밝혔다.[32]

---

**31** 東京發 12월 2일, 新旅順着 同日 小村 → 倉知, 제21호.
**32** 明治 42년 12월 3일. 倉知 → 小村, 제39호 極秘.

앞에서 살폈듯이, 바로 이즈음에 미하일로프가 상하이를 방문하여 더글러스 변호사를 만나 변호인단 구성을 의논한 것이 일본 측에 의해 탐지되었다. 11월 30일 밤 미하일로프가 상하이로부터 더글러스 변호사와 함께 다롄에 도착하여, 31일 법원에 가서 변호인 신청을 마쳤다. 이러한 움직임이 포착된 이상, 일본 정부가 대책을 내는 것은 당연하다. 12월 4일, 구라치 정무국장이 고무라 대신에게 전보로 보고한 내용을 옮기면 다음과 같다.

> 법원에서는 외국인의 변호인 신청은 법으로 허용하는 것이므로 이를 거부함은 낯부끄러운 일이므로 일본어 통역을 동반하는 조건으로 허락하였고, 이들은 가주소를 다롄에 정하고 안중근과 함께 3인 연서로 변호계辯護届를 제출하였다.[33]

이에 대해 외무대신은 당일로 외국인의 변호 신청은 정부가 허가하지 않는다고 답하고,[34] 12월 16일에는 한국인도 이 방침의 대상에 포함하는 것과 함께 오로지 관선官選 변호사만을 허용한다고 했다.[35] 이 사건에 외국인 변호사가 참여하는 것에 대한 부정적 견해는 12월 3일 고무라 외상이 구라치 정무국장에게 보낸 전문에 이미 표명되어 있었다.[36]

일본 정부의 이러한 방침은 물론 외부로 알려지지 않았다. 미하일로프나 더글러스 변호사도 2월 초에 법원이 개정開廷 날짜를 통고하면서 이 방침을 알려 주어 이때 비로소 알게 되었다. 두 변호사 외에도 하얼빈

---

**33** 明治 42년 12월 4일 倉知 정무국장 → 小村 외무대신 제36호, 제43호.

**34** 極秘 明治 12월 4일 倉知 정무국장 → 小村 외무대신, 제41호.

**35** 明治 42년 12월 16일, 小村 大臣 → 關東都督 제125호.

**36** 明治 42년 12월 3일, 小村 外務大臣 → 倉知 政務長官, 제24호.

에 거주하는 스페인 출신 변호사 에프로메로도 12월 하순에 어떤 한국인으로부터 변호를 의뢰받고 머지않아 뤼순으로 간다는 탐문 보고가 있었다.[37] 그리고 1909년 12월 23일에는, 김기룡金起龍이 뤼순에 사람을 보내 안중근을 탈취해 오는 일을 계획하여 필요한 자금의 지출을 민회로부터 승인받아 곧 출발 시일과 파견원을 정할 것이라는 계획이 일본 측 탐문에 포착되었다.[38] 이것은 실현성이 낮은 일이지만 대동공보사 팀이 안중근 구출에 진력하고 있었다는 사실을 알게 해 준다.

통감부는 1910년 1월 7일 외무성에 '평양에 거주하는 변호사 안병찬 安炳瓚이 안중근 어머니의 요청으로 변호인 신청을 위해 곧 뤼순으로 갈 것이다.'라는 보고를 올렸다.[39] 그리고 '안병찬은 보호조약 체결 때 이를 반대하는 상소를 올린, 극단적인 배일사상排日思想을 가진 자이므로 대책을 세울 필요가 있다.'는 의견을 덧붙였다.[40] 안병찬은 1월 11일에 기차로 출발했고, 이후 일본 측은 뤼순에서의 그의 일거수일투족을 빠짐없이 탐지, 보고했다.[41] 한국 통감부에서는 그의 출발을 앞두고 그를 설득하여 출발을 중지시키거나 인신을 구속하는 방안까지 검토했지만, 최종적으로는 법원에서 변호를 허락하지 않는 쪽으로 가닥을 잡았다.[42] 그러

---

**37** 明治 42년 12월 23일, 川上 총영사 → 小村 號外 39.

**38** 明治 42년 12월 23일, 大鳥 총영사 → 小村 외무대신, 제96호.

**39** 한국역사연구원 편, 『그들이 기록한 안중근 하얼빈 의거』(태학사, 2021) 중 '안중근 가에서 의뢰한 변호사 안병찬'(76~84쪽) 참조.

**40** 明治 43년 1월 7일, 石塚 總務長官 → 石井 외무차관 제2호. 안병찬은 법관양성소 제3기로 졸업하고 변호사로 활동했다.

**41** 첫 보고 「한국인 변호사 안병찬安炳瓚 일행에 관한 건」(明治 43년 1월 19일, 뤼순旅順 민정서장民政署長 보고)은 일행(안병찬과 일본어 통역 고병은高秉殷)의 본적·현주소·씨명·연령을 먼저 쓰고, "안중근 변호의 목적으로 이달 17일 오전 9시 55분에 [여순] 역에 도착"하였다는 사항에서 시작하여 그 동정을 낱낱이 기록했다.

**42** 明治 43년 1월 10일, 佐藤 민정장관 대리 → 石井 외무차관; 明治 43년 1월 11일 佐藤 민정장관 대리 → 石井 외무차관 제8호.

나 법원에서는 안병찬에게도 변호를 허락할 방침이어서 정부 측을 곤혹스럽게 만들었다.[43] 그뿐만 아니라 1월 21일 현재 도쿄의 유명 변호사인 기시岸 씨, 다롄에 거주하는 고바야시小林와 그 외 1인 등 일본인 변호사 3인이 안중근 변호에 나서겠다고 하여 일본 정부 측을 더욱 난감하게 했다.[44] 이런 모든 정황에 대해 일본 정부는 2월 1일 '12월 초에 이미 군헌 방침대로 이 사건에 대한 변호를 외국인에게는 허용하지 않고, 관선으로 미즈노 기치타로水野吉太郎 변호사와 관동 거주 변호사 가마타 쇼지鎌田政治 2명에 한정한다.'고 선언하는 강경책을 펴 나갔다.[45] 그리고 이어서 '2월 7일부터 공판을 시작한다'는 사실을 5일 전에 공고하여 변호인들에게 시간적 여유조차 주지 않았다. 블라디보스토크의 미하일로프에게도 2월 초에 변호의 기회를 줄 수 없다는 통보가 왔고, 이 소식을 들은 이곳 한인들은 일주일의 여유조차 주지 않은 것에 대한 불만이 심한 것으로 보고되었다.[46]

블라디보스토크에 황제의 밀사들이 도착한 1월 27일은 곧 러시아와 영국, 스페인, 심지어 일본의 유명 변호사들이 자발적으로 또는 의뢰를 받아 안중근 변호에 나선 중이었다. 황제의 밀사들이 한성을 떠나 하얼빈을 거쳐 블라디보스토크에 왔다면 뤼순과 다롄도 거쳤을 수도 있다. 블라디보스토크의 대동공보사 팀이 밀사들의 정체를 확인한 뒤, 이들과 일정을 같이하여 여러 곳으로 흩어진 것은 국제 변호인단이 구성된다는 분위기로 크게 고무받아서였을 것이다. 국제변호인단의 변호가 허용되었다면, 이들은 황제 측이 기대한 대로 러시아 법정으로 이관해야 한다

---

**43** 石塚 總務長官 → 曾禰 統監, 明治 43년 1월 11일, 제8호.

**44** 明治 43년 1월 21일, 別紙 切拔, 外務省 文書課長.

**45** 明治 43년 2월 1일, 旅順發電, 白仁長官에게, 佐藤 長官代理.

**46** 明治 43년 2월 5일, 浦潮 大鳥 총영사 → 小村 외무대신, 제20호.

든가, 개인적인 살인 행위가 아니므로 극형에 처할 수 없다는 쪽으로 변호했을 것이다. 황제 측이 의거 자체를 주도한 입장이었다면 변호인단 활동을 통해 안중근을 극형 언도로부터 구출한다는 것은 당연한 의리의 행위였다. 그러나 일본 정부의 초탈법적·초관례적 조치로 '외국' 변호인들은 방청석에서 법정을 지켜보고 있어야만 했다. 일본 측 탐문에는 200여 명의 방청인 가운데 한국인 변호사 안병찬과 통역 고병은, 상하이 변호사 더글러스, 러시아 영사 부부, 러시아 변호사 야우덴스키 등이 자리하고 있었다고 보고했다(이 책 209쪽의 도판 2 참조). 미하일로프는 법원이 요구하는 일본어에 능통한 통역으로 나가사키에 거주하는 한기동韓基東을 동반하고 2월 9일 뤼순에 도착하여 늦게 합류했다.[47]

## 6. 새 자료에 의한 하얼빈 의거의 새로운 정의

이상에서 살펴본 일본 측 탐문 보고서는 다음 두 가지 사안에 관한 것이었다. 뤼순 감옥에 수감된 안중근을 러시아 법정으로 이관하는 것을 목표로 하여, 만주와 연해주 등지의 한인들에게 이를 실현하는 데 나서도록 독려하기 위해 현지(블라디보스토크)에 출현한 고종 황제의 밀사에 대한 일본 측의 탐문 보고서, 그리고 1909년 12월 중순 이후 '하얼빈 사건' 관련 예산 증액으로 한국인 밀정을 매수 투입하여, 강화된 정보력으로 생산된 저격 모의 주체에 관한 조사 보고서 등이다. **한성의 고종 황제 측이 사건 기획의 진원지라는 일본 측 정보망의 판단은 앞으로 이 사건의 본령으로 주목할 만한 새로운 정보이다.** 이 새로운 정보로 하얼빈 의거의 배경과

---

**47** 明治 43년 2월 7일, 佐藤 민정장관대리 → 石井 외무차관; 明治 43년 2월 9일, 佐藤 민정장관대리 → 石井외무차관; 明治 43년 2월 9일, 佐藤 민정장관대리 → 石井 외무차관.

경위를 정리해 본다.

1909년 10월 26일 하얼빈 철도역의 이토 히로부미 저격 사건은 1908년 3월 샌프란시스코의 스티븐스 사살 사건의 연장이라고 해도 좋을 만큼 밀접한 상관관계를 가지고 있다. 저격, 사살의 대상이 모두 보호조약을 강제한 주동급 인물이란 점, 스티븐스 총격 사건을 주도한 정재관이 블라디보스토크 대동공보사에서 이토 히로부미 저격 모의를 주도한 점, 특파대 대원 구성에 제일 먼저 지원한 안중근이 2개월 전 샌프란시스코에서 발행된 『신한민보』의 삽화에 자극을 받은 점 등으로 양자 간의 연결성이 확인되었다.

**그리고 고종 황제가 1902년에 발족시킨 비밀 (항일) 정보기관인 제국익문사帝國益聞社의 요원이 두 공간 지점을 연결하는 역할도 새롭게 밝혀졌다. 일본 측이 최종적으로 사건 기획의 중심으로 판단한 정재관이 제국익문사 소속 샌프란시스코 지역 중심 역할을 한 인물이란 점, 블라디보스토크에 나타난 황제의 밀사 송선춘과 조병한 2인 또한 제국익문사 요원으로 간주하지 않을 수 없는 조건 등은 이 사건의 기획 자체를 새롭게 조명해야 할 필요성을 느끼게 한다. 이 기구의 해외 요원(통신원)으로 보이는 이들은 모두 고종 황제 정부의 관력官歷과 외국어 구사력을 가지고 있는 것이 공통점이다.** 상하이의 더글러스 변호사에게 줄 계약금 조달을 위해 동분서주한 민영찬·민영익·현상건 3인도 이 조직과 직간접적으로 관계가 있는지 여부도 새로운 검토 과제가 되었다.

1909년 3월 이토 히로부미는 한반도 내 한국 의병 세력의 도전을 이기지 못하고 통감직을 사임했다.[48] 이토는 순종 황제를 앞세워 1901년 1월 7일부터 12일까지 남순南巡(대구·부산·마산), 1월 27일부터 2월 3일까지 서순西巡(평양·의주·개성)을 기획하여 한국 의병의 기세를 저지해 보려 했다. 그러나 기차가 정차하는 곳에 모여든, 황제를 환영하는 수만에서 10만에 이르는 인파의 열기에 이토는 자신의 보호국 정책의 실패를 느끼고, 군부 세력의 병합론을 수용하기 위해 귀국을 결심했다. 그는 귀국하자마자 군벌 세력(겐로元老 야마가타 아리토모山縣有朋, 육군대신 데라우치 마사다케寺內正毅 등) 측이 물어 온 한국 병합에 대한 의견에서도 병합을 지지하는 것으로 답했다. 지론인 보호국화 정책을 포기한 것이다.

그리고 그는 10월에 만주 여행에 나섰다. 일본은 그사이 간도 소유권과 창춘-회령 간 철도 부설권을 맞바꾸는 것을 비롯해 몇 가지 사안에 대한 합의로 중국과의 유대를 크게 개선했다. 중국과 일본 사이의 이런 움직임에 대해 러시아는 하얼빈-쑤이펀허(수분하) 간의 동청철도東淸鐵道를 미국의 한 자본가에게 매각할 의사를 표시하면서 미국과의 유대를 강화했다. 러시아 재무대신 코콥초프가 바로 이 방안을 이끌고 있었지만, 1909년 9월 미국 측의 매입 희망자 에드워드 헨리 해리만Edward Henry Harriman이 갑자기 사망함으로써 이 관계는 백지로 돌아갔다. 이토 히로부미의 하얼빈 여행은 곧 코콥초프를 만나기 위한 것이었다. 재무대신은 동청철도 관리 총책임자였다.

이토 히로부미의 하얼빈 방문은 곧 러시아의 약점을 파고들려는 것이었다. 만주에서 일본 세력이 강화되는 것은 곧 한국 독립운동 세력이 그만큼 위태로워지는 것을 의미했다. **국제 관계에서 국가 장래의 출구를 찾던 고종 황제가 이 상황을 살피지 못했을 리 없다. 그래서 그는 이토 히로부미 제거 후에 닥칠지 모를 대결 상황에 대비하기 위해 상하이 덕화은행德華銀行에 예치한 15만 엔을 인출하고자 했던 것이다. 당시 황실의 재정이 통감부 통제 또는 감시 아래 들어간 상황에서 이것이 몇 안 되는 가동 자금이었을 것이다. 황제에게는 주권 수호를 위한 최후의 대결이나 마찬가지였다.**

일본 정부 수뇌부는 육군대신 데라우치 마사다케를 필두로 한 군벌

---

**48** 이태진, 『일본의 한국병합 강제 연구—조약 강제와 저항의 역사』(지식산업사, 2016) 중 '(3) 통감 이토의 사임과 귀국'(311~313쪽) 참조.

세력의 의견에 따라 1910년 2월 안중근을 극형에 처하는 결정을 내린 뒤, 한국 병합을 하루속히 실행할 것을 결의했다. 탐문 정보의 대요를 지켜보면서 고종 황제의 움직임을 확인한 군벌의 핵심 세력들에게는 병합을 더 지연시킬 이유가 없었다. 육군대신으로 통감의 직을 겸한 데라우치 마사다케는 1910년 5월부터 한국병합준비위원회가 준비한 병합에 필요한 제반 문건과 지침을 가지고 7월 하순에 부임하여 병합에 필요한 모든 조치를 일선에서 지휘했다. 병합은 고종 황제를 묶는 가장 효과적인 방법이었다.

1907년 7월 헤이그 특사 파견이 알려지면서 통감 이토 히로부미는 고종 황제를 강제로 퇴위시키고 황태자(순종)를 즉위시켰다. 안중근의 말대로 이토는 고종 황제의 저항에 큰 불편을 느꼈다. 그러나 강제 퇴위 후 전국 곳곳 그리고 국경 바깥에서 항일 무력투쟁이 벌어졌다. 통감 이토는 조기병합론을 주장해 온 조슈長州 군부파의 견제로 본국으로부터 병력 증파가 어려운 상황에서 한국 황제(순종)와 두 차례의 순행巡幸을 연출하여 저항을 진정시키려 하였으나, 열차가 정차하는 곳에 황제를 환영하는 수만을 헤아리는 인파를 보고 자신의 보호국화 정책의 실패를 자인하고 자진 사임을 결심하고 귀국하였다. 그가 재기의 기회로 동청철도 매입 건으로 하얼빈으로 간다는 사실이 보도되자 퇴위당한 고종 황제는 비밀 정보기관 제국익문사 조직을 가동하여 이토 히로부미의 제거로 한국인 고하의 항일 의지를 국제사회에 보이고자 하였다. 스티븐스 저격 사건을 성공시킨 샌프란시스코 공립신보사 사장 정재관이 그사이에 블라디보스토크 대동신보사로 이동해 있었던 것은 이토 히로부미 저격 기획의 성공에 좋은 기연이 되었다. 저격 사건 당시 일본 제국 내각의 육군대신 데라우치 마사다케는 이 정황과 관련된 각종 정보를 모두 접할 수 있었던 존재로, 10년 뒤 국제연맹의 탄생을 앞두고 후임 조선 총독 하세가와 요시미츠에게 '이태왕'(고종 황제)의 독살을 명령한 것은 그 최종의 우려이자 보복이었다.

# 3부

# 안중근의 국민 의식과 평화 사상

# 국민 탄생의 역사와
# 안중근

## 1. 옥중 유묵의 '대한국인 안중근' 표기의 의미는?

1909년 10월 26일 오전 9시 30분 무렵 대한의군 특파대 대장 안중근은 이토 히로부미 처단에 성공한 뒤, 하얼빈 주재 러시아 헌병대에 수감되었다가 일본 정부의 강력한 요청으로 그날 밤 하얼빈 일본 총영사관으로 신병이 넘겨졌다. 제3일째 되는 날 뤼순旅順 법원으로 이송되어 법원 산하 감옥에 수감된 뒤 '법정 투쟁'을 벌여 나갔고, 1910년 2월 7일부터 14일까지 여섯 차례 공판이 열린 뒤 사형을 선고받았다.

그는 이후 3월 26일에 사형이 집행될 때까지 옥중에서 50여 점의 유묵을 남겼다. 유묵은 매우 정형화되어 있다. 즉 쓰고자 하는 문구를 가운데 쓰고, 왼쪽 가장자리에 언제, 어디서, 누가 썼다는 표시를 하나같이 같은 형식으로 육필로 적었다. 즉 "경술庚戌[1910년] 2월[또는 3월] 뤼순 옥중에서[於旅順獄中] 대한국인大韓國人 안중근安重根 쓰다[書]"라고 적었다. 어느 유묵이든 인쇄하듯이 다 적어 넣었다.

여기서 자신을 '대한국인'이라고 밝힌 점이 주목된다. 이를테면 이것은 국적 표시에 해당하는 것인데, 안중근이 과연 무슨 뜻으로 이 단어를 썼는지 살펴볼 필요가 있다. 국적 표시 즉 "나는 대한국 사람"이라는 뜻이라면, 한국 서예 역사상 전무후무한 신원 표시이다. 이것이 안중근의 근대적인 '국민 의식'의 표현이라면 그 역사적 의의는 매우 중대하다고 하지 않을 수 없다.

## 2. 고종 시대 국민 탄생의 역사

나는 최근 「국민 탄생의 역사 3·1독립만세운동의 배경」이라는 논문을 발표했다.[1] 이 논문에서 국민 탄생의 일차적인 근거로 1895년 초부터 6개월간 국왕이 내린 국한문 혼용체 교서 또는 조서를 주목했다.

군주 고종은 1895년 1월 7일(음력 1894년 12월 12일) 종묘에 가서 「홍범 14조」를 고했고,[2] 이어서 그 취지와 실행 방안을 알리는 국한문 혼용체 교서를 잇달아 내렸다. '홍범洪範' 곧 왕정의 새로운 큰 원칙 열네 가지는 새 개혁의 지표였다. 「홍범 14조」 자체는 국한문 혼용체가 아니나 종

---

**1** 이태진, 사사가와 노리가스 공편, 『3·1독립만세운동과 식민지배체제』(3·1운동 100주년 기념 한일 공동연구), 지식산업사, 2019. 〈三·一獨立万歲運動一〇〇周年記念出版〉 國際共同研究 笘川紀勝·李泰鎭·辺英浩 共編, 『三·一獨立万歲運動と植民支配体制—国民意識の誕生』, 2020, 明石書店.

**2** 『고종실록』에서 양력은 1896년 1월 1일(음력 1895년 11월 17일)부터 건양建陽이란 연호를 쓰면서 시작된다. 「홍범 14조」는 그 이전인 음력 1894년 12월 12일(양력 1895년 1월 7일)에 올려졌다. 그런데도 여기서 양력을 앞세우는 것은 '갑오경장'에 대한 인식을 바꾸기 위한 정지 작업의 의미를 부여하기 위해서이다. 일본 제국이 청일전쟁을 일으키면서 개혁을 강요한 것은 내정간섭으로, 그 내용이 어떤 것이든 자주적인 것이라고 볼 수 없다. 그래서 군주 고종도 거부하거나 매우 소극적이었다. 군주가 스스로 나서기 시작한 것은 위 「홍범 14조」 이후로, 연도로는 '1895년 개혁', 간지로 쓴다면 '을미개혁'이 타당하다는 것이 나의 견해이다. 이에 대해서는 별도의 연구를 하고자 한다.

묘 서고誓告 후에 이를 알리거나 이에 근거한 주요 개혁 사항의 조서, 칙유勅諭 등은 국한문 혼용체로 반포되었다.3

1894년 10월 새로 부임한 일본 공사 이노우에 가오루井上馨는 11월 20일에 조선 내정개혁 요구 사항 20개 조를 고종에게 제시했다. 이것이 「홍범 14조」 작성의 계기가 된 것은 틀림없다.4 그러나 그것을 그대로 취한 것은 아니다. 〈표 1〉에서 보듯이 양자 사이에 내용이 일치하는 것은 절반 정도이다. 나는, 「홍범 14조」는 이노우에 가오루 일본 공사 측의 일방적 요구의 산물이 아니라 조선 군주가 이를 절충적으로 취한 것으로 보는 것이 타당하다고 생각한다.5

---

**3** 「홍범 14조」 자체가 최초의 국한문 혼용 공문이라는 견해가 있다. 즉 종묘에서 이를 서고誓告한 다음 날(1895년 1월 8일, 음력 1894년 12월 13일)에 한문·국한문·국문 세 가지 형태의 문안으로 배포했다는 지적이 있다[국사편찬위원회, 우리역사넷(history.go.kr)]. 그런데 『고종실록』에는 한문으로만 기록되어 있고 다른 두 가지 문안 또는 관계 기록은 실려 있지 않다. 『고종실록』은 모든 백성에게 알려야 할 내용의 교서류는 국한문 혼용체만을 취하여 실었지 한글본 형식은 취하거나 올리지 않았다. 「홍범 14조」의 국한문 혼용체, 순 한글본 등은 아마도 나중에 만들어진 것으로 보인다.

**4** 국사편찬위원회 우리역사넷(history.go.kr)에는 「홍범 14조」가 1888년 박영효의 「건백서建白書」에 영향받은 것으로 소개하였다. 아마 「홍범 14조」 반포 당시 박영효가 내부대신이었고, 종묘 서고 후 '내무아문령'으로 「홍범 14조」의 내용이 공표된 점을 유의한 설명으로 보이나, 「건백서」와 「홍범 14조」는 내용에서 유사성이 전혀 없다. 유길준이 「홍범 14조」를 작성했다는 설이 있는데, 공표 당시 유길준이 박영효 밑의 내무협판內務協辦이었던 사실로 인해 빚어진 오해로 보인다. 「홍범 14조」 같은 중대한 문건을 내무협판 유길준이 작성했다는 것은 있을 수 없는 일이다. 이노우에 공사의 20개 조 개혁안이 제시된 뒤, 국왕이 이를 긍정적으로 수용하여 조선 정부의 의견을 보태어 14개 조로 정리하는 과정에서 일본어에 능통한 유길준이 통역 및 정리 업무를 담당했을 수는 있다. 이 상황이 '작성설'로 와전된 것으로 보인다.

**5** 「홍범 14조」를 포함한 갑오경장에 관한 종래의 연구가 일본의 영향을 과도하게 평가한 점에 대해서는 전면적인 재검토가 필요하다. 나는 『국립서울대학교 개학 반세기: 1895~1946』(2015)에 이에 관한 견해를 대강 표시했지만, 앞에서 말한 대로 앞으로 별도의 논고를 통해 전면적인 검토를 가질 예정이다.

**〈표 1〉 이노우에 가오루 일본 공사의 '개혁안' 20개 조와 「홍범 14조」 비교**

| 이노우에 공사의 개혁안 20개 조<br>(1894. 11. 20.) | 홍범 14조<br>(1895. 1. 7.)(양력) |
|---|---|
|  | 제1. 청국에 의존하는 생각을 끊고 자주독립의 기초를 세움. |
| 1. 정권은 한 곳에서 나오게 함. | 제3-2. 왕후·비빈·종실 및 척신의 정치 간여는 용납하지 않음. |
| 2. 대군주의 정무 결재권 직접 행사. | 제3-1. 국왕은 정전正殿에서 정사를 보고 친히 각 대신에게 물어 처리함. |
| 3. 왕실 사무는 나라 정사와 분리함. | 제4. 왕실 사무와 국정 사무를 분리하여 서로 혼동하지 않음. |
| 4. 왕실 조직을 규정함. | 제2. 왕실 전범王室典範을 작성하여 대통大統의 계승과 종실宗室·척신戚臣의 구별을 밝힘. |
| 5. 의정부와 각 아문의 직무 권한을 정함. | 제5. 의정부와 각 아문衙門의 직무 권한의 한계를 명백히 규정함. |
| 6. 조세 업무는 탁지아문 하나로 통일. 제정된 조세 부과 비율을 준수함. | 제6.세금 부과[賦稅]는 법령으로 정하고, 명목을 더하여 거두지 못하게 함.<br>제7.조세 부과와 징수 및 경비 지출은 모두 탁지아문에서 관장함. |
| 7. 왕실·아문의 비용을 미리 정함. | 제8. 왕실은 솔선하여 경비를 절약하고, 각 아문과 지방관의 모범이 되게 함.<br>제9. 왕실과 각 관부官府에서 사용하는 경비는 1년간 예산을 세워 재정의 기초를 확립함. |
| 8. 군사 정무를 정함. | 제12. 장교를 교육하고 징병제도를 정하여 군제의 기초를 확립함. |
| 9. 허식, 사치의 폐단을 교정함. | 없음 |
| 10. 형률을 제정함. | 제13. 민법 및 형법을 엄정히 정하여 함부로 두거나 벌하지 말며, 백성의 생명과 재산을 보호함. |
| 11. 경찰권을 통일함. | 없음 |
| 12. 관리 복무 규율을 제정, 엄수함. | 없음 |

| 13. 지방관 권한을 제한하고, 중앙정부의 장악을 강화함 | 제10. 지방관 제도를 속히 개정하여 지방관의 직권을 한정함. |
|---|---|
| 14. 관리 등용·파면을 규정하고, 임의적 인사를 배제함. | 없음 |
| 15. 권세 다툼, 시기와 이간 폐단을 척결하고, 정치적 보복 관념을 불식함. | 없음 |
| 16. 공무아문工務衙門은 아직 불필요함. | 없음 |
| 17. 군국기무소軍國機務所의 권한을 개정함. | 없음 |
| 18. 고문관顧問官을 각 아문에 초빙함 | 없음 |
| 19. 유학생을 일본에 파견함. | 제11. 널리 자질이 있는 젊은이를 외국에 파견하여 학술과 기예技藝를 익히도록 함. |
| 20. 국시國是를 일정하게 함. | 없음 |
| 없음 | 제14. 사람을 쓰는 데 문벌門閥을 가리지 않고 널리 인재를 등용함. |

「홍범 14조」를 종묘에 올린 다음 날인 1895년 1월 8일에 그 취지와 내용을 '모든 관리와 백성들'에게 알리는 윤음綸音이 내려졌다. 윤음에는 다음과 같은 내용이 담겼다.

서민庶民은 실로 나라의 근본이다. 자주自主는 오직 민에게 달렸고 독립도 민에게 달렸다. 임금이 아무리 자주를 하려고 해도 민이 없으면 어디에 의지하겠는가? 나라가 아무리 독립을 하려 해도 민이 없으면 누구와 더불어 하겠는가?

그러나 이 윤음은 여전히 한문체로 작성되었다. 그 후 23일 만인 1895년 1월 30일(음력 1월 5일) 위 윤음을 뒷받침하는 「내무아문령內務衙門令」이 포고되었다.[6]

## 내무아문령(최초의 국한문 혼용체 공문)

去十二月十二日에 我聖上陛下게셔 我國家의 獨立自主ᄒᆞᄂᆞᆫ 基業으로 宗廟에 誓告ᄒᆞ시며 其明日에 太社에 詣ᄒᆞ 亦然ᄒᆞ시고 因ᄒᆞ야 臣民에게 布告ᄒᆞ시ᄂᆞᆫ 綸音을 降ᄒᆞ시니 惟我大朝鮮國大君主陛下의 臣民되ᄂᆞᆫ 者가 聖意를 尊奉함이 可ᄒᆞᆫ지라. 大抵我大朝鮮國이 本來堂堂ᄒᆞᆫ 自主獨立國이러니 中間에 淸國의 干涉을 受ᄒᆞ야 國體를 稍損ᄒᆞ고 國權을 漸傷ᄒᆞᄂᆞᆫ故로 我聖上陛下게셔 宇內形勢를 顧察ᄒᆞ시고 廓然히 乾斷을 揮ᄒᆞᄼ 中興ᄒᆞ시ᄂᆞᆫ 功業으로 自主獨立ᄒᆞᄂᆞᆫ 洪基를 確建ᄒᆞ야 淸國에 附依ᄒᆞᄂᆞᆫ 舊習을 割斷ᄒᆞ심이니 國家의 慶福과 臣民의 榮光이 莫大ᄒᆞᆫ지라. 國是가 是를 由ᄒᆞ야 亦一定ᄒᆞ니 異論이 宜無ᄒᆞᆯ터이어늘 不良無賴ᄒᆞᆫ 徒黨이 國家의 大義를 忘却ᄒᆞ고 尙且淸國을 思慕ᄒᆞ야 無根ᄒᆞᆫ 訛言을 造ᄒᆞ야 人心을 煽惑ᄒᆞ고 國是를 撓動ᄒᆞ니 此ᄂᆞᆫ 我聖上陛下의 不忠敬ᄒᆞᆫ 臣民이라. 如此ᄒᆞᆫ 輩類ᄂᆞᆫ 現ᄒᆞᄂᆞᆫ디로 捉ᄒᆞ야 不道國賊으로 罰ᄒᆞᆯ지니 惟我大朝鮮國大小民人은 我聖上陛下의 洪功을 欽頌ᄒᆞ며 深意를 克體ᄒᆞ야 自主獨立ᄒᆞᄂᆞᆫ 大事業을 共守ᄒᆞ고 訛言煽動ᄒᆞᄂᆞᆫ 國賊이 有ᄒᆞ거든 共攻ᄒᆞ기를 跂望ᄒᆞ노라.

—『고종실록』권32, 고종 32년 1월 5일(양력 1월 30일)

'우리 대조선국은 본래 당당한 자주 독립국이었는데 중간에 청나라의 간섭을 받아 나라의 체면이 손상되고 나라의 권위가 훼손되어, 성상 폐하께서 자주독립하는 큰 기초를 군건히 세우고자 하니 청나라를 사모하여 근거 없는 거짓말을 꾸며 민심을 현혹하거나 국시를 흔들어 놓는 일이 있으면 이를 국가의 역적으로 처벌할 것'이라는 내용이다. 이것이 박

---

**6** 『고종실록』 1895년 1월 5일(음력) 조. 이하 잇달아 반포되는 국한문 혼용체의 조서는 『고종실록』 당해 월·일조 참조.

영효가 대신으로 있는 내무아문 이름으로 나온 최초의 국한문 혼용체 공문이었다.

1895년 2월 23일(음력 1월 29일) 군주는 「문벌에 구애받지 않는 인재 등용의 조서詔書」를 내렸다. 이것이 두 번째 국한문 혼용체 조서였다. '덕행과 재주가 있고 현명하고 단정한 사士가 있으면 신분이 어떻든 간에 쓰겠으니, 그런 사람이 고을에 있으면 지방관은 그를 움직여[駕] 짐의 뜻에 맞추라.'라는 내용의 지시였다. 여기서 사士 곧 선비의 신분적인 제한을 두지 않는, 독서로 지식을 갖춘 사람을 뜻한다.

이 조령詔令 사흘 뒤인 2월 26일(음 2월 2일)에 다시 장문의 국한문 혼용체 조서가 반포되었다. 교육에 관한 조령이었다.[7] 주요 대목을 현대문으로 고쳐 간추리면 아래와 같다.

(가) 세계의 형세를 살펴보면 부유하고 강성한 나라는 모두 인민 교육이 잘되어 있다. **교육은 실로 나라를 보존하는 근본이므로 짐은 군사君師의 지위**에서 교육에 대한 책임을 지고 이를 새롭게 하고자 한다.

(나) 허명을 없애고 실용을 숭상하는 교육 강령綱領으로 **덕양德養, 체양體養, 지양智養 셋을 제시한다.** 덕양德養은 오륜의 행실을 닦아 세속의 기강을 문란하지 않도록 하여 세상 질서를 유지하고 사회 행복을 증진케 하는 것이다. **체양體養**은 동작에 도를 가지고 근면 정신을 키우고 몸을 튼튼하게 하여 병이 나지 않는 기쁨을 누리게 하는 것이다. **지양智養**은 사물의 이치와 원리를 깊이 연구함으로써 좋고 나쁜 것, 옳고 그른 것, 장·단점을 통찰하여 개인의 사

---

**7** 이 조서는 지금까지 교육사 연구에서 일본 메이지明治 천황의 「교육칙어」(1890)와 비교하면서 이를 모방한 것이라 하여 그 의미를 과소평가했다. 그러나 실제로 메이지 천황의 「교육칙어」와는 내용 차이가 클뿐더러 분량에서도 비교가 되지 않는다. 이 조서가 국한문 혼용 1,382자에 달하는 장문인 반면, 메이지 천황의 교육칙어는 500자 정도의 단문이다.

사로움이 아니라 공중의 이익을 도모하는 힘을 키우는 것이다. 짐은 **너희 신민의 학식으로 나라를 중흥中興하는 큰 공로를 이룩하고자 한다.**

(다) 나라의 분개를 풀어 줄 사람은 오직 신민이며, 나라의 모욕을 막을 사람도 오직 신민이며, 국가의 정치제도를 닦아 나갈 사람도 신민이니 힘써 노력해 주기 바란다. 여러분 신민의 마음은 또한 짐의 마음이다.

(가)의 군사君師 즉 '임금 스승'은 선대 왕 정조가 소민小民 보호의 민국 정치 이념을 표방하면서 군주의 역할을 새롭게 다지기 위해 내세운 용어이다.[8] 정조는 소민도 나라의 주인으로서 유교 윤리 덕목의 주체가 되어야 한다는 뜻에서 『삼강행실도』와 『이륜행실도』를 합하여 새롭게 『오륜행실도』 언해본을 만들어 보급했다. 『삼강행실도』는 군신·부자·부부의 인륜의 기본을 밝힌 것인 데 비해, 『이륜행실도』는 사족士族 양반 집단 내부의 붕우朋友와 장유長幼의 윤리를 밝힌 배타적 윤리서였다. 정조는 이 벽을 허물고 두 가지를 합하여 『오륜행실도』라는 이름으로 소민을 포함한 모든 신민의 윤리 강령서로 삼았다. 고종은 정조의 이런 의식을 현대적으로 계승하는 뜻으로 덕양·체양·지양 등 3양三養 교육론을 정조가 표방한 '임금 스승'의 위치에서 새로운 교육 강령으로 내놓았다.

3양 교육론은 17세기 영국의 존 로크가 젠트리 계층의 교육론으로 처음 제시한 것이나 미국에서 켈빈 헐버트가 1889년 『교육의 독창성Instinctive Education』에서 신학적으로 만민의 교육론으로 재해석했다. 즉 하나님이 우리 각자에게 체physical, 지mental, 덕moral 셋의 본질을 부여해 준 것을 닦고 가는 교

**8** 이태진, 「조선시대 '민본'의식의 변천과 '민국'이념의 대두」, 박충석, 와타나베 히로시 공편, 『국가이념과 대외인식—17~18세기』(한일공동연구총서 3), 2002, 아연출판부, 11~46쪽.

육의 필요성과 방법을 논했다. 저자는 미국의 명문 미들버리대학교 총장을 역임한 석학으로, 1886년 육영공원 교사로 부임한 호머 헐버트의 아버지였다.[9] 19세기 말엽 시점에서 이를 조선 군주 고종이 덕·체·지로 순서를 조정하여 왕조의 교육 강령으로 삼겠다고 선언한 것이다. 3양 교육론은 한국 교육에서 지금도 널리 활용되거나 알려져 있다.

위 조서 내용 가운데 (다)는 교육을 통한 국민 창출 의식이 역력하다. 오직 신민臣民이 나라의 분개를 풀어 주고, 나라의 모욕을 막고, 국가의 정치제도를 닦아 나갈 사람이니, 이들에게 교육의 기회를 주는 것이야말로 나라를 튼튼하게 하는 길이라는 인식이다. 이는 곧 근대의 문을 여는 교육론이라고 하기에 부족함이 없다.


## 3. 1909년 3월 15일, 태황제 고종의 주권 이양 선언

1907년 7월 일본 정부가 대한제국 황제(고종)를 강제로 퇴위시키고 8월에 황태자를 황제의 위에 올리는 절차가 진행되었다. 그러나 새 황제 순종이 거의 움직이지 않다시피 하자 통감 이토는 영친왕을 인질로 일본으로 데려가는 계획으로 압박했다. 퇴위당한 황제가 11월 15일 종묘를 다녀온 뒤, 18일에 비로소 새 황제도 종묘를 찾아 선대 신위 앞에서 즉위에 임하는 서고誓告 의식을 치렀다.

한편, 1908년부터는 각지에서 '의병'이 봉기하여 전국이 전쟁 상태가 되다시피 했다. 일본 육군 통계에 따르면, 1908년 한 해의 교전 횟수는 무려 1,976회, 참전 의병 수는 82,767명이나 되었다.[10] 통감 이토는 국제

---

**9** 이태진, 「미국인 호머 헐버트의 한글·한국 사랑」, 『대한민국학술원통신』 제365호, 2023.

LA TRIBUNA illustrata

L'INCORONAZIONE DI I-TSACK, NUOVO IMPERATORE DI COREA

**1.** 1907년 7월 20일 오전 경운궁 중화전에서 내관(환관)들의 대행으로 이루어진 순종 황제 즉위식. 이탈리아 로마에서 발행된 『라 트리부나 일루스트라타』 1907년 8월 4일 자 표지 그림.

사회를 상대로 '한국인들은 일본의 보호국이 된 것을 환영한다.'라고 거 짓 선전해 왔기 때문에, 본국에 의병 진압을 위한 병력 증파 요청을 마음 대로 할 수 없었다. 그러자 국제사회가 의아스러워 할 것이 우려되었다.

---

**10** 이하 의병 투쟁과 순행에 관한 서술은 이태진, 『일본의 한국병합 강제 연구―조약 강제 와 저항의 역사』(지식산업사, 2016) 중 제5장 「한국 의병의 봉기와 통감 이토의 사임」에 의거한다. 의병에 관한 일본 육군의 통계는 森山茂德, 『日韓併合』, 吉川弘文館, 1992, 171~172쪽 참조.

본국 정계에서도, 1905년 11월에 '보호'보다 '병합'을 주장했던 강경파가 그의 '보호국 정책'을 지켜보고 있었기 때문에 병력 증원 문제는 정치적으로 부담이 되는 일이었다. 그래서 이토는 한국인들에게 유화정책을 써 보기로 작정했다. 한국 정부와 통감부의 공동 행사로 이토 자신이 한국 황제와 함께 남북 지방을 기차를 이용해 순행巡幸하는 행사를 해 보기로 한 것이다. 자신이 황제를 잘 모시고 있다는 것을 한국인들에게 보여 주면서 저항의 기세를 완화시켜 볼 속셈이었다.

1909년 1월 7일부터 12일까지 6일간 대구·부산·마산을 다녀오고[南巡], 1월 27일부터 2월 3일까지 8일간 평양·의주·개성을 다녀왔다[西巡]. 순행은 통감 이토 히로부미의 고육지책이었지만 실제로도 잃은 것이 더 많았다. 이토의 기대와는 반대로, 이 행사는 그의 통감 직 사임이라는 결과를 가져왔다.

황제 일행이 탄 열차가 도착한 곳에 나온 거대한 환영 인파가 문제였다. 『황성신문』에 따르면, 남순 때 대구에서는 2천, 부산에서는 "항구를 가득 메운 인파", 마산에서는 3만을 헤아리는 인파가 황제를 환영했다. 서순 때는 숫자가 껑충 뛰어 10만 인파의 운집이 세 차례나 거듭되었다. 평양에서는 왕래 길에 각 10만을 헤아렸고, 귀경길의 마지막 주필지駐驆地 개성에서도 10만이 모였다. 이토는 여러 수단으로 환영 인파와 황제의 유대를 꺾거나 저지해 보려 했지만 실패했다. 공동 행사의 원칙상 태극기와 일장기를 함께 들고 나오기로 했으나, 한국인 중에 일장기를 흔드는 사람은 찾아보기 어려웠다.

통감 이토 히로부미는 한성으로 돌아온 다음 날인 2월 4일 순행에 동행한 대소大小 고하高下의 일본인 관헌을 통감 관저에 초청하여 연회를 베풀었다. 그리고 2월 10일 전후에 이토 통감이 본국으로 돌아간다는 기사가 신문에 났다. 실제로 그는 2월 8일 창덕궁의 한국 황제를 찾아 인사를 한 뒤, 10일에 한성을 떠났다. 그는 도쿄 근처의 오이소大磯 별저別邸에 칩거하다가 4월 23일 천황을 찾아 통감 사임의 뜻을 표했다. 5월에는 부통감 소네 아라스케曾禰荒助가 후임으로 정해짐에 따라 7월에 다시 한성으로 와서 인수인계를 마치고 돌아갔다.

통감 이토 히로부미가 사직을 결심하고 한성을 떠난 후 한 달이 조금 지난 시점에, 태황제(고종)가 개국 517년(1909) 3월 15일 자로「서북간도 및 부근 각지의 민인 등 처에 효유한다諭西北間島及附近各地民人等處」라는 칙유를 내렸다.[11] 예의 국한문 혼용체로서 매우 심각하면서도 중요한 내용을 담고 있다. 주요 구절을 현대문으로 옮기면 다음과 같다.

(1) 슬프다! 짐朕이 조종祖宗의 크고 큰 터전을 이어받고서도 소임을 감당하지 못하고 이렇게 낭떠러지에 떨어졌으니 나 한 사람의 죄가 아무리 후회해도 다할 수가 없다. 짐이 참으로 부덕하니 너희 만성萬姓이 누가 나를 믿고 따르겠는가.

(2) 슬프다! 짐이 너무 상심하여 차마 말을 잇지 못하노라. 꿈틀거리던 섬 오랑캐[島夷]가 긴 뱀[長蛇]이 되고 큰 멧돼지[封豕]가 되어 우리 팔역八域을 잡아먹고 또 흉한 무리[간신배-인용자]가 이利를 쫓아 세勢에 붙어 너희 만성을 짓밟고 으깨어 절단 냈다.

(3) [그래도] 망했다고 말하지 말자. 너희 만성萬姓이 있지 않으냐. 성현의 책[訓][서전書傳-인용자]에 "백성이 곧 나라의 근본[民惟邦本]이라"고 하였듯이 **이 나라는 나 한 사람의 대한大韓이 아니라 진실로 너희 만성의 대한이다. 독립이라야 나라[國]며, 자유라야 민民이니 나라는 곧 민이 쌓인 것[積民]이요,**

**11** 이 자료는 『宮中秘書 全 V.1』(이왕직 실록편찬회, 1927)에 수록되어 있다. 이태진, 『일본의 한국병합 강제 연구—조약 강제와 저항의 역사』, 지식산업사, 2016, 314~315쪽.

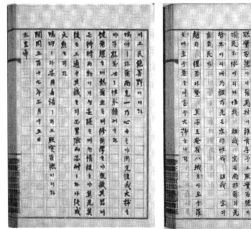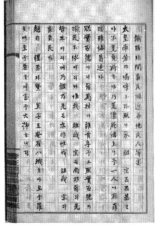

**2.** 고종이 내린 칙유「서북간도 및 부근 각지의 민인 등 처에 효유한다」.

## 민은 선량한 무리[善群]이다.

(4) 오호라! 너희는 지금 하나가 되어 그 심력心力을 우리 대한을 광복하는 데 써서 자손 만세에 영원히 의뢰케 하라. 너희 몸[體]을 튼튼히 하고, 너희 피를 뜨겁게 하고, 너희 배움을 닦아, 그릇[器]에 채워[藏] 때를 기다려 움직이고, 함부로 덤비지 말고, 게을러 늘어지지 말며, 너무 나서지도 뒤지지도 말고, 기회를 적중시키되 반드시 모험하면서 인내하다가 마지막에 대훈大勳을 이루라.

(5) 오호라! 어찌 내가 일깨운다는[有誥] 말을 할 수가 있겠는가. 짐은 참으로 부덕하다.

태황제의 호소는 다음과 같다. (1) 나라를 잃게 된 상황을 전적으로 나의 부덕 탓이다. (2) 섬나라 오랑캐가 점점 커져 우리 강토를 집어삼키고 이에 부화뇌동한 간신배들이 나라를 절단냈다. (3) 그래도 여러분 만성이 있으니 망했다고 말하지 말자. (4) 이 나라 대한은 나 한 사람의 것이 아니라 여러분 만성의 것이다. 나라는 독립이라야 나라이며, 민은 자유인이어야 하며, 자유인이 쌓인 것이 곧 나라이며, 민은 선량한 무리다. 국민과 국가의 관계에 대한 명료한 '근대적 해석'이다. (5) 이어 여러분의 심력으로 광복해 달라는 당부는 자신이 1895년 2월에 선포한 덕양·체양·지양의 3양 교육 강령의 중요성을 상기시키는 내용이다. 그렇게 심력을 키우되 서둘지 말면서 모험 곧 도전을 부단히 하여 마지막에 큰 공을 세워 달라고 부탁했다. 큰 죄인인 내가 어찌 여러분을 일깨운다는 말을 할 수 있겠느냐고 자책하는 말로 끝을 맺었다.

태황제가 이 조칙을 쓰고 있을 때, 대한제국의 '만성'은 국민 의식을 발동하여 항일 전선에 나서고 있었다. 1908년 각지에서 일본군과 싸우던 의병들은 1909년 1월 순종 황제의 순행 기간에는 총부리를 잠시 거두고, '만성'은 황제(순종)의 열차가 머무는 곳에 나와 태극기를 흔들고 만세를 불렀다. 2월 초 순행이 끝나자 의병들은 다시 일본군과 교전을 벌였다. 앞의 일본 육군 통계는 1909년 2월부터 6월까지 한국 의병과의 교전 횟수를 1,738회, 참전 의병 수를 38,593명으로 기록했다.[12] 그들은 이제 전날의 의병이 아니라 국민국가의 국군이었다. 이 시점 이후 전날의 의병에 해당하는 조직은 의군義軍이라고 부르는 변화를 보였다.

1907년 7월 광무제(고종)는 강제 퇴위당한 후 바로 간도에 나가 있는 관리사 이범윤李範允과 그 동지들에게 비밀리에 군자금을 보냈다. 그 군자금으로 조직된 병력은 '대한의군大韓義軍'이라고 불렀다. 앞의 효유 조칙은 군이 대한의군이 창설된 지역인 '서·북간도 및 부근 각지의 민인이 있는 곳'을 일차 수신 대상으로 삼았다. 1909년 10월 26일 '하얼빈 대첩'

---

**12** 이태진, 『일본의 한국병합 강제 연구─조약 강제와 저항의 역사』(지식산업사, 2016) 중 제5장 「한국 의병의 봉기와 통감 이토의 사임」; 森山茂德, 『日韓併合』, 吉川弘文館, 1992, 171~172쪽.

을 지휘한 안중근安重根은 이 부대의 '참모중장'이었다. 1909년 3월 15일 자의 효유 조칙은 수신 지역과 상관없이 대한제국의 주권을 '국민'에게 넘긴 주권 이양 칙유였다.

## 4. 「안응칠 역사」와 안중근의 국민 의식

### 1) 1970년대 「안응칠 역사」 발견 상황과 판본 관계

안중근이 옥중에서 쓴 자서전 「안응칠 역사」는 1970년대에 세상에 알려졌다. 최서면崔書勉(당시 도쿄 국제한국연구원 원장)이 1969년 4월 도쿄의 한 고서점에서 일본어 번역 필사본(「안중근 자전安重根自傳」: '자전'은 최서면이 임의로 붙인 명칭으로, 원명은 「안응칠 역사」이다)을 구매하여 이를 일본 외무성 산하 외교시보사外交時報社에서 발행하는 『외교시보外交時報』 1074호(1970년 5월, 53~70쪽)에 전문全文을 실어 발표했다. 이로써 「안응칠 역사」의 존재가 세상에 처음으로 알려졌다.

최서면은 가타가나체로 되어 있는 이 일역본을 히라가나체로 고쳐 게재했다.[13] 1969년 10월은 의거 60주년, 1970년 3월은 순국 60주기가 되는 해였다. 그동안 이 일역본은 『외교시보』에 실린 활자 조판본으로만 대면할 수 있었는데, 2010년 윤병석이 편역한 『안중근문집』(독립기념관 한국독립운동사연구소)에 전문을 영인하여 수록함으로써 원문이 가타가나체로 되어 있음을 확인할 수 있었다(〈표 2〉의 도판 4).

1972년 김정명金正明이 '메이지 백년사 총서明治百年史叢書'(原書房) 시리즈의 하나로 『이토 히로부미伊藤博文 암살 기록-그 사상과 행동』을 편

---

**13** 제국 일본에서 가타가나체는 남성, 히라가나체는 여성이란 인식이 있었다.

찬할 때 최서면이 발견한 일본어 번역 필사본 「안중근 자전安重根自傳」의 전문을 실었다(343~371쪽). 1972년 1월 1일 자로 쓴 이 책의 '편찬 후기'에 최서면이 도쿄 고서점에서 입수한 번역본을 옮겨 싣는다고 밝혔다.

한편, 1979년 4월 간행된 이치가와 마사아키市川正明(김정명金正明의 일본명) 편 『안중근과 일한관계사日韓關係史』(原書房)에 「안응칠 역사安應七歷史」 한문본漢文本이 실렸다(〈표 2〉의 도판 3). 편자는 「서문: 안중근의 옥중기(자필) 발견을 둘러싸고」에서 이 한문본이 세상에 알려진 경위를 다음과 같이 소개했다.[14]

1978년 2월 11일 자 『아사히 신문朝日新聞』 조간에 「안중근의 옥중기 발견, 나가사키 시내에서 나왔다」라는 기사가 실려 처음으로 한문본이 세상에 알려졌다. 같은 해 2월 24일 자 『나가사키 신문長崎新聞』은 주일 한국 대사관 공사와 한국 대학 교수 1인이 함께 나가사키에 와서 이 한문본 옥중기를 진본으로 확인하고, 소장자가 이를 한국에 기부하는 절차를 밟았다고 했다[가로 18cm, 세로 12cm. 거친 종이(ザラ紙), 가라스 펜(끝부분이 가마귀 입 모양), 116페이지 분량, 표제「安應七歷史」].

취재 기자는 소장자 와타나베 쇼시로渡辺庄四郎가 1927~1928년(쇼와 2~3년) 무렵 고미술상을 하고 있을 때 나가사키현의 사카이 노보루境昇(고인) 댁(長崎縣 南來郡 國見町)에서 샀으며, 사카이의 부친(사카이 요시아키境喜明)은 조선총독부 경찰관 겸 통역이었다는 사실도 기사에서 밝혔다.[15]

한편, 『아시히 신문』 나가사키 지국의 두 기자(金丸嵩, 伊藤千尋)가 취재하여 쓴 기사에는, 소장자 와타나베가 현재 84세의 금융업 종사자로서 다이쇼大正 말경에 2, 3엔에 매입한 것이라고 이치가와 마사아키는 「서문」에 소개했다. 이 「서문」에 따르면 「안응칠 역사」 원본인 한문본은 조

---

**14** 이상 3종은 윤병석 편역, 『안중근문집』(한국독립운동사자료총서 28, 독립기념관 한국 독립운동사연구소, 2011)에 모아져 있다.

선총독부 경시로서 안중근을 심문한 적이 있는 사카이 요시아키境喜明 경시가 가지고 있던 것으로, 다이쇼 말-쇼와 초(1924~1927년경)에 나가사키의 고미술상 와타나베가 아들 사카이 노보루로부터 구매해 가지고 있던 것이다. 그리고 이 자료는 1978년 2월 11일 『아사히 신문』을 통해 처음 공개된 후, 2월 24일 한국 정부에 기증되어 현재 안중근의사기념관에 소장되어 있다고 했다.

고미술상 와타나베는 1969~1970년 일본어 번역본이 도쿄에서 먼저 나와 자료의 중요성을 알게 되면서 한문본도 공개한 것이 아닐까 여겨진다. 이치가와 마사아키는 위 「서문」에서 한문본의 첫 소지자 사카이 경시가 도쿄에서 발견된 일본어 번역본의 번역자가 아닐까 추정하기도 했다.16 위 「서문」은 또 도쿄 일역 필사본의 발견자 최서면이 나가사키 한문본을 감정하고 "안중근의 직필直筆(친필-인용자)이 아니라 감옥 관계자가 필사한 것"이라는 견해를 내놓은 것도 밝혔다.17 이에 대해 이치가와 마사아키는 "'거친 용지(ザラ紙)'로 보면 직필이다. 관청 내 보고용이라면 가라스 펜으로 '거친 용지'에 쓸 이유가 없다."라고 반대 의견을 냈다. 이

---

15 사카이 요시아키境喜明 경시警視는 1909년 11월 26, 27, 29일, 12월 1, 3, 4, 5, 9, 27일 등 12회에 걸쳐 안중근을 신문한 바 있다(한국역사연구원 편, 『그들이 기록한 안중근 하얼빈 의거』, 태학사, 2021 참조). 안중근은 「안응칠 역사」에서 "이때 한국 내부內部 경시 일본인 사카이境가 왔는데 한국어를 너무도 잘하는 사람이므로 날마다 만나 이야기를 했다. 일본과 한국 두 나라 사람이 상대해서 서로의 의견을 주고받으니 정치적 견해는 서로 크게 다를망정 개인 인정으로 차츰 친근해져서 정다운 옛 친구와 서로 다를 것이 없었다."라고 적었다. 안중근의사숭모회·안중근의사기념관 편, 「안응칠 역사」(한국어 번역), 『대한의 영웅 안중근 의사』, 2008, 179쪽.

16 나는 『그들이 기록한 안중근 하얼빈 의거』(한국역사연구원 편, 태학사, 2021)에 수록된 사카이 요시아키 경시의 심문서와 대조해 보았지만, 필체가 유사한 점을 확인할 수 없었다.

17 최서면은 이 문제와 관련하여 다음 논문을 발표했다. 최서면, 「안중근 自傳攷—長崎本의 진위에 대하여」, 『나라사랑』 34호, 1979.

치가와 마사아키는 나가사키 한문본을 안중근의 친필 원본으로 보았다. 그러나 이 견해는 후술하듯이 오판으로 보인다.

1979년 9월 1일 이치가와 마사아키는 일본 국회도서관 헌정자료실 소장 '시치조 기요미七條淸美 컬렉션'에서『안중근 전기 및 논설安重根傳記及 論說』을 찾아냈다.[18] 이 자료는 윤병석 편역의『안중근문집』(2010)에 사진으로 실려 서지적 파악이 가능하다. 한서漢書 장정 형태의『안중근 전기 및 논설』에는 (1)「안응칠 역사安應七歷史」(64~107쪽), (2)「안중근전安重根傳」(108~158쪽), (3)「안응칠 역사」(나가사키본, 159~275쪽), (4)「안중근 자전安重根自傳」(277~427쪽, 일어 번역)[19] 등 4종이 모아져 있다(〈표 2〉).

(1)「안응칠 역사」는 곧 나가사키본과 같은 내용이며, (2)「안중근전」은 나가사키본「안응칠 역사」의 '이하 생략[以下略]' 이후 부분이 온전하게 다 들어간 것이다. 그리고 (3)「안응칠 역사」는 이토의 가해 행위로 명성황후 시해를 언급한 부분 이하(19면)가 빠진 불완전본이며, (4)「안중근 자전」은 일어 번역본으로, 최서면이 도쿄 고서점에서 발견한 것과 같은 내용이다. 즉 최서면이『외교시보』1074호에 활자본으로 공개한 것과 같은 내용이다. 최서면이 밝힌 대로 이 일본어 번역 원본은 '가타가나체'로 되어 있다. 이 번역본과 도쿄 고서점 출현본과의 관계는 더 알 수가 없다. (1), (2)는 이름을 다르게 붙였으나 내용상 연속선상에 있는 것이 확실하며 필체도 같다.

'시치조 기요미 컬렉션본'과 '나가사키 한문본' 양자의 관계를 정리하면 다음 〈표 3〉과 같다. 쪽수는 윤병석 편역『안중근문집』을 기준으로 한다.

---

**18** 윤병석 편역,『안중근문집』(독립기념관 한국독립운동사연구소, 2011) 제1부에 영인본이 수록되어 있다. 그 첫 쪽 1.「安應七歷史」(七條淸美 文書本)에 붙인 윤병석의 '주기註記' 참조.

**19**「安重根自傳」이란 제목 아래 앞에 소개문을 쓰고 번역 부분은 "安應七歷史(譯文)"이라고 원문 제목 아래 번역문을 실었다.

## 〈표 2〉「안응칠 역사」판본 비교 1

| | |
|---|---|
| 安應七歷史<br><br>一千八百七十九年紀七月十六日大韓國黃海道海州府有扂山下生一男子姓安名重根字應七〔性質輕急〕家產豐富以慈善家著名於道內曾前敍仕于鎭海縣監〔新生〕大男三女曰泰鎭二泰鉉三泰勳〔私父〕四泰建五泰英俊六泰純合六兄弟皆通鑑毋論四書三經有餘其中私父大體卒年蓮習通鑑毋論四書能知音暗恩歲年周旬自此以下其字能知音暗恩字周能知彼少天字矢見則必知其字若日能知如管曰能知少天字敏師如奇異之更間曰此冊翻邊推上能知否若曰能知如 | 安重根傳<br><br>一千九百五年十二月上海還到于鎭南浦南家信則迨間家有發清漢洞到花鎭南浦而但私父病勢尤重別世長逝故家眷更還反其又靈極轟千淸漢洞哭気絕歎次望發程還到淸漢洞說喪事有幾日後禮畢興家眷此時心盟新洞曰富大韓獨主一日制欲為限明年到諸漢洞修居鎭南甫建築設立學校一二一興學校一座安業後家產淸立等校南甫日費美學校也敎育青年日自素吳君父通其姓名則金進士也客日我 春何許一人來訪案其像則靑年有道人 鼠 |
| 3. 나가사키본 「안응칠 역사」(한문) | 1. 시치조 기요미 컬렉션 「안응칠 역사」 |
| 安應七歷史<br><br>一千百七十九年紀七月十六日、大韓國黃海道海州府首揚山下生、一男子、姓安、名重根、字應七、性質輕急、胃賭豐富以慈善家著名於北道內曾前敍住于鎭海縣縣監一郡生、六男三女、曰泰一長曰泰鎭二泰鉉三泰勳、四泰健、五泰敏六泰純合六兄弟皆文翰有餘其中炎才慧英俊、八九歲 | 安應七歷史（譯文）<br><br>一千八百七十九年己卯七月十六日、大韓國黃海道海州府首陽山下二一男子ヲ産ス、姓ハ安、名ハ重根、字ハ應七（性質輕急ナルヲ以テ名ケシ曰フ）其祖父ノ名ハ仁壽性質仁厚ニシテ家ハ豐富、曩ニ慈善家ヲ以テ道内ニ名高シ、曾テ鎭海縣監二敍仕ス、六男三女ヲ生ム、長ヲ泰鎭ト云フ、二ヲ泰鉉三ヲ泰勳（私父）四ヲ泰健五ヲ泰敏六ヲ泰純ト云フ、皆才慧英俊八九 |
| | 2. 시치조 기요미 컬렉션 「안중근전」 |

**〈표 3〉「안응칠 역사」 판본 비교 2**

| 판본 | 서명 | 포함 내용 | 쪽수 | 『문집』 쪽수 |
|---|---|---|---|---|
| 시치조 기요미 七條清美 컬렉션본(『안중근 전기 및 논설』) | (1) 「안응칠 역사」(한문) | 1879년 출생 ~ 1905년 11월 '보호조약' 강제로 해외 투쟁 근거지 모색을 위해 중국 상하이를 방문 | 1~44 | 64~107 |
| | (2) 「안중근전」(한문) | 1905년 12월 귀국하여 진남포로 이사 ~ 옥중 생활 최종 | 46~95 | 108~158 |
| | (3) 「안중근 자전」(일어 번역본) | | 1~151 | 277~427 |
| 나가사키長崎 한문본 | 「안응칠 역사」(한문) | 1879년 출생 ~ 의거 4, 5일 뒤 미조부치溝淵 검사의 심문 시작 | 1~116 | 160~275 |

〈표 3〉에 따르면, 시치조 기요미 컬렉션본은 1905년 12월 안중근이 상하이에서 진남포로 돌아와 항일 투쟁을 시작하는 시기를 기준으로, 그 전과 후로 (1) 「안응칠 역사」와 (2) 「안중근전」 둘로 나누었다. 나가사키 한문본은 시치조 기요미 컬렉션본의 (1) 「안응칠 역사」 전문全文에 (2) 「안중근전」의 전체 46~96쪽 중 46~78쪽까지만 싣고, "이하 약略"이라고 표시하고 줄였다. 다시 말하면 (2) 「안중근전」의 79~95쪽의 16쪽 분량은 나가사키 한문본에 빠져 있다. 시치조 기요미 컬렉션본이 완전한 것이라면 나가사키 한문본은 불완전본이 된다. 이에 근거한 일본어 번역본, 곧 도쿄 고서점본과 위 표의 (3)도 마찬가지로 뒷부분 내용이 빠져 있다. 시치조 기요미 컬렉션본의 (3)도 (2)를 따르지 않고 나가사키 한문본을 일본어로 번역한 것이다. 일어 번역이 다 같이 "이하 약"으로 된 한문본을 근거로 한 이유는 다음과 같이 밝혀진다.

"이하 약略"으로 빠진 부분은, 안중근 일행이 뤼순 감옥에 도착하여 수감된 후, 하얼빈 일본 영사관에서 한번 심문했던 미조부치溝淵 검사가 다시 안중근에게 이토 히로부미를 가해한 이유를 묻자 안중근이 답변한 내용이 나오는 대목이다. 안중근의 「이토 히로부미의 죄악 15개 조」가

나오는 부분이다. 잘 알려져 있듯이 이 「죄악 15개 조」에서 안중근은 열다섯 번째로 "일본 천황 폐하의 부황父皇인 태황제[고메이孝明 천황-인용자]를 살해한 죄"를 들었다. 안중근은 이후 서술에서 이 진술 뒤로 법관의 태도가 갑자기 바뀌었다고 적었다.[20] 즉 나가사키 한문본의 필사자가 이 대목이 들어 있는 원본이 나중에 그대로 밖으로 유포될 경우 사회적으로 큰 문제가 될 것을 우려하여 "이하 약"이라고 잘라 버린 것으로 판단된다. 시치조 기요미 컬렉션본의 (2)「안중근전」은 같은 한문본인데도 "이하 약" 없이 전문을 온전하게 다 싣고 있다.

이상과 같이 1970년대에 모두 4개의 자료가 나와서 「안응칠 역사」는 국내에서도 국역본이 출간되어 안중근 연구에 많은 도움을 주었다.[21] 나가사키 한문본은 시치조 기요미 컬렉션본이 나옴으로써 '직필' 곧 안중근이 직접 쓴 것일 가능성이 없어졌다. 안중근의 공술 내용이 잘린 것(한문본)이 친필본일 수 없다. 친필본을 주장했던 이치가와 마사아키는, 1979년 자신이 시치조 컬렉션본을 찾아냈을 때 나가사키 한문본이 안중근의 '직필'이 아니라는 것을 저절로 알게 되었을 것이다.

그러면 시치조 기요미 컬렉션본의 (1), (2)는 안중근 친필본인가? (1), (2), (3) 셋은 모두 한 사람이 쓴 것으로 보일 정도로 필체가 매우 비슷하다. 그렇다면 (4) 일역본은 안중근이 쓴 것일 수 없으므로 (1), (2) 둘도

---

**20** 첫 공판에서 영국인·러시아인·한국인 변호사들이 변호권을 얻지 못하고, 심문에서 스스로 자세한 답변을 하려니 "재판관이 문득 놀라 자리에서 일어나 방청을 금지하고 나를 다른 방으로 끌고 갔다. 나는 스스로 생각했다. '내 말 속에 칼이 들어 있어서 그런 것이냐? 총과 대포가 들어 있어서 그런 것이냐. … 이것은 다른 까닭이 있다. 내가 이토의 죄명을 말하는 중에 일본의 효명 천황을 죽인 대목에 이르자 그같이 좌석을 깨어 버리고[破席] 만 것이리라."라고 기술했다. 안중근의사숭모회·안중근의사기념관 편, 「안응칠 역사」(한국어 번역), 『대한의 영웅 안중근 의사』, 182쪽.

**21** 안중근의사숭모회는 1978년 와타나베 쇼시료로부터 나가사키 한문본을 기증받아, 노산 이은상의 도움을 받아 1979년 의거 70주년을 맞아 『안중근 의사 자서전』을 출판했다.

**3~4.** 이강에게 보낸 안중근 친필 엽서(왼쪽)와 안중근 친필 「장부가」(오른쪽).

친필본으로 보기에는 어렵다. 현재 안중근의 친필 자료로 확실한 필적은 「장부가丈夫歌」, 대동공보사 이강李剛에게 보낸 엽서, 홍석구洪錫九 신부에게 보낸 엽서(안중근의사기념관 소장) 등이 있다.[22] 이 유물들의 필체는 시치조 기요미 컬렉션본의 필체와는 전혀 달라 보인다.

나는 2012년에 「뤼순旅順 고등법원의 '안중근 관계 자료'에 관한 다가와 고조田川孝三의 복명서復命書」(『역사의 창』 통권 34호, 국사편찬위원회)를 발표했다. 국사편찬위원회 위원장 재직 중에 위원회 산하 도서관 서고에서 조선사편수회 수사관보修史官補 다가와 고조가 만주 일원에서 사료 조사를 마친 뒤에 제출한 보고서(「吉林 新京 奉天 旅順 大連 史料探訪 復命書」,

---

**22** 윤병석 편역, 『안중근문집』, 독립기념관 한국독립운동사연구소, 2010, 606쪽, 608쪽. 다른 서간은 이 필체와 달라 법원 관계자가 필사했을 것으로 보인다.

국사편찬위원회 소장 도서 B178 21)를 발견하여 이를 검토하여 발표한 논문이었다.

다가와 고조는 1939년 8월 16일 경성을 출발, 만주로 가서 위 5개 지역에서 사료 조사를 하고 9월 2일에 돌아와 편수회 편사회장編史會長 앞으로 보고서를 작성하여 제출했다. 나는 이 보고서에서 다가와 고조가 뤼순 고등법원을 방문했을 때 직접 본, '안중근 관계 자료'라고 이름 붙인 자료 목록을 주목했다. 그는 자신이 본 모든 자료의 목록을 작성한 다음, "이상 중에 제1 공판 기록 2책의 대부분 및 제2의 안중근 관계 서류 중에 들어 있는, 안중근의 「동양평화론東洋平和論」, 「안중근전安重根傳」에 대해 법원 서기[森本盛衛]에게 등사 송부를 의뢰해 두었다."라고 썼다. 이 자료들을 모두 등사하여 조선사편수회에 보내 줄 것을 요청한 것이다. 다가와 고조가 작성한 '안중근 관계 자료'의 큰 목차는 다음과 같다.[23]

1. 공판 기록(2책). 제1책 소계 47건, 제2책 소계 59건

2. 안중근 사건 관계 서류(4책). 소계 28건

3. 안중근 사건에 붙인 하얼빈에서 취조取調한 청취서. 소계 3건

4. 노국露國 조서調書 번역문 2책. 소계 1건

5. 정대호鄭大鎬 기록 사寫 1책. 소계 1건

6. 불기소 피고인의 등사조서謄寫調書 1책. 소계 1건

7. 안중근 사건 관계 증거 서류 신문철 1책. 소계 1건

8. 안응칠 외 3명 살인 피고 사건 기록 사寫 2책. 제1책, 제2책 소계 32건

　　합계 173건

---

**23** 이 책 4부의 두 번째 글 「뤼순 고등법원의 '안중근 공판 자료'에 관한 다가와 고조田川孝三의 보고서」 참조.

위 2의 4책 중 제4책 16건 중에 「안중근전安重根傳」, 「안중근지역사安重根之歷史」, 「유서동양평화론遺書東洋平和論」 등이 들어 있다. 이 가운데 「안중근지역사」는 곧 시치조 기요미 컬렉션의 (1) 「안응칠 역사」와, 그리고 시치조 기요미 컬렉션의 「안중근전安重根傳」은 (2) 「안중근전」과 일치한다. 시치조 기요미는 변호사 신분으로 뤼순 고등법원을 방문하여 이를 필사했거나, 아니면 만주 여행에서 이미 필사된 것을 입수했을 수 있다. 시치조 기요미는 육군 장교로, 육군대학교에서 법학을 교수한 뒤 1920년대 후반 변호사 개업 중에 하얼빈을 직접 방문하여 자료를 모은 것으로 알려져 있다. 1939년 다가와 고조가 뤼순 고등법원을 방문했을 때까지 안중근 친필의 원본 「안응칠 역사」와 「안중근전」은 이곳 고등법원의 '안중근 관계 자료' 속에 미완의 유고 「동양평화론」과 함께 보관되어 있었다. 이 원본들을 사카이 요시아키 경사가 다른 한 사람의 도움을 받아 등사하여 고향 나가사키로 가져갔던 것이 확실시된다.

## 2) 「안응칠 역사」에 보이는 국민 의식

앞서 살펴보았듯이, 안중근 자서전 「안응칠 역사」 원본(한문본)은 원래 (1) 「안응칠 역사」(「안중근지역사」)와 (2) 「안중근전」 둘로 구성되어 있다. (1)은 출생에서부터 1905년 11월 '보호조약' 강제로 해외 투쟁 근거지 모색을 위해 중국 상하이를 방문한 것까지, (2)는 같은 해 12월 상하이에서 진남포로 돌아와 교육운동을 필두로 펼친 항일운동의 역사를 담은 것이다. 나가사키 한문본이나 일본어 번역본은 (1) (2) 둘을 망라하지 못하고 (2)의 후반부 즉 미조부치 검찰관의 심문 시작까지만 담았다.

1979년 시치조 기요미 컬렉션본의 발견으로 (1)과 (2) 두 가지가 모두 알려진 이후에 나온 한글 번역본은 (1) (2) 둘을 온전하게 다 담았다. 1979년 시치조 기요미 컬렉션본이 발견되자 그해 안중근의사숭모회에서 두 가지를 하나로 묶어 한글 번역본 『국역 안응칠 역사』를 내놨다. 원본 (1) (2) 둘은 한문본 고유의 방식대로 문단 구분이 없이 이어 쓴 것이지만, 한글 번역본에서는 편의상 12개의 단원으로 나누었다.[24] 한글 번역본은 (1)과 (2)둘의 존재를 무시하고 12개의 단원 나누기만 표시했다. 저자 안중근이 1905년 12월부터의 항일 투쟁 실행을 의식하여 (1)과 (2)로 나누어 썼다면 한글 번역본에서도 이를 반영해 주는 것이 더 바람직했다. 어떻든 현행 한글 번역본의 단원 부여는 내용 이해에 도움이 된다. 12개 단원의 중심 내용을 요약하면 〈표 4〉와 같다.

안중근은 자서전으로 「안응칠 역사」를 쓰면서 쓴 시기와 장소를 명확히 밝혔다. 첫머리에 "1909년 12월 13일(구 11월 1일) 쓰기 시작[始述]"이라고 밝혔다. 그리고 위 표와 같은 내용을 다 쓰고 나서 "이상이 안중근의 32년 동안 역사의 대강이다"라고 하고, "1910년 경술 음 2월 초5일, 양 3월 15일 뤼순旅順 옥중에서 대한국인 안중근이 쓰기를 마친다[畢書]"라고 맺었다.

「안응칠 역사」 한문 원본은 116쪽, 한국어 번역본의 경우 신국판 65쪽으로 많은 양은 아니다. 위 표에서 보듯이 제1~7단원, 다시 말하면 (1) 「안응칠 역사」 부분에서는 출생, 가족 관계, 교육, 천주교 입교와 교도 생활, 그리고 사회생활 특히 부정한 관리들과의 소송 투쟁 등을 서술했다. 이 가운데 16세 때 해주 지역 동학교도와의 전투는 무용담처럼 서술했다.

---

**24** 1979년 안중근의사숭모회에서 발행한 국역본 『안중근 의사 자서전』 이후 안중근의사숭모회와 안중근의사기념관 공동 편찬으로 2008년에 『대한의 영웅 안중근 의사』를 간행했는데, 여기에도 안중근의사숭모회본 「안응칠 역사」가 윤문되어 실렸다. 본고 분석에서는 편의상 이를 모본으로 삼았다.

〈표 4〉『국역 안응칠 역사』의 단원별 요약 내용

| 판본 | 단원 구분 및 내용 | |
|------|------|------|
| (1) 「안응칠 역사」 | 제1단원 | 1879년 출생과 가족 관계. 1884년 갑신년 부친이 겪었던 일. 14세 전후 어린 시절의 학습과 포부 등. |
| | 제2단원 | 1894년 갑오년 결혼(16세). 해주 지역에서 동학당 군사와 싸운 무용담. 그 후 탁지부 대신 어윤중과 선혜청 당상 민영준의 비리에 대한 투쟁. 1896년 전후 천주교 입교 계기. |
| | 제3단원 | 천주교 교리에 대한 이해. 우리 대한이 천주교를 통해 도덕 시대를 실현하기를 염원. |
| | 제4단원 | 천주교 입교 후의 일화. 프랑스어를 공부하면서 대학교 설립을 위해 노력. 뮈텔 주교에 대한 실망. 금광 감리 주가朱哥와의 투쟁. 만인계(복권회사) 소동. |
| | 제5단원 | 옹진군민의 돈 5천 냥을 빼앗은 전 참판 김중환金仲煥을 한성으로 찾아가 승복시켜 돈을 내놓게 한 일. 평안도 영유군 의사醫師 이경주李景周의 아내와 재산을 빼앗은 해주부 지방대 병영의 위관 한원교韓元校와의 한성부 법정 싸움. |
| | 제6단원 | 부친 병환 소식. 귀환 길, 고향 친구 이성룡과의 동행 중 대화. 황해도 사람들이 천주교 교인 행세하면서 협잡하는 일 등 여러 가지 환난. 부친이 치료차 안악 읍내에 갔다가 겪은 고초. 진남포재판소에서의 송사. 홍 신부의 압제 태도와 다툰 일화. |
| | 제7단원 | 1905년 '보호조약' 강제로 부친과 의논하여 해외 투쟁 기지를 물색하기 위해 산둥·상하이로 출국. 민영익 댁의 문전박대. 르각 신부 조우와 조언. 귀국하여 조언에 따라 교육 사업에 열중. |
| (2) 「안중근전」 | 제8단원 | 1906년 3월 진남포로 가족 이사. 삼흥학교 인수하고 돈의학교 설립하여 청년 교육에 힘씀. 1907년 국채보상운동 참여. 일본인 순사의 조사 활동에 대한 대척. 정미7조약 광무 황제 폐위. 북간도행. 얀치혜煙秋를 거쳐 블라디보스토크에 도착. 청년회 입교. 교육 활동. 간도관리사 출신 이범윤 설득. 엄인섭嚴仁燮·김기룡金起龍 등과 만남. 지방 순회 연설 활동. |
| | 제9단원 | 김두성金斗星·이범윤李範允 등의 대한의군 발족. 참모중장으로 임명되어, 두만강 도하 투쟁. 일본군 포로 방면 후의 고초. |

| | | |
|---|---|---|
| (2)「안중근전」 | 제10단원 | 동지 7, 8인과 탈주. 마지막 단계의 고초. 깊은 산 외진 곳의 집 지키는 노인의 도움. 한 달 반 만에 두만강을 건너 탈주 귀환 성공. |
| | 제11단원 | 러시아 영토 얀치혜(그라스키노) 방면 도착. 블라디보스토크에서 환영회. 패전 장수의 고백. 하바롭스크 방면으로 강을 왕래하는 기선을 타고 시찰. 사회 조직 기도. 일진회 분자들과의 충돌. 1909년 1월 얀치혜 방면으로 돌아와 동지 12인과 단지동맹. 블라디보스토크에서 이토 히로부미가 만주로 온다는 소문 듣고, 신문을 통해 가까운 시일 하얼빈에 온다는 보도 확인. 황해도 의병장 이석산李錫山에게 1백 원 강제로 차용 일화. |
| | 제12단원 | 하얼빈 거사 경위. 동지 우덕순에게 계획 비밀리 약속, 수분하 지방에서 유동하柳東夏 설득. 하얼빈 도착. 김성백金聖伯 집 투숙. 통역할 사람 찾던 중 조도선曺道先 만남. 〈장부가〉 지음. 거사-피체-구속-심문-법정 투쟁. 사형 선고 후 법원장 만남. 홍 신부의 면회 미사-성제聖祭-대례-작별. "손을 들어 나를 향하여 강복降福한 뒤에 떠나가니 때는 1910년 경술 2월 초하루 (음력) 오후 2시." |

다음은 「안응칠 역사」의 내용 가운데 안중근 자신이 국민 또는 국민 의식, 국가라는 말을 언급했거나 이 말에 해당하는 단어나 문장을 사용한 경우를 검토하기로 한다.

안중근은 1894년 16세에 김아려와 결혼하고, 이해에 해주에서 동학 군과 전투를 벌이는 경험을 했다. 그리고 1897년(19세) 아버지를 따라 천 주교에 입교하여 '도마'라는 세례명을 받았다. 16세가 되어 성인으로서 사회활동을 하는 시기는 공교롭게도 앞서 살핀 1895년 2월 26일 반포 「교육 조령」의 '국민 탄생' 역사의 시작과 거의 일치한다. 그가 1907년 2 월에 시작하는 국채보상운동의 평양 지역 책임자로 활동한 것은 잘 알려 진 사실이다. 스스로 "32년 동안 역사의 대강"이라고 밝힌 「안응칠 역사」 에서 실제로 국민 의식에 해당하는 내용이 적지 않게 보인다.

■ 사례 1(제3단원, 131~135쪽)[25]

"한 나라의 임금이 정치를 공정히 하고 백성들의 생업을 보호하며 모든 신민臣民이 태평을 누릴 수 있게 되었는데 백성이 그 명령에 복종할 줄 모르고 전혀 충군忠君 애국하는 마음이 없다면 그 죄 또한 가장 무겁다 할 것이오. … 한 나라의 임금도 상을 주고 벌을 주는 권리를 가졌거늘 하물며 천지를 다스리는 거룩한 큰 임금님은 어떠하겠습니까? … 바라건대, 우리 대한大韓의 모든 동포 형제자매들은 크게 깨닫고, … 천주님의 의로운 자식이 되어 현세를 도덕 시대로 만들어 태평 누리다가 - 무궁한 영복永福 누리기를 천만번 바랍니다."

이는 안중근이 천주교 신도가 되어 현세의 임금 정치 아래서 가지는 충근애국을 한 단계 높여 만물의 큰 주재자로서 천주天主의 의로운 자식으로서 대한의 도덕 시대를 열자는 내용이다. 바로 같은 시기에 반포된 「교육칙어」의 3양 교육 강령이 덕양德養을 앞세운 취지와 일치하는 느낌을 준다. 「교육칙어」에서도 아직 국민이란 단어를 직접 쓰지 않고 신민이라고 했는데, 이것도 서로 일치한다. 덕양과 '도덕시대'는 같은 개념 인식으로 보아도 좋을 것이다. 안중근 자신이 캘빈 헐버트의 『교육의 독창성』을 직접 읽었을 것 같지는 않으나, 이 책의 저자는 덕·체·지의 재능을 하느님 곧 천주가 주신 것으로, 이를 개발하는 것이 인간의 도리라고 역설하였다. 안중근의 도덕시대론은 우연찮게도 이 저서의 논지와 거의 유사하다.

안중근은 제4단원에서 대학교 설립을 위해 노력한 자신의 경험을 피력했다. 즉 대학교 설립을 위해 홍 신부(빌헬름 신부)에게 프랑스어를 배

---

**25** 『대한의 영웅 안중근 역사』의 쪽수.

우기까지 하여 한성으로 가서 뮈텔 주교를 면담하고 대학교 설립 도움을 청하였는데, 뮈텔 주교는 "한국인이 만일 학문이 있게 되면 [천주]교 믿는 일에 좋지 않을 것이니 다시는 그런 의논을 꺼내지 마시오."라고 답했다. 안중근은 이 말을 듣고 크게 분노하면서 "교의 진리는 믿을지언정 외국인의 심정은 믿을 것이 못 된다."라 하고 프랑스 말 배우던 것도 중단했다고 술회했다. 고종의 교육정책에 크게 부응하여 교회 차원에서 대학교 설립을 계획했다는 것은 주목할 만한 동조 행위이다.

### ■ 사례 2 (제5단원, 139~142쪽)

안중근이 송사訟事에 직접 나서서 겪었던 두 가지 일 가운데, 해주府海州府 지방대 병영의 위관尉官 한원교韓元校라는 자가 친구 이경주李景周의 아내를 빼앗아 간통하고 남편을 위협하여 그 집과 세간살이를 빼앗은 뒤 버젓이 사는 것에 대해 다음과 같이 (한원교를) 질책했다.

> "한가야, 너는 내 말을 들어라. **대개 군인이란 국가의 중임을 맡은 것이다**夫軍人者 國家之重任也. 충의의 마음을 배양하여 외적을 방어하고 강토를 지키며 인민을 보호하는 것이 당연한 군인의 직분인데 너는 하물며 위관이 되어 어진 백성의 아내를 강제로 빼앗고 재산을 토색질하고 그 세도만 믿고서 꺼리는 바가 없으니…."

위 인용문에 보이는 안중근의 군인관은 근대적인 것으로 손색이 없다.

### ■ 사례 3 (제6단원, 144쪽)

사례 2의 송사, 곧 친구(이경주)의 억울한 사정을 돕던 중 부친의 병환 소식 편지를 접하고 급히 행장을 꾸려 육로로 떠나오면서, 친구가 죄도 없이 감옥에 갇혀 벗어나지 못하고 겨울날 차가운 옥 속에 어찌 그 고생을 받는가 회상하면서 다음과 같이 자신의 소회를 적었다.

> "어느 날에나 저같이 악한 정부를 주먹으로 두들겨 패서 개혁한 뒤에 난신적자 무리를 쓸어 버리고 **당당한 문명 독립국을 이루어 민권**民權과 **자유를 얻을 수 있겠는가**堂堂文明獨立國 快得民權自由乎라고 생각이 미치자 피눈물이 솟아올라 차마 발걸음을 옮겨 놓을 수가 없었다."

안중근의 이런 자유 민권 의식은 1909년 태황제의 주권 이양 칙유 내용을 떠올리게 한다. '서북간도 및 부근 민인 등 처'에 내린 칙유는 "독립이라야 국이며, 자유라야 민이며, 민이 쌓인 것이 나라"라고 했다. 대동소이한 발언이다.

■ **사례 4 (제7단원, 148쪽)**

안중근은 1905년 11월 「을사 5조약」이 강제되자 아버지와 비밀히 상의하여 산둥반도 같은 해외에 독립운동 기지를 만들기 위해 상하이로 갔다. 거기서 첫 번째로 찾아간 사람이 민영익閔泳翊이었다. 민영익은 당시 광무제의 밀명으로 상하이에서 내장원內藏院 소관의 홍삼 해외 수출 업무를 관리하고 있었다. 상하이에서 군이 민영익을 찾아간 것은 그의 소임을 어느 정도 알고 있었거나, 아니면 부친이 갑신정변에 관계했던 연고 때문이었는지 모른다.

민영익이 갑자기 찾아온 안중근을 대면할 리 없었다. 안중근은 문전박대를 당한 뒤, "오늘날 나라가 위급해진 것은 그 죄가 모두 공公과 같은 대관大官에게 있는 것이고, 민족의 허물에 달린 것이 아니므로 얼굴이 부끄러워서 만나지 않는 것인가?"라고 반문했다. 뒷날 안중근의 거사가 성공한 뒤, 블라디보스토크『대동공보大東共報』사장 미하일로프가 안중근 구제를 위한 국제변호인단 구성을 위해 상하이에 거주하는 영국인 변호사 더글러스 경을 만난 뒤 민영익을 찾아가 안중근 구제 변호비 지원을 청하자 민영익은 1만 원을 구해 내놓았다.[26]

민영익과의 면담에 실패한 안중근은 그 뒤에 상하이에서 장사하는 서상근徐相根이란 자를 찾아가 만났는데, 그 또한 자금 대기를 거부하자 안중근은 다음과 같이 말했다.

**"만일 백성이 없다면 나라가 어디 있을 것입니까? 더구나 나라란 몇몇 대관들의 나라가 아니라 당당한 2천만 민족의 나라인데, 만일 국민이 국민 된 의무를 행하지 아니하고 어찌 민권과 자유를 얻을 수 있을 것이오**若人民無之 則國家何以有之 況國家非幾個大官之國家 堂堂二千萬民族之國家 而若國民不行國民之義務 豈得民權自由之理乎? 그리고 지금은 민족 세계인데 어째서 홀로 한국 민족만이 남의 밥이 되어 앉아서 멸망하기를 기다리겠습니까?"

이 구절도 태황제(광무제)의 주권 이양 선언을 연상케 한다. 광무제는 칙유에서 "대한은 나의 것이 아니라 여러분 만성의 것이다."라고 선언했다. 안중근은 한 걸음 더 나가 "국민은 의무를 다하여야 민권의 자유를 누릴 수 있다."라고 했다. 1907년의 국채보상운동은 나라가 부당하게 진 빚을 국민이 갚는 것은 의무라고 했다. 안중근은 국채보상운동이 시작되

---

**26** 이태진, 「안중근의 하얼빈 의거와 고종황제」, 이태진 외 안중근·하얼빈학회 편, 『영원히 타오르는 불꽃—안중근의 하얼빈 의거와 동양평화론』, 지식산업사, 2010, 84쪽 참조. 민영익이 상하이에 거주하면서 내장원의 홍삼 판매 총책 활동을 한 것에 관해서는 별도의 연구가 필요하다. 여기서는 『월간조선』이 후손들을 대상으로 취재한 민영익의 활동에 관한 한 구절을 소개하는 것으로 줄인다. "민영익은 상해, 홍콩, 소주 등지에서 조선에서 가져온 홍삼(인삼) 무역으로 정치자금을 확보하고 대외정보를 수집하며 객지 생활을 했어요. 일시 귀국해 관직도 역임했으나 이미 국운이 다하고 외세에 따라 부침하는 정치 상황에서 그는 더 이상 뜻을 펼칠 수 없었던 것입니다." 「항일抗日과 친일로 이어진 명성황후 후손들의 120년 영락」, 『월간조선』, 2015. 10, 뉴스 데일리, 김태완 기자.

기 2년 전에 이미 나라를 구하는 것은 국민의 의무라는 의식으로 투철하게 무장되어 있었다. 이런 투철한 국민 의식으로 국채보상운동 평양 총책이 된 것은 당연한 순서였다.

### ■ 사례 5 (제7단원, 151~153쪽)

안중근은 상하이에서 뜻한 일이 이루어지지 않아 어느 날 아침 천주교 성당에 가서 한참 동안 기도를 올렸고, 문밖으로 나와 보니 길을 지나가는 한 신부가 눈에 띄었다. 놀랍게도 그는 황해도에서 포교 활동하던 르각 신부였다. 그도 안중근을 알아보고 놀라면서, 자신은 홍콩에 갔다가 한국으로 돌아가는 길이라고 했다. 안중근이 상하이에 온 사연을 듣고 나서 신부는 안중근에게 본국으로 돌아가 할 일을 다음과 같이 말했다. 즉 자신의 고향인 프랑스 알자스로렌 사람들이 프러시아의 침략을 받아 모두 해외 독립운동을 꿈꾸며 출국했다가 지금까지 수복하지 못하고 있는 역사를 들려주면서, 국내에서 국민의 힘을 키우는 일을 하라고 권하였다. 신부는 국내에서 반드시 이루어야 할 일로, 첫째 교육의 발달, 둘째 사회의 확장(발달), 셋째 민심의 단합, 넷째 실력 양성 등을 들었다. 잘 알려져 있듯이 안중근은 이 권유를 전폭적으로 받아들이고 귀국했다.

1905년 12월에 귀국한 안중근은 1906년 봄 3월에 황해도 신천信川 청계동을 떠나 평안도 진남포로 이사하고, 여기서 양옥 한 채를 마련하고 가옥 등 재산을 정리하여 삼흥학교三興學校를 세우고 돈의학교敦義學校를 인수했다. 삼흥은 '사흥士興' 곧 교육이 이루어지면, '민흥民興' 곧 국민이 일어나고, 국민이 흥하면 '국흥國興' 곧 나라가 흥한다는 뜻이다. 그리고 돈의는 '민심의 단합'이 이루어짐을 뜻하는 말이었다. 그는 이때 독립이 이루어지는 날까지 금주를 맹세했다(이상 진남포로의 이사에 관한 서술은 〈표 6〉 제8단원의 머리에 실렸다).

안중근은 진남포로 이사한 뒤, 바로 대구와 한성에서 국채보상운동이 일어나자 국채보상 평양의무사平壤義務社를 담당했다. 너무나 당연한 일이었다. 제8단원에는 국채보상운동을 방해하는 일본인 순사와 치고받은 싸움이 일화로 소개되어 있다. 그리고 이해 7월에 통감 이토 히로부미가 광무제를 강제로 퇴위시키자 안중근은 급히 행장을 꾸려 가족들과 이별하고 북간도로 갔다고 했다.

### ■ 사례 6 (제10단원, 164쪽)

1908년 광무제가 보낸 군자금으로 블라디보스토크에서 대한의군大韓義軍이 창설되자 안중근은 '참모중장'(또는 우장군)이 되었다. 이때 그는 150명 정도의 병력을 이끌고, 두만강을 건너 회령으로 진입하여 영산靈山에서 일본군을 크게 무찌르고 50명 정도를 포로로 잡았다. 그러나 포로를 심문한 후에 풀어 준 것이 화근이 되어 일본군의 역습을 받아 많은 병사를 잃고, 소수의 부대원과 함께 한 달 반 정도를 굶주리면서 국경을 찾아 두만강 쪽으로 가는 고난을 겪었다. 그는 몇 안 되는 부하마저 자신의 말을 듣지 않는 상황의 심경을 다음과 같이 술회했다.

> 나는 혼자서 산 위에 앉아 스스로 웃으며 생각하기를, "어리석구나, 저 같은 의병을 데리고 무슨 일을 꾀할 수 있을 것인가. 누구를 탓하고 누구를 원망하랴." 문득 시 한 수가 생각나 시를 읊고 다시 이르기를 "그대들은 모두 뜻대로 하라. 나는 산 아래로 내려가서 일본군과 더불어 한바탕 장쾌하게 싸움으로써 **대한국 2천만인 중의 한 분자가 된 의무를 다한 다음에는 죽어도 한이 없겠다**以盡大韓國 二千万人中 一分之義務然後 死以無恨矣."

같은 문단(168쪽)에 며칠 만에 한 산속 집을 겨우 만난 일화가 소개되어 있다. 집 지키는 노인이 먹을 것을 주면서 다음과 같이 위로해 준 말을 적었다.

> "이렇게 나라가 위급한 때를 만나 그 같은 고난은 국민의 의무지요當次國家危
> 急之秋 如是困難 國民義務. 더구나 흥이 다하면 슬픔이 오고 쓴맛이 끝나면 단
> 맛이 온다는 말이 있지 않소, 걱정하지 마시오."

국민의 의무라는 표현이 과연 노인이 직접 한 말인지 안중근이 말뜻을 전
한 표현인지 가리기 어렵지만, 어느 쪽이든 안중근의 국민 의식을 보여 주는
것은 확실하다.

■ 사례 7 (제12단원, 174쪽, 181~182쪽, 184쪽)
1910년 2월 초 법정 투쟁이 벌어진 상황에서 안중근 스스로 느끼거나
진술한 내용이다. 첫째, 2월 7일 첫 공판이 열렸을 때, 한국인 변호사 안
병찬安秉瓚과 전날 자신에게 허가를 받고 갔던 영국인 변호사 더글러스
가 모두 와서 참석했으나 전혀 변호권을 주지 않았기 때문에 방청만 할
따름인 상황을 밝히면서 "오늘 내가 당하는 일이 생시인가 꿈속인가. 나
는 당당한 대한국의 국민我堂堂大韓國之國民인데 왜 오늘 일본 감옥에 갇혀
있는 것인가. 더욱이 일본 법률의 재판을 받는 까닭이 무엇인가? 내가 언
제 일본에 귀화한 사람인가?"라고 탄식했다.
끝으로 사형을 구형받은 뒤에 법의 적용이 잘못된 것에 대해 다음과
같이 항변했다.

> "나는 대한국 의병 참모중장의 소임을 띠고 하얼빈에 와서 병기를 지참하여
> 이토를 사살한 후 포로가 되어 지금에 이른 것이다. 뤼순구 지방재판소와는
> 전연 관계가 없는 일인즉 마땅히 만국공법과 국제공법으로써 판결하는 것이
> 옳다我則 大韓國義兵參謀中將之義務帶任而到于哈爾賓 開仗襲擊後 披虜到此矣. 旅順
> 口地方裁判所 都無關係則 當以萬國公法與國際公法判決 可耶."

안중근은 최후의 법정에서 법 적용이 잘못된 것을 위와 같이 당당하게 주장했다. 즉, 나는 대한의군 소속의 지휘관으로서 적장을 사살한 것이므로 만국공법 곧 1899년 제1차 헤이그 만국평화회의에서 다자多者 조약으로 정한 '육전 포로에 관한 법'을 적용하라는 항변을 적었다. 안중근이 속한 대한의군은 광무제가 강제로 퇴위당하면서 군자금을 보내 창설된 군사 조직이었다. 안중근은 이 점을 강조하여 자신의 이토 저격은 대한제국 국군이 결행한 적장 처단이므로 자신에게 적용할 법은 일본 제국 형법이 될 수 없다는 것을 당당하게 지적했다.

안중근의 '치열한' 국민 의식은 1895년 무렵부터 표출되어 1905년 '보호조약' 강제를 계기로 적극화되는 가운데 국권 탈취의 원흉인 이토 히로부미 처단에 직접 나서는 형태로 발전했다.

## 5. 광무제(고종)에게 남긴 유묵 3점에 담긴 국가 의식

안중근은 뤼순 지방법원에서 검찰과 경찰의 심문이 끝날 즈음인 1909년 12월 13일부터 자서전 격인 「안응칠 역사」를 쓰기 시작하여 이듬해 1910년 3월 15일에 마쳤다.[27] 안중근을 비롯한 의거 연루자에 대한 공판은 2월 7일부터 14일까지 6회에 걸쳐 열렸고, 2월 14일 선고가 내려졌다. 잘 알려져 있듯이 안중근은 옥중에서 56점가량의 유묵을 써서 남겼다(26점 보물 지정).

앞에서 밝혔듯이 안중근은 유묵의 왼편 가장자리에 "언제, 어디서, 대

---

**27** 시치조 기요미 컬렉션의 한문본에는 쓰기 시작한[始述] 날 표시가 없고, 나가사키 한문본에는 머리에 들어 있다. 그리고 시치조 기요미 컬렉션의 일본어 번역본에는 번역자의 서언緖言에 밝혀져 있다. 서술을 끝낸[畢書] 날은 판본 모두에 표시되어 있다.

한국인 안중근이 쓰다"라는 남겼다[庚戌 二月(또는 三月) 於旅順獄中 大韓國人 安重根 書]. 이 표시에 따르면 유묵을 쓴 기간은 경술 곧 1910년 2월부터 3월 26일 순국할 때까지였다. 2월 상반기는 공판 중이었으므로 아마도 2월 14일 사형을 선고받고 17일 히라이시 우진도平石氏人 법원장을 면담하면서 상고上告하지 않겠다고 통고한 뒤부터 유묵을 쓰기 시작했을 것으로 추정된다. 안중근은 상고하는 순간 그것이 일본의 통치 체제를 인정하는 것이 되므로 그렇게 하지 않겠다고 했다. 치열한 법정 투쟁은 이때까지 이어지고 있었다. 2월 18일부터 3월 25일까지 35일간 그는 하루에 약 1.6점의 유묵을 써서 후세에 남겼다.

안중근 유묵은 지금까지 다음과 같은 특징으로 높은 평가를 받으면서 만인의 관심의 대상이 되고 있다.

첫째, 그의 필체는 힘찬 느낌을 강하게 주는 안진경顏眞卿체로 알려진다.[28] 구양수체가 선비의 단아한 멋을 자랑하는 반면에 안진경체는 무인의 기개 같은 것을 느끼게 한다. 안중근의 필체는 안진경체를 취하면서도 웅혼한 기상을 느끼게 하는 변용을 발휘하여 문구의 뜻을 더 감동적으로 느끼게 한다.

둘째는 문구文句의 내용이다. 붓글씨를 쓸 당시 그가 머문 감방에는 아무런 참고할 서적이 없었다. 모든 글귀는 그의 머리에서 솟아 나온 것이다. 유묵에 담긴 모든 글귀는 안중근의 학식과 철학을 그대로 보여 준다. 그래서 우리는 그의 유묵 앞에서 외경심을 한층 더하지 않을 수 없다.

나는 10여 년 전 안중근의 사상과 철학을 구체적으로 살피기 위한 기

---

**28** 이동국, 「필묵의 재구성, 글씨로 보는 인간 안중근과 그의 사상」, 『安重根』, 예술의 전당 서예박물관, 2009. 이동국은 조선시대 이후로 안진경체는 17세기 송시열·송준길 등 노론 계통의 글씨와 18세기 영조·정조 시대 사육신 묘비처럼 어필이나 문인들 중심으로 재해석되고, 개화기, 대한제국 시기, 일제강점기에 걸쳐 시대 서풍의 하나로 재해석되었다고 했다(위 『安重根』 끝 페이지 하단).

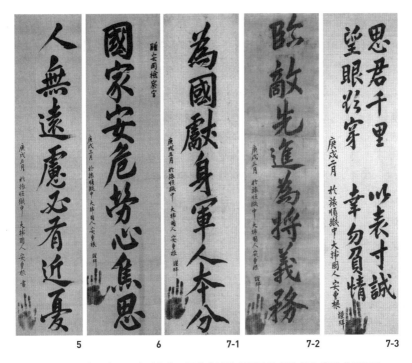

**5~7.** 예시 유묵 2점(도판 5, 6)과 광무제 고종에게 남긴 안중근의 하직 인사 추정 유묵(도판 7-1, 7-2, 7-3).

초 작업의 하나로 유묵의 글귀가 어떤 서적(고전)들에서 나온 것인가를 조사하던 중에 놀라운 사실을 발견했다.[29] 대부분의 유묵은 앞에서 언급했듯이 남기고 싶은 문구를 가운데 자리에 쓰고 왼쪽 가장자리에 '경술 2월(또는 3월) 뤼순 옥중에서 대한국인 안중근이 쓰다大韓國人 安重根 書'라고 적었다(도판 5). 특별히 유묵을 받는 사람이 있으면 오른쪽 가장자리 위쪽에 받는 사람을 표시하고, 끝에 "대한국인 안중근이 삼가 절함大韓國人 安重根 謹拜"이라고 썼다(도판 6). 이 경우로는 현재 야스오카安岡 검찰관, 다케시猛 경시, 미조부치溝淵 검찰관(이상 각 1점), 소노키園木 통역관(2점) 등

---

**29** 이에 관해 나는 『월간중앙』 2012년 6월호에 「안중근의 옥중 유묵 3점의 비밀」이란 간단한 글을 발표했다.

4인에게 준 5점이다. 나를 놀라게 한 것은 이 두 가지 형식과는 다른 제3 형식의 3점이다. 아래에 제시하듯이 3점은 오른쪽 가장자리에 받는 사람이 표시되지 않았는데, 끝에 '삼가 절함'이라는 뜻의 '근배謹拜'란 단어를 썼다. 받는 사람이 감추어진 형식이다(도판 7-1, 7-2, 7-3).

도판 7의 3점 중 둘은 군인 정신을 담은 유명한 글귀이다. 하나는 "나라를 위해 몸을 바치는 것은 군인의 본분이다爲國獻身 軍人本分"라는 문구이다(도판 7-1). 다른 하나는 "적을 만나 먼저 나아가는 것은 장수 된 자의 의무이다臨敵先進 爲將義務"라고 쓴 것이다(도판 7-2). 두 점은 안중근 유묵 가운데 가장 많이 알려진 것이기도 하다. "삼가 절함[謹拜]" 곧 "삼가 드림"이라고 한 이상 반드시 받는 사람이 표시되어야 하는데 그 이름이 적히지 않았다. 과연 누구일까?

남은 1점(도판 7-3)이 이 의문을 풀어 준다. 이 유묵은 한 편의 짧은 시詩로서 다음과 같은 내용이다.

| 思君千里 | 천 리 밖의 임금을 걱정하며 |
| 望眼欲穿 | (그쪽을) 바라보는 내 눈이 (허공을) 뚫으려 하네 |
| 以表寸誠 | 작은 충성 표하였으니 |
| 幸不負情 | 저의 충정을 저버리지 마소서 |

천 리 밖에 있는 임금은 광무제 고종이다. 대한의군 참모중장 안중근은 광무제에게 '적장을 처단하는 작은 충성을 표했으니 저의 충정衷情을 저버리지 마소서'라는 작별의 인삿말을 시로 남겼다. 이렇게 해석하면 앞의 두 개 문장도 의미가 더 크게 다가온다. '저는 나라를 위해 몸을 바치는 군인의 본분을 다하였고, 장수 된 자로서 적을 앞에 두고 먼저 나아가 적장을 처단했습니다'라고 국가 원수인 황제에게 "삼가 드린다[謹拜]"라며 보고를 올린 것이다. 이어서 마지막 세상을 떠나는 소회를 시로 읊

어 남겼다.

「안응칠 역사」를 읽으면, 안중근은 우덕순禹德淳·유동하柳東夏·조도선趙道先을 만난 경위를 감추려는 듯 매우 소략하거나 우연한 일처럼 서술했다. 그리고 대한의군의 본부 구실을 한 대동공보사大東共報社에 관해서도 단 한 차례 〈장부가〉를 보낼 수신처로만 언급했다.『이토 공작 만주 시찰 일건伊藤公爵滿洲視察一件 별책別冊』파일에서 볼 수 있는 검찰과 경찰의 각 10여 차례 신문에서 이에 관해 당당하게 답변한 내용을「안응칠 역사」에서는 거의 찾아볼 수 없다.「안응칠 역사」는 밖으로 알려질 글이므로 '아군我軍의 형세'를 노출시킬 이유가 없었던 것이다.

안중근은 광무제의 지시로 결성된 대한의군의 지휘관으로서 적장 이토 히로부미를 처단하고 사형을 선고받은 몸이 되었다. 그는 이제 자신

**8~9.** 안중근 유묵 〈운재(雲齋)〉(위)와 〈극락(極樂)〉(아래).

에게 부과된 최대의 임무를 성공적으로 수행하고 하늘나라의 '운재雲齋'('구름 집'이라는 뜻으로, 유묵 중 하나의 문구) 또는 '천당天堂'으로 갈 날을 기다리면서 국가 원수인 광무제에게 하직 인사를 올렸다. 3점의 유묵이 황제에게 직접 전달되리라고 믿고 쓴 것이라고 단언할 수 없으나, 국가 원수에 대한 자신의 충정은 표시하고 떠나야 한다고 생각한 것이다. 이렇게 보면 신문과 공판에 관계한 4인의 일본 관리들에게 1점 또는 2점의 유묵을 써 준 것은 이 3점의 수신인을 감추기 위한 것이었을지도 모른다. 이 3점에만 '근배謹拜'라고 썼다면 쉽게 의심을 사서 황제의 신변이 위험에 빠질지도 모른다고 생각했을 수 있다. 내가 이렇게 유추할 때까지 이 점을 누구도 깨치지 못했으니 그 의도는 주효한 셈이다.

# 안중근의 「동양평화론」 재조명: 칸트 철학의 평화 사상과 만남

## 1. 「동양평화론」에 대한 문헌적 검토: 「청취서」를 중심으로

안중근은 뤼순 감옥 생활 근 5개월 동안 세 가지 글을 써서 남겼다. 즉 11월 6일에 제출한 「이토 히로부미의 죄악 15개 조」, 자서전 「안응칠 역사」, 그리고 미완으로 남은 「동양평화론」이 그것이다. 「이토 히로부미의 죄악 15개 조」는 검찰의 취조에 대비하여 일찍 작성한 것이지만, 그 후 12월 말까지 신문과 취조가 계속되어 집필 시간을 거의 갖지 못했다. 한문 3만 자에 달하는 「안응칠 역사」는 신문이 끝난 1910년 1월 초의 어느 날부터 집필하기 시작해 3월 18일경에 탈고 상태가 되었고, 바로 뒤이어 「동양평화론」 집필에 들어갔다. 그는 이 글에 각별한 관심을 가지고 있어서 탈고한 뒤에 사형을 집행해 달라고 법원에 요청했지만, 착수 후 10일 남짓하여 사형이 집행되어 미완고로 남았다. 그가 옥중에서 남긴 유묵들도 대부분 쓴 시기가 '경술庚戌'(1910) 2월 또는 3월로 되어 있다. 다시 말하면, 유묵은 사형 선고를 받은 뒤부터 쓰기 시작하여 50여 일 동안 50여 점을 남긴 것이다.

「안응칠 역사」에도 동양 평화 또는 동양 평화론이 언급된 부분이 있다. 공판 제4일(2월 14일)에 마나베 주조眞鍋十藏 재판관이 사형을 선고한 뒤, 안중근은 방으로 돌아와 혼자 있으면서 갖게 된 생각을 다음과 같이 적었다.

[형량이] 내가 생각한 것에서 벗어나지 않았다. 예부터 허다한 충의의 지사들이 죽음으로써 한恨하고 충간忠諫하여 정략을 세운 것이 뒷날의 역사에 맞지 않은 것이 없다. 이제 내가 **동양의 대세**를 걱정하여 정성을 다하고 몸을 바쳐 방책을 세우다가 끝내 허사로 돌아가니 통탄한들 어찌하랴. 그러나 일본국 4천만 민족이 '안중근의 날'을 크게 외칠 날이 머지않을 것이다. **동양의 평화**가 이렇게 깨어지니 백년 풍운이 어느 때에 그치리. 이제 일본 당국자가 조금이라도 지식이 있다면 반드시 이 같은 정책을 쓰지 않을 것이다. 더구나 만일 염치와 공정한 마음이 있었던들 어찌 능히 이 같은 행동을 할 수 있을 것인가.

이어서 전옥典獄 구리하라栗原의 '특별 소개'로 고등법원장 히라이시 우진도平石氏人를 면담하면서 자신이 사형 판결에 대해 불복하는 이유를 대강 설명한 뒤에 동양 대세의 관계와 평화 정략의 의견을 말했다고 했다. 그리고 "만일 허가될 수 있다면 동양평화론東洋平和論 1책을 저술하고 싶으니 사형 집행 날짜를 한 달 남짓 늦추어 줄 수 있겠는가?"라고 물었더니, 고등법원장이 "어찌 한 달뿐이겠는가. 설사 몇 달이 걸리더라도 특별히 허가하겠으니 걱정

1. 히라이시 우진도 뤼순 고등법원장.

하지 말라."고 했다고 적었다. 그래서 「동양평화론」을 저술하기 시작했다고 적고 있다. 그러나 실제로 유고遺稿는 한문본 8면에 그쳤다.

안중근의 유고 「동양평화론」은 앞에서 언급했듯이 1979년 일본 국회도서관 헌정자료실 '시치조 기요미 컬렉션'에서 한문본 「안응칠 역사」와 사본 합책된 것으로 처음 세상에 알려졌다. 그러나 「동양평화론」은 '서序'와 '전감前鑑'뿐으로 안중근의 생각을 전하기에는 너무 짧다. '서'와 '전감'은 청일전쟁과 러일전쟁의 실황을 중심으로 동아시아의 평화는 동아시아 3국이 협력하여 지켜야 하는 문제라는 것을 설파하는 내용이다. 즉 백인 국가인 러시아가 하얼빈을 거점으로 철도 보호라는 명목 아래 11만 군을 만주 경계상에 주둔시키고 있는 실정은 곧 일본의 청국 침략이 빌미가 되어 일어난 것이란 점, 러일전쟁에서 미국이 서둘러 강화를 중재하여 일본을 승전국으로 만들었지만 배상금을 못 받는 처지가 된 것은 결국 같은 백인종으로서의 두둔이 있었을 것이란 점, 그리고 그 싸움을 정리하는 자리에서 한국에 대한 일본의 우월권 확보를 넣은 것은 근거도 없고 합당함을 잃은 처사란 점 등을 지적했다. 일본의 침략 행위로 빚어진 동양의 불행한 사태는 곧 일본이 생각을 고쳐먹음으로써 풀 수 있다는 도론導論의 글이다.

안중근은 「안응칠 역사」에서 고등법원장 히라이시 우진도를 만나 자신이 공판 판결에 대하여 불복하는 이유를 대강 설명한 뒤에 동양 대세의 관계와 평화 정략의 의견을 말했다고 했다. 2월 14일 사형 선고를 받고 면담을 요청하여 3일 뒤인 2월 17일에 면담이 이루어졌다. 이 면담 때 안중근이 법원장에게 한 얘기는 「청취서─살인범 피고인 안중근聽取書─殺人犯 被告人 安重根」이란 제목 아래 관동도독부용 푸른 선 괘지 26면에 걸쳐 적혀 있다. 말미에는 "메이지明治 43년[1910] 2월 17일, 관동도독부關東都督府 고등법원高等法院 서기書記 다케우치 시즈에竹內靜衛"란 기록자 정보가 적혀 있다. 이 문서는 일본 외교사료관의 『이토 공작 만주 시찰 일건 별

책』의 제2류 제5항에 철해져 있다.[1]

「청취서」는 안중근이 뤼순 지방법원의 판결을 받아들일 수 없는 사유를 밝히는 것으로 시작한다. 안중근은 그 불복하는 사유 아홉 가지를 말했는데 그 내용을 요약하면 다음과 같다.

> 나는 국가를 위해 동양 평화를 해치는 '악인惡人' 이토 히로부미를 제거한 것인데, 지방법원이 일반 보통의 살인범으로 다룬 것을 받아들일 수 없다. 일본이 병력을 동원해 위협하는 가운데 이루어진 일한日韓 5개조[을사조약·인용자] 및 7개조[정미조약·인용자] 협약에 반대하여 의병을 일으켜 협약 체결의 주도자인 이토를 살해하기에 이르렀는데, 내가 이 재판을 받아들이면 이 협약들에 대해 동의를 표하는 것이 되므로 결코 승복할 수 없다. 나는 포로이므로 포로에 관한 만국공법과 국제공법을 적용해야 마땅하며, 일본이 이를 적용하지 않고 이렇게 일반 보통 살인범으로 취급하면 서양 각국은 일본을 야만국으로 조소할 것이다. 검찰관은, 내가 통감에서 물러난 이토를 살해한 것은 곧 사원私怨의 행위로밖에 볼 수 없다고 하지만, 퇴임 중의 이토는 병합 문제를 주도하고 있었던 만큼 이런 논변의 판결에 승복할 수 없다. [그리고 이토가 한국 국권 탈취 과정에서 저지른 여러 가지 죄악을 열거하면서] 나는 결코 사인私人으로서 그를 저격한 것이 아니다. 일본이 이토 정책의 잘못으로 동양 평화를 교란한 책임을 져야 하는데, 내가 일본의 책임 있는 지위에 있다면 내세울 만한 의견이 있다.

이에 대해 히라이시 우진도 법원장은 "피고가 마음에 두고[懷抱] 있는

---

1 한국역사연구원 편, 『그들이 기록한 안중근 하얼빈 의거: 일본 외무성 소장 「이토 공작 만주 시찰 일건」 11책 총람』(석오역사연구자료 시리즈 2, 태학사, 2021), 105~118쪽에 원문과 번역문이 수록되어 있다.

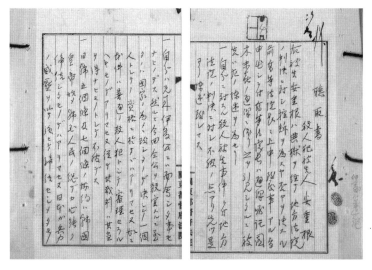

**2.** 「청취서—살인범 피고인 안중근」의 첫 두 면. 일본 외무성 소장 『이토 공작 만주 시찰 일건 별책』 중에서.

정책이란 것이 어떤 것인지" 말해 보라고 했다. 안중근은 이에 대해 다음과 같은 시책안을 말했다. 이것이 곧 그가 「동양평화론」에 담고 싶었던 구체적인 시책이었다. 그 주요 내용은 다음과 같다.

- 뤼순항을 개방하여 일·청·한 3국의 군항軍港으로 한다.
- 이곳에 3국의 대표들이 평화회平和會란 조직을 만들어 회합하게 한다.
- 이 사실을 세계에 공표하면서 일본이 다른 야심이 없는 것을 보이기 위해서는 뤼순을 청국에 일단 환부還付하여 평화의 근거지로 한다는 것을 보여주는 것이 가장 좋은 방법이다.
- 뤼순의 환부還付는 당장에는 일본에게 고통스런 일일지 모르지만 세계 각국이 모두 일본을 경탄하여 결과적으로는 이익이 될 것이며, 3국은 모두 영원한 평화와 행복을 얻게 될 것이다.
- 뤼순에 두는 '동양평화회'는 회원을 모집하여 회원 1명으로부터 1엔을 회

비로 징수한다. 3국의 인민 수억이 이에 가입하면 그 돈으로 태환권을 발행한다. 그리고 [각국의] 중요한 곳에 평화회의의 지회와 은행 지점을 세운다. 이렇게 시작하면 현재 어려움을 겪고 있는 일본의 금융과 재정이 원만하고 완전하게 될 것이다.

- 뤼순의 경비는 일본이 군함 5~6척을 뤼순항에 정박시켜 담당하게 한다. 이렇게 하면 뤼순을 환부한다고 해도 실제로는 일본의 영유와 조금도 다름이 없을 것이다.
- 3국으로부터 강장强壯한 청년을 모아 군단을 편성하는데, 그 청년들은 각기 다른 두 나라의 말을 배우게 하여 어학 진보와 함께 형제의 나라라는 관념을 공고하게 한다.
- 인도와 섬라[샴, 태국] 등 아세아의 각국까지 이에 가맹하게 되면 일본은 어려움 없이 동양을 손안에 넣게 될 것이다.
- 한·중·일 3국의 황제가 로마 교황을 방문하여 협력을 맹세하고 왕관을 받는다면 세계 민중의 신용을 얻을 수 있을 것이다.
- 한국은 일본의 장중掌中에 있게 되고 일본의 방침에 따라 어떻게 되겠지만, 일본이 위에 말한 대로 정책을 집행하면 한국도 그 여경餘慶을 누리게 될 것이다.

요컨대 뤼순을 돌려주고, 이곳에 군단과 동양 평화 회의체를 두고 산하에 3국 공용의 태환 지폐를 발행하는 은행을 두어 경제력을 향상시켜 3국이 함께 평화와 행복을 누리게 한다는 것이다. 특히 군단 편성에 참가하는 3국의 청년들로 하여금 다른 두 나라의 말을 익혀 형제의 나라라는 공동체 의식을 가질 수 있도록 하자고 했다. 이렇게 하면, 일본이 기득권을 잃는 것 같지만 궁극적으로는 일본이 평화의 나라로 칭찬을 받고 실리도 별로 잃는 것이 없는 것이 된다고 했다.

안중근은 법원장과의 면담에서 이에 관한 글을 집필할 시간을 허용해 줄 것을 요청하여 법원장으로부터 긍정적인 답을 들었다. 그리하여 3월 18일 전후에 「안응칠 역사」를 끝낸 뒤 곧 이의 집필에 들어갔지만, 일본 정부 수뇌부가 3월 26일에 처형할 것을 지시함으로써 「동양평화론」은 미완고로 남았다. '시치조 기요미 컬렉션'에서 나온 사본 「동양평화론」에 명시되어 있는 목차는 '서'와 '전감'에 이어 '현상現狀', '복선伏線', '문답問答' 등으로 잡혀 있다.

## 2. 「동양평화론」 연구의 두 가지 새로운 시각

안중근의 「동양평화론」은 「청취서」를 통해 확인되는 그 내용이 기존의 유사한 '동아시아 질서론'과는 격단의 차이가 있는, 매우 독창적인 사상체계이다. 그러나 이 창의적 구상이 어떻게 해서 나올 수 있었던 것인지에 대해서는 아직도 많은 의문이 남아 있다. 앞으로의 연구의 진전을 위해 최근의 두 가지 연구 성과를 검토해 보고자 한다.

첫째로 주목되는 것은 현광호의 논고이다.[2] 그는 1880년대의 '아시아 연대론'과 1890년대 중반의 '동양평화론' 두 가지를 먼저 살폈다. 전자는 후쿠자와 유키치福澤諭吉가 창도한 것으로, 처음부터 일본이 연대의 맹주가 되는 것을 전제로 하고 한국의 독립을 부정하는 내용이다. 그런데도 김옥균·박영효 등 이른바 개화파 인사들은 이를 모르고 추종했던 점을 지적했다. 그리고 후자는, 일본이 청일전쟁을 일으키면서 한반도에서 청국의 영향을 축출하면서 이 전쟁은 동양 평화와 한국의 독립을 위한 것이라고 거짓 선전한 것으로, 내용적으로 여전히 '일본 맹주'를 중핵으

---

**2** 현광호, 「유길준과 안중근의 동아시아 인식 비교—중국과 일본에 대한 상이한 시선」, 『아세아연구』 113, 2003.

로 하는 것임을 밝혔다. 그런데 1895년 4월 삼국간섭이 있은 뒤에 일본은 그 주동인 러시아와의 대결을 각오하면서 청일전쟁에서 적대 관계가 된 청국을 협조자로 만들기 위해 '일본 맹주'를 전제로 하면서 백인종에 대한 황인종의 단결이란 인종주의를 담는 변화가 생겼음을 밝혔다. 이 단계에서는 후쿠자와 유키치뿐만 아니라 이토 히로부미가 1898년 8월에 한국을 직접 방문하여 양국 제휴를 목표로 한국의 황제와 대신들에게 광적으로 선전한 사실도 언급했다.

한편, 한국에서는 일본의 '동양평화론'을 의심하면서 '삼국제휴론'을 제기한 것을 들었다. '제휴론'은 일본 측의 연대론·평화론 등과는 달리 한·중·일 3국이 각기 확고한 독립국가로서 정족鼎足과 같은 균형을 유지한 상태에서 협력하여 러시아를 견제, 방어해야 한다는 취지였다. 이기李沂·장지연張志淵과 같은 한국 측 인사들은 러시아가 뤼순·다롄 등지를 점령하는 것을 보고 한·중·일 3국 제휴의 필요성을 절감하면서 한국의 주권을 유지한다는 조건 아래 일본의 '맹주론'에 대해 어느 정도 긍정하는 견지를 폈다. 일본이 1904년 러시아와 전쟁을 일으키면서 천황의 '선전宣戰의 조서詔書'에서 동양 평화와 한국의 독립을 보장한다고 굳이 언급한 것은 한국의 이러한 '제휴론'을 의식하여 넣은 거짓 문구였으며, 전쟁 승리 후 보호조약 강제에 이르자 대표적으로 '제휴론'을 창도한 기관인 『황성신문皇城新聞』의 장지연은 논설 「시일야방성대곡是日也放聲大哭」에서 일본에게 속은 것에 대한 울분을 터뜨린 것이라고 분석했다.

현광호는 안중근의 「동양평화론」이 기본적으로 '삼국제휴론'을 계승하는 것으로 파악했다. 안중근이 여러 곳에서 러일전쟁 때 한국인과 중국인들이 일본 천황의 '선전의 조서'를 그대로 믿고 지지하거나 도와주었다고 말한 것, 그리고 일본이 한국의 주권을 침탈함으로써 기만했다고 한 것 등을 '제휴론' 견지의 반응으로 분석한 것이다. 그리고 러일전쟁을 백인종과 황인종 간의 인종 전쟁으로 인식한 대목, 한국의 부국강병을 위해 일본의 지도가 일시적으로 필요하다고 한 점 등도 '제휴론'의 견지로 파악했다. 그러나 안중근은 러일전쟁 후 일본이 한국의 국권을 유린하자 일본에 대한 인식을 크게 바꾸어, 일본의 '동양평화론'의 허구성을 직시하면서 「청취서」와 같은 새로운 구상을 내놓게 되었다고 했다.

현광호는 「청취서」에 피력된 안중근의 새로운 견해를 '삼국동맹론'으로 보고, 이 변화의 특징과 배경을 다음과 같이 정리했다.

첫째, 일본의 한국에 대한 국권 반환, 중국에 대한 뤼순 반환을 전제로 한 동양평화회의체를 구상하게 된 데는 만국평화회의에서 결의된 "국제분쟁의 평화처리조약" 및 제3 국가의 거중 조정을 담당하는 상설중재재판소 제도에서 착상을 얻고, 삼국 연합군(공동 군단)도 국제연합군에서 발상을 얻었다고 했다.

둘째, 공동 화폐 발행을 위한 은행 설립 자금 마련에서 회원제를 제시했듯이, 민중을 능동적 존재로 인식한 점이 개화파 계열과 전혀 다른 착상을 하게 한 새로운 사고의 원천이 된 것으로 보았다. 안중근은 '세계 민중의 신용'을 중시하여 민중을 계몽 대상이 아니라 스스로 책임지는 능동적 존재로 인식하여 민중과 평화는 불가분의 관계라는 인식에 이르렀고, 그럼으로써 이전의 인종주의까지 극복할 수 있게 된 것으로 파악했다.

셋째, 한국이 자주적 개혁의 능력을 가지고 있는 나라라고 인식한 점이 일본 '맹주론'을 비판하는 원동력이 된 것으로 파악했다. 안중근은, 한국은 자주적 개혁 능력을 가진 나라로서 신속한 개혁을 위해 잠시 일본의 힘을 빌릴 수도 있지만, 일본에 전적으로 의지해야 하는 것은 아니라고 인식하고 있었다. 그래서 그는 통감부가 한국을 보호하여 수행한 일들은 한국의 발전이 아니라 일본의 침략을 위한 것일 뿐이었으며, 이것이 곧 이토 히로부미의 죄악이라고 했다. 한국의 자주적 개혁 능력에 대한 인식은 곧 민중의 능력에 대한 확신이며, 이러한 민중 인식이 민중이 주도적으로 참여하는 의병전쟁을 펴는 원동력이 된 것이기도 하다고 했다.

넷째, 안중근은 국제법·국제기구·국제회의 등을 신뢰했는데, 서구 열강을 협력 가능한 상대로 인식한 점이 새로운 인식을 낳게 한 면이 있다고 했다. 즉 그에게는 이러한 신뢰가 있었기 때문에 동서양이 모두 참여하는 국제법·국제기구·국제회의 등을 기반으로 세계 평화가 이루어질 수 있다는 기대도 표시한 것이라고 보았다. 안중근에게 동양 평화는 동아시아에 머무는 것이 아니라 세계 평화를 지향하는 것이었으며, 이러한 새로운 세계의 실현을 위해 이토를 제거한 것이라는 토로가 당당하게 나올 수 있었던 것으로 보았다.

현광호의 연구는 안중근의 「동양평화론」이 기존의 '아시아 질서론'과 격단의 차이가 있다는 점을 충분하게 입증하는 성과를 거두었다. 일본의 '아시아 연대론', '동양평화론'뿐만 아니라 1890년대 중반 이후 한국 측에서 나온 '삼국제휴론'의 존재를 드러낸 것은 안중근 평화론 연구의 지평을 열어 주는 것이라고 해도 좋다. 그러나 '제휴론'에서 볼 수 없던 새로운 많은 제안들을, 단순히 두 차례의 만국평화회의에서 이루어진 국제법과 국제기구에 대한 인지 결과로 보기에는 설득력이 약하다. 더욱이 다른 개화파 인사들이 민중을 계몽의 대상으로만 인식한 것과 달리 역사의 주체로 설정한 변화가 어디에서 온 것인지에 대한 설명은 그 중요성이나 논지상의 비중으로 볼 때 더 천착해야 할 문제로 남는다.[3]

다음으로는 마키노 에이지牧野英二(일본 호세이대학法政大學 철학과 교수)의 제안이 주목된다. 마키노 교수는 2008년의 일본 미야키현宮崎縣 구리하라시栗原市의 다이린지大林寺에서 열린 안중근 의사 추모제의 강연에서 안중근의 「동양평화론」과 칸트I. Kant의 '영구평화론'의 관계를 언급했

---

**3** 이 문제는 1895년 이후 고종 정부의 국민 창출 정책의 관점에서 재조명할 필요가 있다. 이 책 3부의 첫 번째 글 「국민탄생의 역사와 안중근」 참조.

다.[4] 일본칸트협회 회장을 역임하기도 한 마키노 교수는 안중근과 칸트가 말하는 평화 사상의 공통점 두 가지를 지적했다. 첫째로, 서양 열강 제국이 아시아를 식민지로 지배하고 있는 것에 대한 비판이며, 식민주의가 동양 평화나 (세계) 영구 평화의 실현을 방해하고 있다고 꿰뚫어보고 있는 점, 둘째로 평화의 실현을 위해서는 국가가 뛰어난 인간, 특히 도덕적인 인간을 육성해야 한다고 하는 교육철학 사상의 중요성에 대한 인식이다.

마키노 교수는 칸트의 '영구평화론'이 국제연맹과 국제연합의 사상적 연원이 된 점을 지적하면서, 두 사람의 평화에 대한 인식의 공통점을 다시 다음과 같이 지적했다. 칸트는 "영구 평화는 공허한 이념이 아니고, 우리(인간)에게 부과된 사명이다."라고 말했는데, 안중근 또한 "동양 평화, 한국 독립의 단어에 이르러서는 이미 천하 만국 사람들의 이목에 드러나 금석처럼 믿게 되었다." "이와 같은 문자 사상은 비록 천신의 능력으로도 소멸시키기 어려운 것이다."라고 한 것 등은 공통된 사상에서 나온 것이라고 평가했다. 그리고 안중근이 천주교 신자가 되어 세례를 받은 프랑스인 신부 조셉 빌헬름Joseph Wilhelm으로부터 칸트의 평화 사상을 전해 들었을 가능성을 상정했다. 적어도 러시아의 사상가로서 저명한 작가이기도 한 톨스토이의 소설『전쟁과 평화』에 담긴 사상은 알고 있었을 가능성을 제시하면서, 톨스토이가 칸트의 주요 저작을 프랑스어판으로 읽고 있었던 사실을 언급했다.

마키노 교수의 예상처럼 만약 안중근이 조셉 빌헬름 신부를 통해 칸트의 '영구평화론' 사상에 접했다면 안중근의 「동양평화론」에 관한 연구는 세계사적인 과제로 바뀌게 된다. 칸트의 '영구평화론'이 1920년에 이

---

**4** 牧野英二, 「日韓 歷史의 새로운 발걸음을 위하여—安重根 義士와 歷史의 記憶」, 2008.

**3.** 조섭 빌헬름 신부.

루어진 국제연맹The Nations League의 사상적 기초가 된 것으로 알려지고 있으므로, 그보다 10년 앞서 제기된 안중근의 「동양평화론」은 주목의 대상이 되지 않을 수 없다.

안중근은 「안응칠 역사」의 끝에서 "천주교 전교사 홍 신부[조섭 빌헬름 신부의 한국명 홍석구洪錫九]는 본시 프랑스 사람으로서 프랑스 수도 파리에서 동양전교회東洋傳敎會 신품학교神品學校를 졸업한 뒤에 동정童貞을 지키고 신품성사神品聖事를 받아 신부로 승격했었다. 그는 재주가 출중해서 많은 학문을 널리 알아, 영어·불어·독일어, 로마 고대어까지 모르는 것이 없는 이였다."라고 소개했다. 이 소개는 안중근 자신이 조섭 빌헬름 신부의 지식 세계를 잘 알고 있었다는 중요한 증거이다.

그리고 안중근 자신이 프랑스어를 공부한 사실도 주목할 필요가 있다. 그는 「안응칠 역사」에서 홍 신부로부터 프랑스어를 "몇 달 동안" 배운 사실을 밝혔다. 그리고 뤼순 법원에서의 신문訊問 공술이나 각 기관의 탐문 보고에서도 안중근의 학식은 사서오경四書五經과 『통감通鑑』을 읽고, 영어와 불어를 공부하고 일본어와 러시아어를 간단히 말할 수 있는 수준인 것으로 밝히고 있다. 그는 한·중·일 공동 군단에 편입될 청년들이 모두 다른 두 나라의 외국어를 익히는 교육과정을 상정할 정도로 외국어에 대한 관심이 많았다.

## 3. 칸트 영구평화론 영향설의 검증

마키노 에이지 교수의 시사적 제안은 간단하지만 많은 함의를 포함하는 것으로, 연구사적으로 대단히 중요한 의미가 있다. 다만 철학적 견지에서 더 구체적이고 심층적인 분석을 조속히 제시해 주기를 기대해 마지않는다. 나도 철학자 칸트에 대해서는 문외한이지만, 마키노 교수의 지적을 따라 한국어 번역본 『하나의 철학적 기획, 영구평화론』[5]을 통해 안중근의 동양평화론이 칸트의 사상에 얼마나 접근되어 있는지에 대한 예비적 고찰을 가져 본다.

칸트(1724~1804)의 만년 저작 『하나의 철학적 기획, 영구평화론』(이하 『영구평화론』이라 함)은 1795~1796년에 이루어졌다. 1910년 안중근의 「동양평화론」 구상보다 115~116년 전이다. 칸트의 이 저작은 한국어 번역본으로 77쪽, 독일어 원문으로는 43쪽 정도의 소품이다.[6] 그러나 철학적 차원에서 인류가 평화를 지향해야 하는 이유, 영구 평화의 조건과 이

---

**5** 임마누엘 칸트 지음, 이한구 옮김, 『하나의 철학적 기획, 영구평화론』(개정판), 서광사, 2008.

**6** Zum ewigen Frieden, ein philosophischer Entwurf, von Immanuel Kant, Kants Werk Akademie-Textausgabe Band VIII, Walter de Gruyter & Co. Berlin 1968.

를 유지하기 위한 장치의 법적 근거 등이 치밀하게 다뤄지고 있다.[7]

칸트는 전 생애를 동프러시아의 쾨니히스베르크, 또는 그 근방에서 살았다. 그는 프러시아 사람들이 동프러시아를 점령한 7년전쟁을 겪었고, 프랑스혁명과 나폴레옹 시대의 초기를 살았다. 그의 시대는 수많은 전쟁과 폭력이 난무했다. 그래서 영구 평화에 대한 '철학적 기획'은 하나의 시대적 과제로 집필되었던 것이라고 할 수 있다. 그에 앞서 펜W. Penn, 피에르A. de St. Pierre, 루소J. J. Rousseau 등도 평화에 관한 구상을 발표하기 시작했다고 한다. 고대 이래 '불가피한 것' 내지 찬미의 대상이 되었던 전쟁이 근대에 와서 비로소 억지되어야 할 대상이 되어, 철학자들이 담론의 대상으로 삼았다.[8]

칸트 철학은 도덕 문제에 대해 엄격하고도 정통적이었다. 그의 자유에 대한 사랑은 "사람의 행위가 다른 사람의 의지에 복종하지 않으면 안 된다는 것보다 더 두려운 일은 없을 것이다."라는 표현으로 대변되는데,[9] 영구평화론 사상도 물론 인권에 대한 이러한 인식에서 나온 것이다. 그는 『영구평화론』의 「부록 II. 공법公法의 선험적 개념에 따른 정치와 도덕 간의 조화에 대하여」에서 국법, 즉 국내법·국제법·세계시민법 등을 다룰 정도로 국제법에 대해 조예가 깊었다. 그의 철학의 바탕을 이루는 인간의 존엄성에 대한 인식은 국제법의 아버지로 불리는 후고 그로티우스Hugo Grotius(1583~1645)의 자연법 주의를 계승하는 느낌을 강하게 준다.

---

**7** 참고로 목차를 제시하면 다음과 같다. 서언: 영구평화를 위하여. 제1장 국가 간의 영구평화를 위한 예비조항. 제2장 국가 간의 영구평화를 위한 확정조항. 제1 추가조항: 연구평화의 보증에 대하여. 제2 추가조항: 영구평화를 위한 비밀조항(1876년 증보 부분). 부록 I. 영구평화에 관한 도덕과 정치 간의 대립에 관하여. 부록 II. 공법의 선험적 개념에 따른 정치와 도덕 간의 조화에 대하여.

**8** 임마누엘 칸트 지음, 이한구 옮김, 앞의 책 중 이한구의 '해제', 98쪽.

**9** 버트란트 러셀 지음, 한철하 역, 『서양철학사』(개정 초판 3쇄), 대한교과서(주) 도서개발부, 2000, 918쪽.

국제법의 세계를 중요시하기는 안중근도 마찬가지였다. 안중근의 국제법에 관한 관심과 조예는 그의 동양 평화를 위한 제안에서 한국·중국·일본의 황제들이 로마 교황을 방문하여 협력을 맹세하고 왕관을 받게 하여 세계 민중들의 신용을 받게 하자는 것에서 읽을 수 있다. 이 제안은 자칫 우활迂闊한 것으로 보일 수 있지만, 근대 국제법의 시발점인 1648년의 베스트팔렌조약 이후로 유럽의 나라들이 국제분쟁 타결을 위한 조약을 체결하면서 신성로마제국 황제의 보증을 받으면서 진행되었던 사실을 안중근이 마치 알고 있었던 것 같은 느낌을 준다.

그로티우스는 토머스 아퀴나스Thomas Aquinas(1224~1274)에 의해 합리화된 자연법을 더욱 진전시켜, 자연법을 신神이 아니라 인간 이성에 기초를 둠으로써 자연법의 세속화를 전개하여, 국제사회에 자연법을 적용하고, 개인의 자연권에 상당하는 국가 주권 간의 자연법적 질서로 국제법의 기초를 닦았다. 그는 17세기에 30년전쟁을 비롯해 수많은 전쟁을 경험하면서 어떻게 하면 전쟁을 방지할 수 있을지에 대해 고민하던 끝에, 전쟁의 국제법에 대한 이론을 구상하여 '국제법의 아버지'가 되었다.

칸트보다 한 세기 뒤, 안중근이 산 시대는 자본주의 경제의 발달 속에 서구 열강이 동아시아로 올 때, 일본 제국이 근대 기술문명을 배워 구미 열강보다 주변국을 먼저 차지하기 위해 전쟁을 일으키는 상황이 벌어졌다.[10] 전쟁의 형국이라는 같은 시대 조건 속에서 안중근은 해결책을 모색하면서 칸트의 영구평화론에 다가갔다.

칸트는 「제1장 국가 간의 영구평화를 위한 예비 조항」의 두 번째에서 "어떠한 독립국가도 [크고 작든] 상속·교환·매매 혹은 증여의 수단으로 다른 국가의 소유로 전락할 수 없다."라고 했다. 즉 국가의 존엄은 누구

---

**10** 일본 제국의 '주변국 선점론'에 대해서는 이태진, 『일본제국의 '동양사' 개발과 천황제 파시즘』 사회비평아카데미, 2022 참조.

도 훼손할 수 없다는 것이다. 이것은 안중근 '동양평화론'의 핵심 논지인 한·중·일 3국이 독립국가로서 연맹체의 구성원이 되어야 한다는 논지에 바로 닿는다. 구체적으로 일본이 동양 평화라는 이름으로 한국의 국권을 탈취하는 것에 대해 강하게 비판한 점, '동양평화론'에서 일본이 러일 전쟁의 전리품으로 차지하고 있는 뤼순과 다롄에 대해 영토의 소유자는 바뀔 수 없는 것이라는 이유로 청국에 돌려줄 것을 제안한 점 등이 모두 이 원칙론에 닿는다. 안중근은 이토 히로부미의 죄악 가운데 '을사조약', '정미조약'의 강제와 한국 황후 시해, 황제의 강제 퇴위 등에 대해 강력한 비판을 가했는데, 칸트 역시 영구 평화를 위한 예비조항 제5에서 "어떠한 국가도 다른 국가의 체제와 통치에 폭력으로 간섭해서는 안 된다."고 했다.

「제2장 국가 간의 영구평화를 위한 확정조항」에서 칸트는 국제연맹 Völkerbund과 국제국가 Völkerstaat 두 가지 개념을 제시했다. 라틴어로는 평화연맹 foedus pacificum과 국제국가 civitas gentium로 표현하기도 했다. 전자는 자유로운 국가들, 곧 각자의 권리가 보장받는 국가들이 모이는 것이며, 후자는 여러 국가를 (어떤) 국제법의 체계로 하나로 만드는 세계공화국과 같은 형태를 지향하는 것이다. 전자는 현행 평화조약들이 휴전에 불과한 기능밖에 수행하지 못하는 상황을 극복하는 영구 평화 실현의 대안이 될 수 있는 것이라고 하여 적극적으로 권장한다. 반면 후자는 이론적 적극성이 있더라도 현실적으로는 어느 한 국가가 다른 국가의 자유를 억압 또는 박탈할 것이 불 보듯 뻔하므로 처음부터 거부되어야 하는 것이라고 했다. 다시 말하면, 전자는 '삼국제휴론'이나 안중근의 「동양평화론」에 속하는 개념이며, 후자는 일본식 '동양평화론'이다. 이는 안중근이 칸트의 '영구평화론'을 알고 있었다는 중요한 증거가 될 수 있다. 칸트는 「제1 추가조항: 영구평화의 보증에 대하여」에서 두 가지의 상황에 대하여 다음과 같이 비교, 설명했다.

국제법의 이념은 독립해 있는 많은 이웃 국가들의 분립을 전제로 한다. 비록 이런 상태 자체가 이미 전시戰時 상태에 있음을 나타낸다고 할지라도 이 상태[국제연맹-인용자]는 이성의 이념에서 보면, 다른 국가들을 압도해서 한 세계 왕국으로 나아가는 하나의 초강대국 아래로 여러 국가가 통합되는 것[국제국가-인용자]보다는 더 낫다. 왜냐하면, 통치의 범위가 확대됨에 따라 법률은 점점 위력을 상실하고, 그리하여 혼을 잃은 전제정치는 선善의 싹을 근절시킨 후에 결국 붕괴해서 무정부상태로 귀착되기 때문이다.[11]

국제연맹 아래 구성원이 되어 있는 독립국가들의 분립 상태가 전쟁의 발생 요소를 내재하는 불완전성이 있더라도, 전제군주의 군림과 같은 초강대국 중심의 국제국가는 전체의 파멸을 가져올 요인을 처음부터 가지고 있는 것이므로 거부되어야 한다는 지적이다. 이는 안중근이 히라이시 우진도 법원장을 상대로 한 열변에서 '맹주론'에 입각한 이토의 거짓 동양평화론이 끝내 일본의 패망을 가져올 것이라고 한 경고의 논조를 연상시키는 대목이다. 칸트는 또 저술의 마지막 부분 「부록 Ⅱ-3. 세계시민법에 관해서」에서 "최종적으로 사이비 정치는 철학적 죄를, 즉 세계 전체에 소위 더욱 큰 선善을 실현하는 과정에서 작은 국가 하나쯤 병합되는 것은 사소한 일이라고 강변하는 철학적 죄peccatillum, bagatelle를 저지른다."고 했다.[12] 안중근이 이토 히로부미의 잘못 열다섯 가지를 열거하면서 이를 '이토 히로부미의 죄악'이라고 표현한 것과 칸트의 '철학적 죄'는 거의 같은 표현 방식이다.

「청취서」에 피력된 안중근의 동양 평화 방안에서 달리 또 주목되는 것은 한·중·일 3국의 공동 군단 편성이다. 뤼순항을 일·청·한 3국의 군항으

---

**11** 임마누엘 칸트 지음, 이한구 옮김, 앞의 책, 55쪽.
**12** 임마누엘 칸트 지음, 이한구 옮김, 앞의 책, 88쪽.

로 개방하고, 일본 군함 5~6척을 뤼순항에 정박시켜 경비에 임하게 하고, 3국으로부터 강장한 청년을 모아 군단을 편성하는 한편 이들에게 다른 두 나라의 말을 배우게 하여 형제의 나라라는 관념을 가지게 한다는 것 등이다. 이는 개별 국가의 상비군을 폐지하는 것을 의미하는 취지이다. 칸트는 「제1장 국가 간의 영구평화를 위한 예비조항」의 제3항으로 "상비군miles perpetus은 조만간 완전히 폐지되어야 한다."라고 규정했다. 내용에서 안중근의 안이 훨씬 구체성을 가지고 있는 점은 칸트의 영향을 받았을 가능성을 짐작하게 하고도 남는다.

끝으로 뤼순항에 두는 '동양평화회' 아래에 3국 공용의 태환권 화폐 발행을 위한 은행을 설치하는 문제이다. 칸트의 영구평화론에서는 금융이나 경제 문제에 관한 언급을 찾아보기 어렵다. 제1장의 제4항에서 "국가 간의 대외적 분쟁과 관련하여 어떠한 국채도 발행되어서는 안 된다."라고 한 것이 유일한 유사 사항이다. 이것은 대외적 분쟁 곧 전쟁을 위한 국채 발행 금지의 내용이므로 안중근의 구상과는 거리가 있다. 그런데 일본이 러일전쟁을 일으키면서 엄청난 액수의 국채를 발행하고 그 연장선상에서 한국에 대해 제일은행권을 강제로 통용시켜 한국의 재정을 강제로 일본에 편입시키는 금융 강제 정책을 쓴 사실을 상기하면 안중근의 공동 은행 설립론은 이 특수 상황으로부터 자극받아 나온 반면교사의 산물일 수 있다.

안중근은 「이토 히로부미의 죄악 15개 조」에서 이에 관해 "이른바 제일은행권을 강제로 사용케 하고 이를 반대하는 소요를 저지하면서 한국 내지에 통용시켜 전국의 재정을 고갈케 한 것"(제6항), "국채 1,300만 원을 한국에 강제로 지운 것"(제7항) 등 두 개 항목을 세웠다. 일본이 한국에 대해 정치적·군사적 침탈과 함께 가한 금융 강제는 당시 세계적으로도 드문 예로, 이러한 분노를 자아내게 하는 강제 경험의 역경이 곧 안중근에게 역발상의 금융 공동체를 구상하게 했던 것은 아닐까? 아니, 일본이 대한제국에 가한 금융 강제에 대한 저항으로 1907년 안중근 스스로 평양지역 총책으로 참가한 '국채보상운동'의 경험이 창출해 낸 세계 초유의 발상으로 보아야 할 것이다. 대한제국 외에 세계 어느 나라도 경험하지 못한 '국채보상운동'이 옥중의 안중근으로 하여금 유럽연합EU보다도 수십 년 앞서는 세계 역사상 초유의 그의 금융 공동체를 구상하게 했던 것이다.

안중근이 살던 시대에 칸트 철학은 청나라 최고의 지식인 량치차오梁啓超의 『음빙실문집飮氷室文集』[13]을 통해 한국 지식계에 소개되었다. 량치차오는 이 책의 권2 '학설류學說類 2'에서 "근세 제일 대철학가 칸트康德의 학설"을 설정하여 그의 도덕철학이 나온 배경, 개인의 양심에서 발원하는 자유, 이것에 기초하는 국가의 주권 등의 관계, 따라서 어느 타국도 침범할 수 없는 주권의 존엄성, 국가 주권이 지켜지기 위한 길로서 국제공법의 세계를 강조한 점 등을 체계적으로 소개하고, 끝에 그의 '영세태평론永世太平論' 곧 영구평화론의 핵심으로 '5대단五大端'을 다음과 같이 열거했다.[14]

(1) 모든 방국邦國은 대소를 막론하고 침략 수단으로, 또는 교역·할양·매매 등의 이름으로 타국에 합병할 수 없다.

(2) 모든 나라는 지금의 적습積習이 되어 있듯이 상비군을 둘 수 없다諸邦不得置常備軍如現時之積習.

(3) 한 나라에 내홍이 있어도 타국이 병력으로 간여하는 것은 절대로 금한다.

(4) 각국은 모두 민주 입헌제를 채택하는데, 이 제도는 최초의 민약民約 취지에 가장 부합하고, 또 모든 나라 인민의 자유평등의 권리를 공고하게 할 수 있다.

---

**13** 梁啓超, 『飮氷室文集』, 新興書局, 中華民國 48年 1月 재판본 참조.
**14** 梁啓超, 위의 책, 卷2(93~94쪽) 참조.

(5) 각 독립국은 서로 의지하여 일대연방一大聯邦을 조성組成하고 각국의 국 민은 국제법의 범위 내에서 평화를 도모[輯和]하고, 만약 서로 맞지 않음 이 있으면 스위스 연방에서 현재 행하는 예와 같이 연방의회가 이를 심판 한다.

량치차오의 『음빙실문집』의 지식과 정보는 안중근 시대의 지식인들 이 많이 활용하고 소개하던 것들이다. 안중근이 이 책을 접하지 않았을 리는 없다. 그는 이 책에 소개된 '영세태평론'에 지대한 관심을 가지고, 아마도 조셉 빌헬름 신부에게 더 자세한 것을 물었을 것이다. 그리고 그 의 「동양평화론」 등에 나타나 있는 '[세계] 민중에 대한 신뢰'는 국가의 주권이 나오는 원천으로서 개인의 자유, 이를 실현하는 선택으로 민주국 가 제도 등에 관한 칸트 논설에 접해 영향을 받았을 것을 짐작할 수 있다.

현광호가 중요시한 안중근의 민중에 대한 적극적 인식은 곧 칸트의 민주제 평가를 받아들인 것이 된다. 안중근은 곧 칸트의 근대 정치사상 을 수용하여 민주국가 제도와 함께 이를 영원히 보장하는 장치로서 영구 평화론에 지대한 관심을 가졌던 것이 확실시된다. 그 논설이 「동양평화 론」의 이름을 단 것은 눈앞의 동아시아 문제에 초점을 맞춘 것일 뿐, 궁 극적으로는 그도 세계 평화 체제를 지향하고 있었을 것이다.


## 4. 3·1독립만세운동 및 대한민국 건국이념의 기초

안중근의 「동양평화론」은 하나의 이상론이라고 치부해 버릴 수 없다. 칸 트가 '영구평화론이 과연 실행될 수 있는 날이 있겠느냐'는 질문에 대해 "이것은 강력으로써 이룰 수 있는 것은 아니다. 오직 민덕民德과 민지民智 두 가지가 날로 밝아지면서 이룰 수 있다."라고 답했다.[15] 1920년의 국제연맹, 1945년의 국제연합은 곧 그 민덕과 민지의 개발 산물이었다.

안중근의 「동양평화론」에 피력된 사상은 국내적으로도 미래지향적 성과를 거두고 있었다. 그가 자주생존권이 보장되는 국가들의 공존 관계가 세계 평화의 기초라고 언급했던 것이 1919년 「기미독립선언서」에서는 '공존동생권共存同生權'이 곧 동양 평화, 세계 평화, 인류 행복을 보장하는 것이라고 표현되었고, 또 3·1독립만세운동을 배경으로 출범한 상하이 대한민국임시정부의 「정강政綱」에 이 사상이 '민족 평등', '국가 평등 및 인류 평등'이란 표현으로 그대로 수용되는 한편, 국제연맹 가입을 새 정부의 주요 과업으로 설정했다. 「기미독립선언서」와 임시정부 「정강」 기초자들이 안중근의 「동양평화론」에 접했을 가능성에 대해서는 현재 입증하기 어려운 형편이지만, 칸트의 인권, 민주국가론, 영구평화론 등을 통한 공유의 영역은 충분히 상정된다. 안중근의 「동양평화론」은 곧 다른 지식인들이 강제 병합 후에 절감하는 세계를 옥중에서 미리 정리해 낸 선구적 업적이었다.

1948년 8월 15일 정부 수립과 함께 반포되는 대한민국 제헌헌법 또한 이 관점에서 지나칠 수 없다. 이 헌법의 전문前文은 "기미 삼일운동으로 대한민국을 건립하여 세계에 선포한 위대한 독립정신을 계승하여 이제 민주 독립국가를 재건함에 있어서 정의 인도와 동포애로써 민족의 단결을 공고히 하며 모든 사회적 폐습을 타파하고 민주주의 제諸 제도를 수립하여"라고 한 다음, "항구적인 국제 평화의 유지에 노력하여 우리들과 우리들의 자손의 안전과 자유와 행복을 영원히 확보할 것을 결의한다."라고 했다. 안중근의 하얼빈 의거와 그 사상적 근거로서의 「동양평화론」은 어느새 이렇게 우리의 국가이념의 기초로 현실 속에 들어와 있다.

---

**15** 梁啓超, 앞의 책, 卷2(94쪽) 참조.

# 안중근과 량치차오:
# 근대 동아시아 두 개의 등불

## 1. 안중근에 대한 중국 지식인·지도자들의 칭송

1909년 10월 26일 오전 9시 30분 하얼빈 철도 정거장에서 울려 퍼진 총성은 일본 제국의 팽창주의에 대한 제동이자 응징의 소리였다. 이 '하얼빈 의거'가 일어나자 한국인에 못지않게 중국의 지식인과 정치 지도자들이 찬사를 아끼지 않았다. 1907년 러일밀약은 중국 영토인 만주를 러시아와 일본이 분할하는 것을 다룬 것으로 알려졌다. 중국인들은 한국의 보호국화에 이어 이번에는 중국이 당할 차례로 생각하고 매우 불안해했다. 하얼빈에서 일본의 추밀원 의장 이토 히로부미와 러시아 재무대신 코콥초프가 회동한다는 보도는 중국인들에게 실제로 '분할'을 협의하기 위한 만남으로 받아들여졌다. 안중근의 이토 히로부미 처단을, 중국인들은 자신들이 해야 할 일을 해 준 것으로 여기면서 찬사를 아끼지 않았다.

1915년 박은식이 상하이에서 『안중근전安重根傳』을 출판했다. 이때 그는 중국의 지인들에게 원고를 보내면서 서序 또는 독후감을 의뢰했다. 서 7편, 독후감 종류의 글 근 20편이 들어와서 이 책에 실렸다. 신규식申圭

植, 김택영金澤榮 같은 한국인도 있었지만, 대부분은 중국의 지식인들이었다.[1] 한국 안에서는 총독부의 감시로 어떤 형식의 표현도 이루어질 수 없었기 때문에, 중국인들이 남긴 이와 같은 각종 표현은 시대 증언으로서 큰 의미를 지닌다. 1919년 톈진天津 직예直隷 제1여자사범학교에서 연극 〈안중근〉 공연을 준비할 때, 안중근 역을 맡은 여학생 등잉차오鄧穎超와 연극 지도자 주은라이周恩來 사이의 로맨스는 중국인들의 안중근 흠모의 열기를 느끼게 하는 에피소드로 유명하다.[2]

이 글에서는 중국의 인사들이 지은 많은 시문 가운데 량치차오梁啓超 (1873~1929)의 시문 2편을 통해 안중근과의 사상적 지향의 공통성과 그 역사적 의의를 음미해 보고자 한다.


## 2. 량치차오의 안중근 칭송시 2편

량치차오가 안중근 의거를 칭송하거나 이를 언급한 내용을 담은 시 2편이 있다. 「추풍단등곡秋風斷藤曲」과 「조선애사朝鮮哀辭」가 그것이다. 전자는 량치차오가 망명지 일본 고베神戶에서 '하얼빈 의거' 소식을 듣고 지은 것으로 알려져 있다. 후자는 1910년 8월 29일 대한제국이 끝내 일본 제국에 강제로 병합되었다는 소식을 듣고 일본의 침략을 막아 보려고 했던 안중근의 '천년 한'을 읊는 구절을 담았다.

내가 2편의 시를 새삼 거론하는 것은 1910년 2월 7일부터 1주일 동안

---

**1** 王元周, 「중국인이 쓴 안중근에 대한 저작물과 그에 대한 세 가지 이미지」, 이태진 외 안중근·하얼빈학회 편, 『영원히 타오르는 불꽃—안중근의 하얼빈 의거와 동양평화론』, 지식산업사, 2010, 189~190쪽.
**2** 王元周, 위 논문, 196쪽.

만주 관동도독부闕東都督府 산하 뤼순 법원에서 열린 안중근 재판정에 량치차오가 방청석에 앉아 있는 사진 자료를 새로 찾았기 때문이다. 량치차오가 재판정을 찾았다는 사실 자체가 가지는 의미도 크지만, 이 사실은 앞 시의 내용 파악에도 영향을 준다. 실제로 「추풍단등곡」에는 재판정에 선 안중근의 당당한 모습에 관한 사실성이 크게 느껴지는 표현이 들어 있다. 그런데 이를 단순히 신문 보도를 보고 지은 것이라고 하면 그 의미가 반감할 수밖에 없다.

「추풍단등곡」은 48연 96구로 구성된 장문의 시가이다.[3] 이토 히로부미에 의한 일본의 한국 침략 과정의 여러 주요 대목, 마침내 이를 응징하게 된 안중근의 결단 순간을 묘사한 장문의 역사 서사시라고 할 만하다. '추풍 곧 가을바람이 질긴 등藤나무 곧 이토伊藤를 잘랐다'라는 제목이 사건의 핵심을 짚는다. 중국 지식인들은 대체로 안중근의 이토 히로부미 처단을, 『사기』나 『춘추』가 전하는 역대 의협義俠을 연상하면서 이에 비기거나 이를 능가하는 '세계적' 의협으로 찬사를 아끼지 않았다.

량치차오의 「추풍단등곡」은 기본적으로 의협 평가의 기조를 가지면서 한·중·일 3국의 형세를 배경으로 안중근의 의거를 조명한 점에서 다른 시와는 차원이 다른 점이 많다. 그는 한국을 기자箕子의 후손이라고 전제하면서 예나 다름없이 지금도 문화를 숭상하고 있다고 했다. 일본에 관해서는 구미 열강들이 동쪽으로 온 상황에서 빠르게 서양의 기술 문명을 부지런히 받아들이는 '변신의 술'을 평가하면서도 "그 본성이 못된지라 고치지 못하여" 주머니 안의 뾰족한 송곳을 갈아 창으로 만들어 그 예봉銳鋒으로 조선을 침략한다고 표현했다. 그리고 대세가 이미 기울어져 한국이 일본의 군현郡縣같이 되고, "대국은 종주국이란 허울만 남아 종속

---

**3** 「추풍단등곡」은 "가을바람이 등나무[이토 히로부미]를 단죄한 노래"란 뜻으로 풀 수 있다.

국을 보호한다는 것도 빈말일 뿐"이라고 개탄했다.

통감 이토는 한국의 황세자를 인질로 잡아가 이 나라를 쥐락펴락하지만 "묻노니 그대는 무슨 덕성이 있기에 신이나 조상처럼 모셔야 하는고."라고 힐난했다. 한국 황제는 만국평화회의에 밀사를 보내 억울함을 하소연했지만, 밀사가 돌아오기도 전에 "제 아들을 황제로 섬기는" 처지가 되고, 도시와 거리마다 일장기가 휘날리는 세상이 된 것을 개탄하면서, "아! 시세에 따르지 않는 그 주견 있는 사나이 누구였던가?"라는 표현으로 안중근을 등장시킨다. 아래는 '그 주견 있는 사나이'가 이토 히로부미를 처단하는 장면을 묘사한 부분이다.

> 흙모래 대지를 휩쓸고 강쇠바람[첫가을에 부는 바람-인용자] 울부짖는데
> 칼날 같은 흰 눈이 흑룡강에 쏟아진다.
> 다섯 발자국 앞에 피 솟구치게 하여 대사를 이루었으니
> 웃음소리 대지를 울려 흔드는구나[震撼].
> 장하다 그 모습, 영원토록 빛나리.

"다섯 발자국 앞에 피 솟구치게 하여"는 저격 현장의 거리를 표현한 것으로, 저격 당시 안중근과 이토 히로부미의 거리는 6미터 남짓 정도였다. 량치차오는 처단 현장에 대한 위와 같은 묘사에 이어 재판정에서의 안중근의 의연한 모습을 다음과 같이 읊었다.

> 만민이 형가荊軻 같은 영웅을 우러러보니
> 그 사나이 평소처럼 태연자약하고
> 공개재판에 나서서도 떳떳하게
> 법관 질문에 대답하기를
> "내가 사나이 대장부로 태어나서

자기 죽음을 예사로 여기지만

나라의 치욕을 씻지 못했으니

어찌 공업功業을 이루었다 하리오."

이 구절은 공개재판에 임한 안중근의 모습에 대한 사실적 묘사이다. 재판정에서 보여 준 안중근의 의연함은 널리 알려진 사실이며, 위는 첫 번째 공판정에서 법관이 '피고' 안중근에게 "소원을 달성했느냐?"고 물었을 때, "나는 아직 소원을 이루지 못했다고 생각한다. 우리 일당의 큰 뜻은 한국 독립을 도모하는 것이다. 오늘 이 뜻을 이루지 못해 한스럽다."라고 한 것을 그대로 옮긴 것이다.[4]

1910년 2월 7일부터 시작된 안중근 재판은 중국과 일본의 신문에 일부 보도되었다. 일본 신문의 경우 안중근의 기개를 드러내는 내용은 거의 보도하지 않은 반면, 중국의 3대 신문 『신파오申報』(상하이), 『타쿵파오大公報』(톈진 프랑스 조계), 『화치이르보華字日報』(홍콩) 등이 사실적으로 자세한 내용을 보도했다. 그러나 중국 신문의 보도는 당일 보도보다 며칠 늦게, 또는 10여 일 뒤 취재한 것을 모아서 기사화한 것이 많다. 따라서 법관의 질문에 대한 안중근의 답변 같은 것은 중요한 내용이지만, 긴 기사 속에 두어 줄로 묻혀 있기 때문에 독자로서 이를 특별히 주목하기는 쉽지 않다. 그러므로 「추풍단등곡」 중의 위와 같은 표현은 신문 보도를 보고 한 것이라고 보기보다, 첫날 재판 과정을 지켜보면서 그 대답에 크게 감동하여 시작詩作에서 절로 나온 것이라고 보는 것이 설득력이 있다.

「추풍단등곡」은 앞서 언급했듯이 량치차오가 일본 고베神戶에 머물면서 안중근 의거 소식을 듣고 지은 것으로 알려져 있지만, 최근 이 시를 지

**4** 『申報』, 1910. 2. 17; 『중국신문 안중근 의거 기사집』, 독립기념관 한국독립운동사연구소, 2010, 82쪽.

은 시기가 1910년으로 명기된 사실이 밝혀졌다. 왕위안조주王元周는 이 시가 상하이 성사醒社에서 출판한 『조선멸망사朝鮮滅亡史』에 실린 적이 있었는데, 이 책은 출판 연도 미상이지만 시가 지어진 시기는 1910년으로 명기되어 있다고 밝혔다.[5] 의거 소식을 듣고 지은 것이라면 연도가 1909년 말이 되지만 1910년이면 2월의 재판을 염두에 두지 않을 수 없다. 시의 내용에도 안중근이 사형을 선고받은 뒤에 지은 것으로 봐야 타당한 대목이 많으므로, 의거 직후 망명지 일본에서 지었다는 견해는 재고할 여지가 많다.

안중근은 1910년 2월 14일의 제6차 공판에서 사형을 선고받았다. 그에게는 법적으로 공소控訴(항소)의 기회가 있었지만, 항소를 하는 행위 자체가 일본의 통치 체제를 인정하는 것으로 간주되기 때문에 목숨을 구하려 들지 않았다. 일본인 국선 변호사가 항소를 권하기까지 했지만, 그는 오히려 자신을 일본에 굴복하게 하는 길로 끌어들이지 말라는 뜻으로 변호사를 질책했다. 량치차오는 「추풍단등곡」의 종반에서 안중근의 죽음에 대해 다음과 같이 읊었다.

> 나는 이 세상에 살아 있는 한
> 사마천司馬遷이 안자晏子를 추모하듯 그대를 경중敬重하리라.
> 내가 이 세상을 떠나게 되면
> 내 무덤, 의사의 무덤과 나란히 있으리.

무덤을 나란히 하겠다는 것은 최대의 흠모를 표시한 구절이다. 안자는

---

**5** 王元周, 「중국인이 쓴 안중근에 대한 저작물과 그에 대한 세 가지 이미지」, 이태진 외 안중근·하얼빈학회 편, 『영원히 타오르는 불꽃─안중근의 하얼빈 의거와 동양평화론』, 지식산업사, 2010, 193쪽.

지혜와 기지로서 제齊나라의 수많은 위기를 미리 막거나 극복한 재상이다. 중국의 수많은 인물의 역사를 다뤘던 사마천이 가장 존경했다는 안자를 안중근에 비견할 만한 인물로 찾아낸 것도 량치차오가 아니면 하기어려운 일이 아닐까.

두 번째 시「조선애사」는 량치차오가 같은 해 8월에 대한제국이 끝내일본에 강제로 병합되는 것을 보고 지은 것이다.『량치차오 문선梁啓超詩文選』의 편찬자에 따르면6 이 시는 본래 5율 24수로 지어진 것이지만 이 책에서는 5수만 싣는다고 밝혔다. 편찬자의 해설에 따르면, 량치차오는 일본에 머물면서 한국이 완전히 일본의 식민지가 되었다는 소식을 듣고 논술의 글을 쓰고 또 이 대형 시문을 지었다고 했다. 그 뜻은 대체로, 조선이 망한 과정과 원인을 논하여 애도를 표하는 동시에 중국의 앞날을 이에 의탁하여 크게 우려하는 뜻을 담았다고 했다. 그리고 스승 캉유웨이康有爲가 이 시에 대해 "깊고[沈] 융성하고[郁] 군세고[雄] 무성하다[蒼]"는네 글자로 평가한 것을 아울러 전했다.7

정선된 5수 가운데 안중근을 언급한 제4수를 옮기면 아래와 같다.8

삼한의 수많은 사람 가운데 내가 두 남아男兒 보았네.

三韓衆十兆 吾見兩男兒

나라 위해 목숨 바쳐 진秦나라 치던 기개 죽지 않았지만

殉衛肝應納 椎秦氣不衰

산하는 마르는데 눈물은 가득하고 비바람에 휘둘리는 영기靈旗 걱정스럽다.

山河枯淚眼 風雨悶靈旗

6 方志欽·劉斯奮 編纂,『梁啓超詩文選』, 廣東人民出版社, 1983.
7 위의 책, 563쪽.
8 위의 책, 568쪽.

징웨이精衛[9]의 천년 한恨 물속 깊이 가라앉아 다시 얘기할 데 없네.

精衛千年恨 沈沈更語誰

『량치차오 문선』의 편찬자는, 삼한의 두 남아는 안중근과 금산군수金山郡守 홍석원洪奭源을 지칭한다고 밝혔다. 홍석원에 대해서는 작자 량치차오가 시 끝에 붙인 자주自註에 '강제 병합의 소식을 듣고 자진自盡(스스로 목숨을 끊음)한 인물'이라고 밝혔다고 전했다. 량치차오는 일본의 한국 병합이라는 슬픈 역사 앞에서 다시 안중근의 충절을 회상하고, 이때 또 목숨을 바친 다른 한 인물을 함께 떠올리면서 중국의 앞날을 걱정했다. 안중근이 막아 보려고 했던 최악의 사태가 도래하자 서산의 돌과 나무를 물어 날라 동해[황해, 곧 서해]를 메우려다 이루지 못한 새 징웨이를 곧 안중근에 비유하여 떠올린 것은 량치차오의 박학만이 떠올릴 시상詩想이다.

## 3. 뤼순 재판정 방청석의 량치차오 — '시치조 기요미 컬렉션'의 사진

일본 관동도독부 뤼순 지방법원은 1910년 2월 4일, 안중근을 비롯한 피의자들에 대한 재판을 2월 7일부터 시작한다고 공고했다. 이와 함께 법원은 국선 일본인 변호사 외에 외국인 변호사를 채택하지 않는다고 선언했다. 다른 한편으로는 국제적 이목을 의식하여 안중근 등에 대한 재판을 공개로 열었다. 『화치이르보華字日報』1910년 2월 22~25일 자 기사는 첫날 공판의 광경을 다음과 같이 보도했다.[10]

---

**9** 징웨이精衛는 염제炎帝의 딸이 (중국) 동해에 빠져 새가 되었다는 고사의 새 이름이다. 서산西山의 나무와 돌을 물어다 동해를 메우려다 이루지 못한 원한의 새로 알려져 있다.
**10** 『중국신문 안중근 의거 기사집』독립기념관 한국독립운동사연구소, 2010, 361~362쪽.

한국 자객刺客 안중근은 2월 28일[음력]에 일본 법부원法部院의 1차 공판을 받았다. 공판이 열리기 전에 상하이의 영국 변호사 덜레스德雷司[더글러스의 오기-인용자]와 러시아 변호사 미하일로프 및 기타 러시아·영국·스페인·한국 등 각국 변호사 여럿이 모두 법정에서 안 씨를 변호하기를 요청했으나 일본 법원은 모두 거절했다. 덜레스 씨는 공판 날에 뤼순에 도착해 법원에 다시 사건의 정황[案情]을 연구할 수 있도록 공판을 늦추어 주기를 요청했지만, 역시 거절당했다. 이날 오전 8시에 개정했는데 방청석에 약 200여 명이 왔고 그중에 부녀자가 수십 인이었다. 좌석이 꽉 찼지만 오는 사람이 끊이지 않아 발 들여놓을 곳이 없어서 문밖에 둘러선 사람들이 담장 같았다. 재판을 지켜보기 위해 멀리서 온 구미인도 많아 그 열성과 흠모를 알 수 있었다.

일본인이 특별한 죄수 호송차로 안중근을 싣고 법정에 도착했다. 이 차는 사면을 모두 쇠로 제작했고, 다시 헌병의 경위를 삼엄하게 하여 불의의 변을 막으려 했다. 또 한국인으로 방청석에 들어오려는 자에 대해서는 모두 먼저 몸수색을 해서 흉기 휴대를 막으려고 했다. 서양인들은 이 광경을 보고 모두 코웃음을 쳤다. 안중근은 법정에 들어오니 모습이 아주 조용[閒靜]하고 평상처럼 득의에 차 양양洋洋했다. 서양 남녀는 대부분 단정하면서 성실한[端謹] 눈빛으로 주시하여 경의를 표했다. 안 씨는 두 손을 가슴에 가로 올려놓고 광채가 나는 눈빛으로 재판장을 똑바로 보고 또 자주 수건을 꺼내 머리를 닦았다.

[이하 생략]

하얼빈 의거는 서양인들까지 큰 관심을 보인 세계적인 사건이었다. 『신파오』는 법원이 발급한 방청 표가 300장이었다고 보도했다. 위에 묘사된 현장 상황으로 보면 표를 얻은 사람들이 모두 다 오다시피 할 정도로 성황을 이루었다.[11] 법정은 정부가 요구한 '안중근 극형'을 실현하기 위해 러시아인 미하일로프, 영국인 더글러스 등이 나선 국제변호인단의 변호를 거부한 사실도 소상하게 보도했다.

**1.** 안중근을 호송한 쇠로 제작된 마차.

공판은 서둘러 빠르게 진행되었다. 2월 7일 첫 공판에 이어 매일 공판이 열리다시피 하여 12일의 5차 공판을 끝으로 14일에 각 피고인에게 형량이 선고되었다. 안중근에게는 일본 제국 형법 199조 일반 살인죄가 적용되어 법정 최고형인 사형을 선고받았다. 안중근에 대한 형량은 개정이 되기 훨씬 전에 정치적으로 '극형'에 처하는 것으로 미리 정해져 있었다. 1909년 12월 11일에 외무대신 고무라 주타로小村壽太郎는 현장 지휘 총책으로 뤼순에 가 있는 정무국장 구라치 데쓰키치倉知鐵吉에게 이 사건은 극히 중대한 것이므로 '흉한'을 극형에 처하는 것이 내각의 뜻이라는 내용의 전보문을 보냈다. 현지 법원과 미리 협의해 두라는 지시였다.[12]

---

**11** 『申報』, 2. 13(國外新聞 인용); 『중국신문 안중근 의거 기사집』, 독립기념관 한국독립운동사연구소, 2010, 82쪽.

**12** 이태진, 「안중근의 하얼빈 의거와 고종황제」, 이태진 외 안중근·하얼빈학회 편, 『영원히 타오르는 불꽃─안중근의 하얼빈 의거와 동양평화론』, 지식산업사, 2010, 85쪽 참조.

이런 경위로 열린 공판정의 광경은 신문 보도와 함께 사진으로도 남아 있다. 그러나 지금까지 사진 속의 인물들을 주목한 연구는 없었다. 안중근을 비롯한 피고들이나 법관 중심으로 재판정의 분위기를 살피는 자료로 활용되었을 뿐 방청석에 앉아 있는 사람들이 누구인지를 살핀 연구는 없었다.

일본 국회도서관 헌정자료실에 소장된 '시치조 기요미七條淸美 컬렉션'은 안중근이 옥중에서 쓴 「안응칠 역사」와 미완의 유고 「동양평화론」 등 여러 주요 자료가 포함되어 있어 연구자들 사이에 널리 알려져 있다. 시치조 기요미는 법률가로서 1930년대에 일본 육군헌병학교에서 법학을 가르치면서 하얼빈 사건에 관심이 많아 하얼빈과 뤼순 등지를 답사하여 자료를 모았고,[13] 1950년대에 국회 헌정자료실에 이를 기증한 것으로 알려진다.

그가 모은 사진 자료 가운데는 사건 직전 이토 히로부미 일행의 도착을 기다리는 러시아 의장대의 도열 광경, 이토 히로부미 일행이 객차에서 내리는 장면, 사건 직후 안중근이 체포되어 조사 기관에서 찍힌 상반신 사진 여러 컷, 안중근의 가족 사진, 그리고 공판정의 광경을 찍은 사진 등이 포함되어 있다. 이 자료들은 수사기관에서 확보하거나 생산된 것들이 분명하지만, 시치조가 어디서 어떻게 수집했는지는 알려지지 않는다.

나는 2014년 11월 5일 일본 국회도서관을 방문했을 때 '시치조 기요미 컬렉션'을 실견하기 위해 헌정자료실을 찾았다. 지금까지 김우종金宇鍾의 『안중근과 하얼빈』(2006, 흑룡강 조선민족출판사, 중·한국어판) 등과 같은 자료집에 실린 사진들만 보다가 원화를 직접 보기 위해서였다. 나는 자료 상자를 받아 큼직한 사진들을 꺼내 몇 장을 넘기다가 재판정의 방

---

**13** 컬렉션 중 「이토 공의 최후伊藤公の最期」에 "쇼와昭和 7년[1932] 2월 20일 하얼빈에서 구함. 시치조 기요미七條淸美"라는 자필 주기를 붙였다.

더글라스

량치차오    안병찬

2. '시치조 기요미 컬렉션'에서 새로 찾은 사진으로, 맨 앞줄 가운데 이마가 넓고 손을 턱에 고이고 있는 사람이 량치차오이다. 그 앞의 피고석은 아직 피고들이 입장하지 않은 상태. 량치차오의 오른쪽 두 번째가 더글러스 변호사, 그 뒤의 인물이 안병찬 변호사로 추정된다. (위)
3. 안병찬 변호사. (아래)

청석을 찍은 사진을 보고 소스라치게 놀랐다. 량치차오가 틀림없어 보이는 사람이 손으로 가볍게 턱을 고이고 앉아 있는 모습이 눈에 들어왔기 때문이었다(도판 2).

나는 일본 정부가 정탐에 필요한 수사 비용을 인상해서 한국인 밀정을 다수 동원해 배후 조사를 하는 과정에서 '안중근구제회'가 포착되어 보고한 사실을 배후 조사 기록을 통해 알고 있었기 때문에 재판정 방청석에 안중근의 어머니(조마리아)가 고용한 안병찬安秉瓚을 비롯해 국제변호인단에 속한 인물이 있을지가 궁금했는데, 뜻밖에 량치차오의 모습이 나의 시선을 붙잡았다. 량치차오는 안중근·우덕순禹德淳·조도선曺道先·유동하劉東夏 등이 피고석에 착석한 상태에서 찍힌 사진에는 바로 뒤편 지척 간에 앉은 상태였다.

귀국 후, 량치차오의 뒷줄에 앉은 한국인 변호사가 안병찬인 것을 확인하면서(도판 3), 량치차오와 함께 앞줄에 앉은 서양인이 영국인 변호사 더글러스이리라고 짐작했다. 서양인으로 변호를 자청한 사람은 앞에서 언급한 대로 3명이지만 안병찬은 뤼순에 와서 법원을 상대로 가장 활발하게 변호 활동을 벌이고, 또 변호가 거부된 뒤에도 법정에 입장한 기록이 있기 때문이다.[14]

당대 동아시아 최고의 지성인 량치차오가 실제로 뤼순에 가서 안중근 재판을 직접 지켜봤다면 이는 그 자체가 하나의 역사적인 장면이다. 량치차오가 「추풍단등곡」에서 죽어서 안중근과 무덤을 나란히 하고 싶다고 한 것으로 봐도, 공판을 보기 위해 뤼순에 갔을 가능성은 매우 높다.[15]

이 무렵 량치차오는 망명지 일본의 거주지에 갇혀 있지 않고 모국의 상하이를 왕래하고 있었다. 그는 하국정何國楨(1893~1950)과 함께 1910년 2월 20일 자로 『코웅풍포國風報』(순간旬刊)를 창간했는데, 이 잡지는 상하이에서 출판되었다. 이 잡지의 '세계기사世界紀事' 난은 창강滄江 곧 량치차오의 전용 지면으로, 1910년 2월 28일 자로 발행된 제1년 제2호의 '세계기사'에는 우연하지 않게도 「안중근 선포宣布 사형死刑」이란 제목의 기사가 실려 있다.[16] 이 기사는 안중근의 이토 히로부미 살해의 뜻과 재판 과정을 간명하게 소개하면서 다음과 같이 논평을 했다.

---

**14** 한국역사연구원 편, 「한국인 변호사 안병찬에 관한 통보」, 『그들이 기록한 안중근 하얼빈 의거』, 태학사, 2021, 83~84쪽.

**15** 이 논문이 발표된 후 이 방면의 전문 연구자인 도진순 교수가 량치차오의 고베 체류 일기인 『쌍도각 일기雙濤閣日記』로 뤼순 공판정 참가 여부를 점검해 보기를 권했다. 귀중한 조언으로 생각되어 『음빙실합집飮氷室合集』에서 본 일기를 찾아 분석한 결과 량치차오가 뤼순 법정에 갔을 가능성은 엄존하는 것으로 파악되었다. 나의 논고 「량치차오의 『쌍도각 일기』와 안중근 공판」은 다른 지면을 통해 발표하고자 한다.

4. 도판 2와 같은 사진으로, 지금까지 여러 자료집에 소개된 것과 같은 장면인데, 량치차오의 얼굴이 희게 되어 있어 그동안 알아보지 못했다. 김우종, 『안중근과 하얼빈』, 104쪽.

5. 안중근(맨 앞줄 오른쪽)이 앉아 있는 뒷줄에 량치차오의 왼쪽으로 시선을 돌린 모습이 보인다. 『안중근과 하얼빈』, 105쪽.

6. 『오사카 마이니치 신문(大阪每日新聞)』은 량치차오 등이 착석한 방청석 첫 줄을 기자석이라고 소개했다.

500일 내의 공소控訴[항소-인용자] 기회가 있는데도 안중근은 사형 선고를 받고서도 안색이 흔들리지 않고 평시처럼 의기양양하고 아울러 공소를 할 생각이 없으며 "국치를 한번 씻었으니 기꺼이 죽겠다國恥一雪 就死如飴"고 말했다. 오호라, 참으로 열사烈士라고 하겠다.

현장감을 그대로 느끼게 하는 이 기사는 량치차오가 『코욱퐁포』 기자로서 뤼순 지방법원의 안중근 재판정을 직접 취재한 것이라는 판단을 내리게 한다. 도판 2의 '량치차오' 판단과 관련해서는 곧 이 시기의 량치차오 일기인 『쌍도각 일기雙導閣日記』의 내용을 분석하여 보강하고자 한다.

## 4. 안중근과 량치차오의 공유 사상 세계

동아시아 당대 최고의 지성인 량치차오가 안중근에게 보낸 무한한 존경과 찬사는 사상사적으로 어떤 의미가 있을까. 량치차오는 1898년 9월 무술변법戊戌變法 운동의 실패로 신변의 위협을 느끼고 일본으로 망명했다. 한두 차례 일시 귀국했지만, 1912년 14년 만에 망명 생활을 마치고 조국으로 돌아갔다. 망명 생활을 시작할 때 그는 20대 후반의 청년이었다. 서양 기계문명 수용에 힘쓰고 있는 일본을 직접 지켜보면서 그의 지식 세계는 크게 넓어져 갔다. 망명 다음 해인 1899년부터 잡지 『칭이파오淸議報』(매 10일 간행의 순보旬報)를 내면서 『자유서自由書』를 쓰기 시작하였다. 새로운 견문을 소개하면서 자신의 소견을 논평 형식으로 붙인 글이었다. 이 책은 한국에서도 곧 번역될 정도로 동아시아 지식인들에게 큰 영향을

---

**16** 「安重根 宣布 死刑」('世界紀事'), 『國風報』第1年 第2號, 1910. 2. 28. 서울대학교 중앙도서관 소장본을 열람했다.

끼쳤다.[17] 그는 1903년에 미국 유력遊歷에 나서 『신대륙유기新大陸遊記』를 저술하기도 했다.

량치차오는 망명지 일본에서, 사상적으로 스승 캉유웨이와 함께한 대동사상大同思想의 세계주의에서 벗어나 국가주의로 옮겨 갔다. 몽테스키외에서 칸트에 이르기까지 서양 근대의 여러 사상가를 편력하면서 중국이 국민국가로 새로 탄생하는 데 필요한 사상적 과제를 열심히 탐구했다.

그는 근대국가의 전국 인민이 갖추어야 할 천부적 요건으로 민지民智·민덕民德·민력民力과 함께 민권民權이 중요하다는 것을 깨닫고 이를 강조했다. 사람이 태어날 때 하늘은 사람마다 스스로 살아갈 능력을 부여하는데, 그것을 자유의지로 개발해 나가는 선천적 자주권이 곧 민권이라고 파악했다. 마치 1895년 2월 조선 국왕의 「교육조령」이 추구한 덕·체·지 3양의 추구 그것을 방불케 한다. 1902년에 민권론民權論을 바탕으로 내놓은 『신민설新民說』은 국민국가론의 완성작으로 평가받았다.[18]

민권사상은 자연히 정치체제의 선택 문제로 이어졌다. 서양 근대철학의 체계를 완성한 칸트는 개개인의 자유의지에 의한 자아개발의 노력을 보호하는 가장 중요한 장치는 국가라고 했다. 칸트는 이 신성한 의무를 수행하는 국가가 공화제이든 입헌군주제이든 상관하지 않았다. 유럽의 많은 근대국가는 실제로 군주제 아래서도 헌법 제정으로 민권을 보장하여 군민공치君民共治를 실현하고 있었다.

량치차오는 중국의 앞날을 공화 혁명보다도 입헌군주제에 의한 국민국가 수립에 기대를 걸었다. 민주나 공화는 중국은 물론 세계 선진국의

---

**17** 『자유서』는 1909년 4월 전항기全恒基의 번역으로 한국어판이 출간되었다. 이 책은 각 목차의 간기刊期에 따르면 1899년에 시작하여 1904년까지 쓴 것으로 되어 있다.

**18** 이하 량치차오의 국민국가론에 관한 서술은 조병한, 「양계초의 국민국가론과 민권民權·민족民族 관념」(『서강인문논총』 22집, 2007. 12) 참조.

국민 수준에 비춰 보더라도 유토피아적 단계로서, 그 실현을 위한 사회적 토대가 선진국보다 크게 미비한 중국으로서는 실현성이 거의 없는 것으로 보았다. 그리고 개개인의 자유의지 개발을 기다려 국민국가를 수립하는 여유를 부릴 수도 없는 처지였다. 거대한 제국주의의 외압의 현실이 그런 순차 논리의 적용을 어렵게 했다. 따라서 량치차오의 민권과 국권의 관계는 상황 논리의 성격을 띨 수밖에 없었다.[19]

량치차오는 개인과 사회의 자유를 인민과 정부의 자유로 대체했다. 즉 인민과 국민·국가를 하나의 범주에 넣어 서로 간에 아무런 모순·대립이 의식되지 않는 상태에서 논지를 전개했다. 개인주의적 인권이 근거할 시민사회가 존재하지 않은 상황에서 국가·종족에 대한 거대한 제국주의의 외압에 맞서 이에 대항할 근대 국민국가부터 먼저 형성하는 것이 목전의 지상과제였기 때문이었다. 개인의 분화 없는 전근대적 공동체의 전통 위에 근대 국민을 형성하는 과제가 주어진 이상, 서구 시민사회의 개인의 '천부인권'이 그 집합으로서 국민의 애국적 민권으로 전이轉移되고, 타국에 대항하는 국민국가의 강권强權, 즉 국가 주권의 강제를 자연스럽게 주장했다. 다만 주권국가 아래서 그 구성원인 군주와 관료, 국민 사이의 관계에서 입법적 권리의 제한은 민권보다 군권에 더 많이 가하는 전제를 두었다.

이러한 논리 체계로 량치차오는 국민국가 창출에서 입헌立憲을 가장 중요시했다. 그는 군주제의 폐지 여부를 불문하고, 입헌을 통해 국민의 민도民度에 맞춰 점진적으로 근대국가를 실현해 나가는 것으로 정치적 목표를 설정했다. 입헌이야말로 군주국이나 공화국이란 국체에 상관없이 지구상의 모든 근대국가 정치의 실질적 내용이자 동력이 되는 것으로 생각했다.

---

**19** 조병한, 「양계초의 국민국가론과 민권民權·민족民族 관념」, 『서강인문논총』 22집, 2007, 338쪽.

그가 1912년 귀국 후 이듬해 위안스카이袁世凱 치하의 사법총장司法總
長을 수락한 것은 이런 신념 때문이었다. 그러나 위안스카이 정부의 반민
족적 행위가 노출되면서 그는 사법총장을 사직하고, "내가 국가를 위해
할 일은 정치가 아니라 학문이다."라고 선언했다.

량치차오의 근대 국민국가론에 입각한 중국의 현재와 미래에서 다룬
하나의 중요한 문제는 거대한 제국주의 외압에 대한 대응 문제였다. 그
는 민간의 일에서 역대의 민적民賊 곧 전제 권력이 우리 인민[民]의 자유권
을 침해하듯이, 나라[國]의 일에서 구미 열강이 우리나라의 자유권을 침
해하니, 우리 인민과 나라가 자유권을 스스로 버리지 말고 민적과 외국
의 침해를 억제해야 할 것이라고 주장했다.[20] 중국이 서양 제국주의에 침
식당한 국권의 회복을 위해서는 제국주의 세계 질서 자체에 대한 공격
보다는 문명의 진보를 통한 따라잡기가 목전의 과제라고 그는 내세웠다.
서구의 근대 국민국가들이 시민사회와 절대국가 간의 대척 관계가 중요
했다면, 중국의 현실은 제국주의 외압에 대한 국가주의적 전략이 우선해
야 할 과제라고 인식했다. 근대 국권의식, 즉 애국심의 출처에 대해 량치
차오는 "나라는 민이 쌓여 이뤄진 것[積民]"이라고 했듯이, 민권이 국권
의 기반이라는 전제로 "민권이 일어나면 국권이 서고 민권이 멸하면 국
권도 망하는 것"이니 "애국은 반드시 민권을 일으키는 데서부터 시작해
야 할 것"이라고 설파했다.[21]

량치차오의 현실 인식은 『중국사서론中國史敍論』(1901)에 제시된 시대
구분을 통해 쉽게 살필 수 있다. 그는 중국사의 과거와 현재, 그리고 미래
에 나아갈 방향으로 다음과 같은 시대구분과 함께 각 시대의 주의主義를
표시했다.

---

[20] 조병한, 앞의 논문, 349쪽.
[21] 조병한, 앞의 논문, 350쪽.

(1) 가족주의

(2) 추장주의

(3) (전통적) 제국주의

(4) (현재 구미 열강의) 민족주의

(5) 민족제국주의

(6) 만국대동주의(미래)


이 시대구분에서 현재의 중국은 (3) 전통적 제국주의 곧 왕조 체제에서 (4) 근대 국민국가의 민족주의로 나아가고 있다고 했다. 흥미로운 것은 (5) 민족제국주의이다. 그는 앞의 근대 국민국가의 기초인 자유와 민권을 논하는 자리에서 "남을 보전한다는 것은 남의 자유를 침해하는 것이고, 남이 나를 보전하기를 바라는 것은 자기 자유를 버리는 것"이라고 단언했다.[22] (5) 민족제국주의는 곧 각 민족이 국민국가를 이루면서 타국을 간섭하지 않는 '각자 민족국가'로서 공존하는 상태를 뜻하는 것이었다.

그가 이러한 역사관을 가졌다면 1905년 일본이 러일전쟁의 전승을 배경으로 대한제국에 대해 '보호조약'을 강제하여 외교권을 빼앗은 것은 곧 남을 보전하겠다는 명분으로 남의 자유를 침해하는 행위로, 받아들일 수 없는 일이었다. 그는 바로 이러한 역사관에서 한국의 저항, 특히 안중근이 이토 히로부미의 침략주의를 응징한 것에 대해 찬탄과 경의를 표했다. 이토 히로부미가 선봉이 된 일본 제국의 대한제국 주권 탈취가 이제 만주 탈취로 이어지려는 순간에 일어난 안중근의 하얼빈 의거에 대해 그는 지대한 관심과 존숭의 마음을 가지게 되었다. 량치차오의 근대국가

---

**22** 조병한, 앞의 논문, 336쪽.

사상이 일본의 메이지 왕정복고와 서구문명 수용을 높이 평가하고 중국이 취해야 할 수단도 이에 비추어 찾은 것이 사실이라 하더라도, 1905년 이후 일본 제국의 침략주의 노골화에서 그의 일본관이 변화하지 않을 수 없었다.

이 관점에서 「추풍단등곡」 가운데 이토 히로부미와 안중근 두 '영웅'을 노래한 아래와 같은 부분은 새롭게 주목된다.23

절세의 공명功名을 이룩하였고
늙어서 국사國事 위해 숨졌지만
캄캄한 귀로歸路에 올라선 영구靈柩
쓸쓸한 비바람이 돛대를 밀어 줄 뿐

황궁에서 가무 오락을 철폐하고
양로襄老24 대접하듯이 그대를 맞이하니
남녀노소가 통곡하며 거리에 나와
재상의 죽음을 슬퍼하더라.

천추의 은덕, 만대의 원한
그 누가 옳고 그름을 가릴 수 있으랴
두 위인[兩賢]은 이 세상을 떠났다만
그들의 죽음은 태산보다 높거늘

**23** 박은식 저, 이동원 역, 『불멸의 민족혼 안중근』, 한국종합물산, 1994, 161쪽.
**24** 중국 춘추시대 초楚나라의 활쏘는 벼슬을 맡았던 재상. 초나라가 진晉나라를 공격하여 장군 지앵知罃을 포로로 잡았는데 지앵의 아버지가 반격하여 양로를 활로 쏴 죽이고 초나라 왕자 곡신谷臣을 사로잡았다. 10년 후에 진나라 곡신과 양로의 시체로 지앵을 교환했다.

나는 이 세상에 살아 있는 한

사마천이 안자晏子를 추모하듯 그대를 경중敬重하리

내가 이 세상을 떠나게 되면

내 무덤 의사義士의 무덤과 나란히 있으리.


　안중근의 저격으로 쓰러진 이토 히로부미의 국장國葬 모습을 그리고, 안중근과 이토 히로부미 두 '위인'은 각자 제 나라 입장에서 큰일을 하여 각자 역사의 평가를 받겠지만, 량치차오 자신은 안중근의 편에 서겠다는 뜻이다. 사마천이 제齊나라의 명재상 안자를 사모하듯이 자신은 안중근의 편에 서겠다고 했다. 위에서 살핀 역사관과 일치하는 시상詩想이다.

　안중근은 「동양평화론」을 옥중 미완성 글로 남겼다. 못다 쓴 내용은 1910년 2월 17일 히라이시 법원장과의 면담 기록인 「청취서聽取書」를 통해 어느 정도 파악할 수 있다. 거기에 진정한 동양 평화를 실현하는 방략이 구체적으로 밝혀져 있다.[25] 안중근이 량치차오의 『음빙실문집』에 자세히 소개된 이마누엘 칸트의 '영구평화론'의 개요를 파악했을 가능성도 확인되었다. 『음빙실문집』에 「신민설新民說」이 실려 있으므로 당시 한국의 지식인들에게 널리 읽힌 이 글을 안중근이 접하지 않았을 리 없다. 두 사람 사이에는 사상의 공유·공감의 세계가 있었던 것이 분명하다.

　안중근과 량치차오 두 사람은 동아시아 전통 유가儒家의 인본人本 사상을 지닌 상태에서 칸트의 개인 자유의지와 국가 주권, 그리고 이를 보장하는 '영구평화론'에 접하여 크게 공감했을 것이다. 안중근이 거짓 동양

---

**25** 이태진, 「안중근의 동양평화론 재조명—칸트 철학의 평화 사상과의 만남」, 이태진 외 안중근·하얼빈학회 편, 『영원히 타오르는 불꽃—안중근의 하얼빈 의거와 동양평화론』, 지식산업사, 2010, 334~337쪽. 이 책의 3부에 수록. 牧野英二, 「日韓 歷史의 새로운 발걸음을 위하여—安重根 義士와 歷史의 記憶」, 2008. (일본 미야키현宮崎縣 구리하라시栗原市 다이린지大林寺에서 열린 안중근 의사 추모제 강연문)

평화의 이름으로 대한제국의 주권을 빼앗은 이토 히로부미를 처단한 것이나 량치차오의 '민족 제국주의' 곧 민족 국민국가들의 공존 체제에 대한 신념은 뿌리가 같은 사상 체계였다. 량치차오는 자신이 가장 위험시하던 '거대한 제국주의의 외압'의 실체가 된 일본 제국을 응징하는 결단을 내린 안중근의 의연한 모습에 경탄과 존경을 아끼지 않았다.

　두 사람은 고난의 동아시아에 미래의 등불을 밝힌 석학·선각자로서 그들이 주장한 한·중·일 3국의 평화공동체(안중근), 미래의 '만국대동주의'(량치차오)는 시공을 달리하여 10년 뒤 구미에서 실체로 등장한다. 1920년에 출범한 국제연맹The League of Nations이 칸트의 영구평화 기획의 실현이란 것은 널리 알려져 있다. 1946년에 더 발전한 형태로 출범한 국제연합The United Nation도 사상적 근거는 같다. 국제연합은 프랭클린 루스벨트 대통령의 반식민주의Anti-Colonialism의 뜻을 실어 한 걸음 더 나아가는 모습이었다. 안중근·량치차오의 사상적 지향에 대한 재평가는 곧 같은 동아시아 권역에서 일본이 보인 시대적 역행 현상을 억제하고 나아가 동아시아 세계가 국제 평화 달성에 적극적으로 나서는 계기를 이룰 것이다. 그 행진이 걸음을 더할수록 두 영웅과 지성의 뜻은 빛을 더할 것이다.

# 4부

# 남겨진 과제
## — 저격 현장 필름과 공판 기록 찾기

# 하얼빈 의거 현장
# 촬영 필름의 행방

## 1. 하얼빈에 간 이토 히로부미를 담은 활동사진 촬영기

1894년 무렵 미국에서 '활동사진'이 개발되어 선보이기 시작했다. 영웅 안중근이 1909년 10월 26일 오전 9시 30분경 하얼빈 철도 정거장 플랫폼에서 일본 제국의 거물 정객 이토 히로부미伊藤博文를 처단할 때 한 러시아인이 영화 촬영기로 현장을 찍고 있었다. 『도쿄 아사히 신문東京朝日新聞』 1910년 2월 1일 자 기사 「이토 공 조난 활동사진伊藤公遭難活動寫眞」은 그를 "러시아 군대 소속[露國軍隊附] 사진사寫眞士 코브초프"라고 했다. 그가 촬영한 필름이 '경매'에 부쳐졌다는 기사이다. 러시아 군대 소속 사진사라면 현장 촬영은 공적으로 이루어진 것일 수 있다.

1891~1892년 러시아의 알렉산드르 3세는 '시베리아 횡단 철도 부설'이라는 큰 사업에 착수했다. 모스크바와 블라디보스토크에서 동시에 착공식이 거행되었다. 사업의 총책인 세르게이 비테(1849~1915)는 공사 소요 기간을 10년 미만으로 잡으면서 서둘렀다. 러시아 정부는 1896년 3월에 청국으로부터 다롄과 뤼순을 조차租借하여 뤼순-하얼빈 간 철도 부설

도 동시에 시작했다. 만주 지역의 철도를 시베리아 본선에 연결하기 위해 치타에서 하얼빈을 거쳐 우수리스크로 이어지는 동서 횡단의 이른바 동청철도East Chinese Railroad 부설도 함께 시작했다. 만주 지역 안에서 공사가 순조롭게 진행된 것과 달리 시베리아 지역은 난공사 구간이 많아 1904년 2월 일본이 러일전쟁을 일으켰을 때도 완전 개통을 보지 못했다. 특히 바이칼호 일대에서 어려움이 많았다. 전쟁이 시작되었어도 시베리아 철도를 통한 병력 이동이 이루어질 수 없어서 제2 태평양함대 곧 발트함대를 동원하게 되었다.

1904년 2월에 일어난 러일전쟁은 이듬해 6월 러시아의 패배로 끝났다. 전승국 일본은 그동안 러시아가 만주에 시설한 철도 운영 사업의 일부를 전리품으로 이관받았다. 러시아는 패전으로 만주의 남북 종단 철도 중 뤼순-창춘 간의 관리권을 전승국 일본에 넘겼다. 일본은 이를 남만주철도南滿洲鐵道라고 불렀다. 패전 후 러시아는 재정난에 빠졌다. 1909년 봄 재무대신 코콥초프는 만주 일대 철도 가운데 동청철도를 매각할 것을 정부에 제안했다. 그는 시베리아철도와 만주철도라는 두 마리 토끼를 쫓다가 연해주 일대의 지배권까지 잃을지 모른다는 위기감에서 연해주 하나라도 온전하게 지키는 것을 목표로 삼아 이쪽의 매각을 제안한 것이다.

매각 공고가 나가자 미국 측이 바로 반응을 보였다. 시어도어 루스벨트 대통령은 일본이 러시아와 전쟁을 일으킬 때 일본을 적극적으로 지원했다. 이때 두 나라는 승전 후 만주 지역의 철도 개발을 공동으로 추진할 것을 약속했다. 그러나 전쟁이 끝난 뒤 일본은 약속을 파기하고 러시아와 청국에 대해 유화정책을 펴면서 만주를 독점하려고 했다. 이에 미국은 영국과 함께 만주를 상업적 중립지대로 만들 것을 목표로 세워, 만주에 남북을 잇는 별도의 새로운 철도 부설 사업을 구상하기까지 했다. 바로 이런 상황에서 동청철도 매각 공고가 나오자 미국 정부는 대륙 횡단 철도 건설에 공이 많은 에드워드 해리만Edward H. Harriman을 앞세워 미국이 이를 매입할 뜻을 밝혔다. 그런데 그 해리만이 같은 해 9월에 급서하는 돌발 상황이 생겼다. 이 갑작스러운 상황에서 회심의 미소를 지은 사람은 한국 통감의 직에서 물러나 시나가와현神奈川縣 오이소大磯 별장에서 칩거하던 이토 히로부미였다. 그는 일본이 이 철도를 사들여 만주 전역을 지배할 것을 머리에 떠올렸다. 러시아통 외교 연락선을 은밀히 가동했다. 통감 사임이란 불명예를 씻을 수 있는 절호의 기회였다.

추밀원 의장 이토 히로부미는 10월 14일 오이소역에서 특별열차에 몸을 실었다. 신문기자들에게는 '만유漫遊'를 가장했지만, 동청철도 매입이라는 매우 중대한 국사를 실행하기 위한 여행이었다. 뤼순의 러일전쟁 격전지와 다롄의 남만주철도주식회사 등지를 시찰한 다음, 푸순撫順 탄광을 거쳐 창춘長春에서 러시아 정부가 보내온 열차로 바꾸어 타고 밤을 달려 아침 9시경에 하얼빈 역에 도착했다. 초청자인 러시아 정부의 재무대신 코콥초프는 일주일 전에 상트페테르부르크에서 출발하여 하얼빈에 미리 도착해 있었다.

세계적으로 이름난 거물 정객 이토 히로부미는 코콥초프의 매우 귀중한 '고객'이었다. 코콥초프는 특별열차가 멈추자 객차 안으로 들어가 이토 히로부미와 20여 분 환담하면서 그에게 플랫폼에서 기다리고 있는 러시아군 의장대를 꼭 사열할 것을 부탁했다. 이 역사적 순간의 장소에 "러시아 군대 소속의 (활동) 사진기사 코브초프"가 촬영기를 돌리고 있었다. 재무대신 코콥초프는 이 귀빈을 맞이하는 '역사적' 순간을 기록으로 남기고 싶었다.

사진기사 코브초프는 열차가 들어올 때 이미 촬영을 시작하고 있었다. 9시 30분경 일본 제국의 추밀원 의장 이토 히로부미가 재무대신 코콥초프의 안내를 받아 열차에서 내려 의장대 앞을 지나 환영 나온 각국 관리들 앞으로 가 악수를 나누고 돌아서 의장대를 향해 사열을 막 시작했을 때 '폭죽' 터지는 소리가 나면서 거물 정객 이토가 그 자리에 쓰러졌다.

육군 소속 기사 코브초프의 촬영기는 이 순간을 놓치지 않았다. 참으로 중요한 역사의 현장이 최신 발명품 안에 담기고 있었다.

## 2. 100년 후 한국 미디어계 필름 추적의 노력과 성과

이토 히로부미는 대한제국의 국권을 빼앗는 데 앞장선 일본 거물 정객이 었다. 그를 하얼빈 역에서 처단한 안중근은 한국인, 아니 동아시아의 영웅이었다. 이웃 나라 중국의 정치인들도 일본의 침략 앞에 놓인 같은 처지에서 안중근의 쾌거를 찬양해 마지않았다. 그 처단의 장면을 담은 활동사진 필름이 존재한다면 그만큼 귀중한 선물은 달리 있을 수 없다.

그런데 이 필름은 사건 직후 여기저기서 방영이 시도되었지만, 상영이 금지당하는 상황이 벌어졌다. 러시아 촬영기사 코브초프의 필름이 매각된 사실은 복수의 신문 기사로 확인되지만, 지금은 어느 곳에서도 필름을 제대로 찾아볼 수 없는 상황이다. 사건 직후 일본 정부에서 이를 매입할지 검토했지만 지나치게 고가여서 선뜻 매입하지 않았고, 그 후 한 민간 회사가 이를 매입하여 30초짜리 짜깁기 영상을 도쿄의 이토 히로부미 추도 장소에서 상영했다. 그것은 이토가 쓰러지는 장면이 아니라 안중근이 잡혀가는 부분을 보여 주기 위한 상영이었다.

2009년 하얼빈 의거 100년을 맞이하는 시기에 한국에서 이 필름의 행방을 추적해 온 사람들의 노력이 보도 또는 방영되기 시작했다. 이들의 노력은 매우 진지했지만, 추적 대상인 필름이 복수로 혼재하는 상황을 파악하지 못해 혼선이 빚어지고 있었다.

### 1) 한국방송KBS의 추적

한국방송은 하얼빈 의거 100주년을 기념하여 2009년 10월 24일 자 〈신역사 스페셜〉의 주제로 하얼빈 의거 현장 필름 문제를 택했다. 프로그램은 1995년 NHK의 '뉴스영화발달사'에 이토 히로부미 피살 현장이 30초 길이로 편집되어 있었던 것을 소개했다. 해당 필름은 전체가 아니라 "실제 의거 장면이 (선택적으로) 편집된" 것이었다. 열차가 달려 들어오는 장면, 플랫폼에 군인들이 서 있는 장면, 총소리가 난 뒤 군인들이 이리저리 흩어지는 장면, 끝으로 안중근이 두 손을 뒤로 결박당해 어디론가 이끌려 가는 장면이었다. 살아서 걸어가는 안중근의 당당한 모습을 담은 장면은 매우 값어치가 있지만 '의거'가 이루어지는 현장 사진은 찾아볼 수가 없다. NHK의 방영 필름은 뒤에 서술하듯이, '재팬 프레스 에이전시(JPA)'가 필름을 사서 도쿄의 료고쿠兩國 국기관國技館에서 상영하여 많은 이익을 봤다고 전해지는 그 필름으로 짐작된다.

5년 뒤인 2014년 12월 23일 한국방송은 하얼빈 현장 필름 찾기에 관한 기획물을 한 번 더 방영했다. 황대준 피디가 지난 2009년 10월 24일 방송 필름이 짜깁기로 편집된 사실에 근거하여 일본 내 어딘가에 전체가 담긴 원본이 있을 것이라는 굳은 믿음으로 일본 내 영상 관련 기관을 탐방 조사한 결과를 방송한 것이다. 이때도 원본은 찾지 못하고, 저격 25분 전 열차 진입 장면으로 약7초 길이의 필름을 추가하는 데 그쳤다.

## 2) '더 채널' 김광만 피디의 증언

2014년 3월 12일 자『동아일보』는 1909년 12월 22일 자 싱가포르 영자 신문『스트레이프 타임스』의 기사를 인용해 "안중근 의사가 하얼빈 역에서 이토 히로부미를 사살할 당시 촬영된 동영상이 고가에 팔렸다."는 기사를 실었다. 필름을 두고 복수의 구매자들이 경쟁을 벌이던 끝에 일본인이 15,000엔(현 2억 엔)에 사 갔다는 내용이다.

이 보도에 이어『동아일보』는 3월 26일 자로 정양환 기자가 그동안 이 필름 추적에 노력한 김광만 피디의 증언을 받아 러시아 촬영기사의 이름을 처음으로 밝히는 등 더 자세한 내용을 보도했다. 김광만 피디의 증언으로 "상트페테르부르크 다큐멘터리 영화 감독 빅토르 코브체프"라고 밝혔다. 김광만은 일본의 『지지 신보時事新報』 1910년 1월 7일 자에 실린 "코브체프 씨가 도쿄에 왔다"는 기사에서 정보를 얻었다. 『도쿄 아사히 신문』의 보도가 코브초프라고 한 것과 같은 인물이다. 이 기사는 1909년 11월 18일 자 『요미우리 신문讀賣新聞』과 『지지 신보』에서 "치열한 경합 끝에 신문 대행업체 '재팬 프레스 에이전시(JPA)'가 1만 5,000엔을 주고 코브초프 기사로부터 매입을 계약했다."라고 했다는 일본 측의 매입 사실도 처음으로 알려 주었다. 싱가포르 『스트레이프 타임스』의 위 기사에 따르면 매입 장소가 싱가포르가 된다. 특히 김광남 피디가 몇 년 전 미국에 거주하는 JPA 사주 다노모키 게이치賴母木桂吉의 손주를 찾아가 면담했더니, "1945년 도쿄 대공습 때 집이 전소全燒하여 할아버지 소장품이 모두 사라졌다."라고 하는 증언을 얻었는데, 이러한 사실도 함께 보도되었다.

『동아일보』 정양환 기자의 보도는 다음과 같이 매우 흥미로운 단편적인 일들을 전하고 있다. 김광남 피디의 취재를 통해 얻은 정보로 믿어진다.

첫째, 1910년 1월 6일 자 『요미우리 신문』에 "[영화를] 봤더니 이토 공작을 수행한 고관들이 도망가고 숨기 바빴다. 필름이 공개되면 용맹을 떠벌였던 정치인들의 해명이 필요할 것이다."라는 기사가 있다고 했다. 뒤에서 다시 말하겠지만 이 보도는 내가 조사한 『페테르부르크 신문』 1911년 10월 24일 자 기사와 같은 내용이어서 매우 주목된다.

둘째, 1910년 '하얼빈 일본상인협회'의 기록 가운데 "코브초프가 복사한 필름 1롤을 갖고 있다가 압수당했다."라는 내용, 그리고 코브초프의 아들도 "아버지가 원본을 팔기 전 여러 벌을 복사해 두었다."라는 내용도 포함되어 있다. 이것은 곧 코브초프가 JPA에 필름을 팔 때는 유일본이라고 하면서 고액을 받았던 만큼, 결국 JPA가 코브초프에게 '사기'당한 셈이란 논평도 곁들였다.

셋째, 최근 보도된 파리 경매에 나왔다는 동영상에 대해 그것은 "프랑스 영화사 파테Path 소유로, 이토 장례식을 담은 가짜로 밝혀졌다."라고 했다. 이것은 다시 말하겠지만 '가짜'라기보다는 도쿄에서 거행된 이토 히로부미의 국장國葬을 촬영한 다른 필름으로, 거기에 코브초프가 촬영한 하얼빈 현장이 부분적으로 들어 있을 상황을 배제할 수 없다.

『동아일보』 정양환 기자의 기사는 취재원에 대해 더 따져 볼 점이 있지만, 여기서는 기사의 내용을 소개하는 데 그치기로 한다.

## 3. 이태진의 조사 현황(2014. 10. 14.~현재)—두 가지 필름

### 1) 블라디보스토크 아르세니예프 박물관 접촉—현장 촬영 원본 필름의 실체 파악

2014년 나는 안중근 관련 글을 쓰면서 1910년 3월 26일에 사형이 집행된 안중근 장군의 순국殉國 사실이 당시 국내 신문에 어떻게 보도되었는지 궁금하여 『황성신문』을 펼쳐 보았다. 순국에 대한 간단한 보도에 이어 1910년 3월 29일 자에 「이공伊公의 사진연극寫眞演劇」이란 기사가 나의 눈길을 끌었다. 이공 곧 이토 히로부미 공의 '사진연극'이 해삼위海蔘威(블라디보스토크)에서 최근 공연되었다는 내용었다. '사진연극'은 영화를 뜻한다. 이 기사를 그대로 옮기면 다음과 같다.

> 해삼위에 있는 러시아인의 '쏘로드이롱 연극장에서는 이등伊藤 공이 하얼빈 정거장에 도착함과 안중근의 발포돌입發砲突入(총을 쏘면서 뛰어들기-인용자)하던 광경으로부터 도쿄東京에서 국장國葬을 행하던 실경實景을 촬영한 활동사진活動寫眞을 공연한다더라.

이 기사는 내가 하얼빈 사건 필름을 추적하는 직접적인 계기가 되었다. 2014년 10월 14일에 이 기사를 발견한 나는, 10월 26일에 블라디보스토크 주재 한국 총영사관 이양구李洋九 총영사에게 이메일을 보냈다. 한 해 전에 '경영인 역사 포럼'의 연해주 답사 때 숙소(현대호텔)의 아침 식사 자리에서 전홍인 영사가 내 자리로 찾아와 신분을 밝히고, 학부 때 내 강의를 들었다고 말했다. 그래서 이양구 총영사도 함께 인사를 나누었다. 이양구 총영사에게 현재 '쏘로드이롱 연극장'이 존재하는지, 블라디보스토크에 영화필름을 수집하여 소장하는 기관이 있는지를 이메일로 물었다.

10월 27일 자로 온 회신 메일은, 요청한 사안을 전홍인 영사에게 일임했으니 곧 연락이 있을 것이라고 했다. 10월 30일 전홍인 영사는 이메일로 나의 질의 사항을 극동역사문서보관소, 연해주 문서보관소, 아르세니예프 박물관 등 관련 기관 앞으로 조만간 서한을 보낼 예정이라고 알려 주었다. 전홍인 영사는 11월 27일에 아르세니예프 박물관으로부터 온 회신을 모아서 첨부파일로 나에게 보내 주었다. '첨부'로 전달된 자료의 내용은 다음과 같았다.

(1) 2014년 11월 17일 자 발신(No. 632)
극장 이름은 '쏘로드이롱'이 아니라 '졸로토이 로그'로서 1902년에 건축되었으나 화재가 있어서 1905년에 재건되었고, 1935년 막심 고리키 극장으로 개명되었다. 당시 주소는 스베틀란스카야 거리 13번지였다(현재는 49번지).

(2) 2014년 11월 19일 자 발신(No. 342) 아르세니예프 박물관장(레아 샬라이)
　　의 서신
아르세니예프 박물관에는 이 영화 상영에 관한 자료가 없다. 모든 자료는 오래전에 모스크바로 보내져서 남아 있는 것이 없다. 2013년 우리 박물관 드미

트리 르쿠노브 선임연구원이 『동방대학 소식』 잡지에 「1900~1945년도의 하얼빈에서의 러시아 영화산업」이라는 논문을 발표하였다. 이 논문에 하얼빈에서의 이토 히로부미 저격 장면 촬영의 역사에 관한 내용이 들어 있으므로 이를 보낸다.

아르세니예프 박물관장이 보내 준 르쿠노브 선임연구원의 논문은 매우 중요한 것으로 보였다. 나는 이 논문의 내용을 파악하기 위해 2014년 12월 23일 서울대학교 인문대 러시아어문학과의 박종소 교수에게 이를 번역할 대학원생 추천을 의뢰하여, 박사과정을 수료하고 러시아 유학을 준비 중인 이종현 씨를 추천받았다.

그의 번역에 따르면, 이 논문은 서두에 하얼빈에서의 영화 촬영은 1909년부터 시작되었는데 하얼빈 최초의 영화 촬영은 하얼빈에 전 세계적인 '명성'을 안겨 주었다고 하고, 그것이 바로 한국의 애국자 안중근이 이토 히로부미 후작을 암살한 사건을 촬영한 것이라고 소개했다. 이어서 그 촬영 필름을 직접 본 기자가 쓴 기사, 곧 『페테르부르크 신문』 1911년 10월 24일 자 기사를 인용했다. 이를 옮기면 다음과 같다.

이 사건은 V. N. 코콥초프(현 총리, 당시 재무대신)가 하얼빈에서 이토 히로부미를 맞이하는 성대한 환영식에서 일어난 것으로 전해진다. 사건의 모든 것을 담으려는, 어디에나 있는 영화기사들이 카메라를 작동시킨 덕분에 암살의 충격이 일어나는 순간에도 그것을 촬영할 수 있었다. **필름에는 혼란스러운 순간에 일어난 모든 것이 담겨 있다. 이 필름을 소유한 행운아는 필름을 상영하려고 했지만 갑자기 상영 금지 조치가 내려졌다. 이 필름은 다음과 같은 흥미로운 장면을 담고 있는 것으로 알려졌다. 희생정신을 발휘한 V. N. 코콥초프는 쓰러진 후작을 부축하고 있는 반면, 코콥초프와 이토를 수행하던 인물들은 깜짝 놀라 가까운 곳으로 피신하고 있었다. 그들은 정신이 나가 도망쳤**

**으며, 어느 러시아 장군은 네 발로 기어가면서 겁먹은 채 주변을 둘러보고 있다.**(진한 글씨-인용자) 당시 하얼빈에 있었던 어느 프랑스인 기업가가 이 필름의 상영 금지 조치를 알고 필름의 소유자를 찾아갔다. 그는 필름의 소유주에게 15,000프랑을 주고 필름을 샀으며 그것을 프랑스로 가져가 매우 오랜 기간 상영했다.

2015년 1월 20일 이 번역문을 받아 든 나는 흥분을 감추지 못했다. 안중근 장군이 쏜 6발의 총소리에 이토 히로부미를 수행하던 자들이 모두 놀라서 정신없이 도망쳐 현장에서 달아나고 있었던 사실이, 사건 후 이 필름이 숨겨진 까닭이란 것을 이제서야 새롭게 확인하게 되었다. 앞에서 소개한 1910년 1월 6일 자 『요미우리 신문』의 기사, "(영화를) 봤더니 이토 후작을 수행한 고관들이 도망가고 숨기 바빴다. 필름이 공개되면 용맹을 떠벌였던 정치인들의 해명이 필요할 것이다."라는 보도가 이렇게 더 구체적인 묘사로 확인되었다. 나는 이때까지, 일본인들이 이토 히로부미가 한국인의 손에 쓰러지는 장면을 보여 주기 싫어서 안중근이 잡혀가는 장면만 보여 준 것으로 짐작했다. 위 기사로 그보다 더 중요한 이유가 있었던 것이 드러났다. 이토 히로부미를 수행하던 일본 고관들이 총소리에 놀라 달아나는 그 용렬한 모습이 상영 금지 조치와 필름의 실종을 가져온 더 직접적인 원인이었다는 것이 확실해졌다.

## 2) 파리 국립도서관 내 영화 필름 기관 방문

2015년 1월 20일에 전해 받은 『페테르부르크 신문』 1911년 10월 24일 자 기사는 나의 발걸음을 프랑스 파리로 향하게 했다. 하얼빈에서 상영 금지된 필름을 프랑스인 기업인이 15,000프랑을 주고 사 가서 프랑스에서 오랜 기간 상영했다는 내용 때문이었다. 프랑스인 기업인이 사 간 필름이 프랑스에서 오랜 기간 상영되었다면, 파리 어느 곳에서 이를 찾을 수 있을 것이란 기대감에 부풀었다.

나는 이해에 마침 유럽에 다녀올 일이 있었다. 브뤼셀의 벨기에 왕립학술원에서 열리는 국제학술 원연합Union Acad mique Internationale의 총회에 대한민국학술원 대표의 한 사람으로 참석하였다. 이 총회 참석 후에 파리로 갔다. 국사편찬위원회 위원장 재임 중에 대한제국의 프랑스 주재 공사관의 자료 소재 파악을 위해 파리의 프랑스 외무성 자료관을 방문할 때 도움을 준 안종웅 박사(당시 국사편찬위원회 해외 사료 조사원)를 찾아가 만났다. 이에 앞서 프랑스에서 오랫동안 체류하면서 역사를 전공한 김정은 씨의 도움으로 대표적인 필름 수장 기관인 국립시청각연구소Institute national de l'audiovisuel,INA에 관한 기본 정보를 얻었다. 그런 상태에서 안 박사에게 파리 시 소재 모든 주요 영화필름 소장 기관 방문을 요청하여 안내를 받았다.

다행히 모든 필름 수장 기관들이 파리의 미테랑 국립도서관Biblioth que Nationale Mitterand의 한 층에 모여 있었다. 2015년 5월 29일에 안종웅 박사와 함께 국립시청각연구소(INA), 국립시청각자료관Biblioth que Nationale Audio Visual, 국립영화센터Center Nationale Cinema, CNC 등 세 기관의 당직 큐레이터들을 만나 내가 찾는 영화에 관한 몇 가지 정보를 얻었다. 특히 국립영화센터의 담당자 에릭 르 호이Eric Le Roy 씨는 프랑스 국제영화협회 회장으로 러시아 필름 전문가라고 소개받아 기대가 컸다. 그러나 그는 이후 정보 제공에 매우 소극적이어서 별 소득이 없었다.

파리의 외곽의 불로뉴Boulogne에 알베르트 칸Albert Kahn이라는 이름의 사설 필름 박물관이 하나 더 있었다. 알베르트 칸이라는 기업인이 동아시아에서 수집한 것들을 중심으로 세운 박물관이었다. 혹시 이 사람이 하얼빈에서 필름을 사 간 기업인이 아닐까 하는 기대감으로 이곳을 찾았으나 동아시아에서의 활동 기간이 사건 연도 몇 년 뒤부터여서 헛걸음이 되고 말았다. 나는 '이번 파리 방문은 씨를 뿌린 단계'라 자위하고 귀국 길에 올랐다.

### 3) 이토 히로부미 국장國葬 필름에 합성된 하얼빈 의거 현장 필름

내가 하얼빈 의거 현장 영화필름 추적에 나서는 계기가 된『황성신문』 1910년 3월 29일 자의 영화 상영 관련 기사로 돌아가 보자. 이 기사는 해 삼위 곧 블라디보스토크의 한 극장에서 상영된 영화의 내용에 대해 "이 토伊藤 공이 하얼빈 정거장에 도착함과 안중근의 발포돌입發砲突入하던 광경으로부터 도쿄에서 국장國葬을 행하던 실경實景을 촬영한 활동사진 活動寫眞"이라고 했다. 즉 안중근의 저격 장면과 도쿄에서 행해진 국장을 함께 담은 필름이라는 것이다. 이에 따르면, 하얼빈 의거 원본 필름 가운 데 초반의 저격 장면과 도쿄에서 11월 4일에 거행된 이토 히로부미 공작 장례식을 촬영한 장면을 합친 필름이 따로 있었다는 뜻이 된다.

2014년『동아일보』기사에서 김광만 피디는 "최근에" 파리에서 나온 필름이 이토 히로부미 국장 중심의 것이라고 하여 '가짜'로 단정했지만, 이것은『황성신문』기사 내용의 필름과 내용이 일치한다. 그렇다면 국장 광경을 촬영한 다음, 그 앞에 이토 히로부미의 죽음의 순간 곧 처단의 순 간을 합성한 필름이 따로 제작되었다는 뜻이 된다. 이 작업은 누가 한 것 일까?

『황성신문』기사의 내용처럼 "안중근의 발포돌입發砲突入하던", 즉 안 중근이 총을 쏘면서 뛰어드는 장면이 들어 있다면 필름 매입자 두 사람 가운데 일본인 다노모키 게이치 씨는 아니었을 가능성이 크다. 일본인들 에게 이 저격 장면은 금기시되었을 것이므로, 프랑스인 매입자 쪽에서 도쿄의 국장을 새로 찍어 원 필름 앞부분의 저격 장면을 집어넣었을 가 능성이 있다.

나는 파리에서 돌아온 후, 프랑스 기업인이 사 가서 프랑스에서 오랫 동안 상영했다는 그 필름의 행방에 대한 궁금증에서 쉽사리 벗어나지 못 했다. 그러나 파리의 안종웅 박사로부터 후속 소식이 쉬이 오지도 않았 다. 2017년 10월, 이토 히로부미 국장 필름과의 관계에 대한 위와 같은 추론이 서게 되어 구글 사이트에 "이토 히로부미 국장"을 검색해 보았더니 바로 프랑스 영화 〈이토 공작의 장례식-1909Les Funérailles du Prince Ito-1909〉가 떴다. 이 필름은 프랑스의 유명한 영화사 '파테 형제Pathé frères'(현 FILMOGRAPHIE PATHÉ) 제작으로, 이 영화사의 홈페이지(Pathé Homepage)에 다음과 같은 관련 정보가 있었다.[1]

**Fiche génénale** (일반카드)

| | |
|---|---|
| Numéro de film(필름 번호) : | 3376 |
| Genre (분야) : | Scènes actualités (현장 촬영) |
| Production (제작) : | Pathé frères (파테 형제) |
| Édition (편집) : | Pathé frères (파테 형제) |

**Production** (제작)

| | |
|---|---|
| Production (제작) : | Pathé frères (파테 형제) |
| Édition (제작) : | Pathé frères (파테 형제) |

**Résumé** (개요)

| | |
|---|---|
| Genre (분야) : | Scènes actualités (현장 촬영) |
| Métrage (길이) : | 130 m ; 426.4 f. |
| Code télégraphique (전신 코드) : | Lazariste (성나자로회 수도사) |

---

**1** 추가 정보로서, 이 책이 2008년에 달톤에 의해 전자화된 사실이 아래와 같이 밝혀져 있다. Sources S. Dalton : Catalogue Pathé Des Années 1896 À 1914 (1907~1909), by Henri Bousquet p 241, Date de la publication électronique : 29 July 2008. Sources : Henri Bousquet, Catalogue Pathé des années 1896 à 1914, Bures-sur-Yvette, Editions Henri Bousquet, 1994~2004

이 카탈로그에 관한 정보를 더 찾아본 결과, 편찬자는 앙리 부스케Henri Bousquet, 편찬 연도는 2008년, 그리고 현재 이 카탈로그를 소장하고 있는 곳은 파리 국립도서관Bibliotheque Nationale, 런던의 대영도서관British Library, 미국 케임브리지의 하버드대학교 와이드너 도서관Widener Library of the Harvard University 등 세 곳으로 확인되었다. 대영도서관은 바로 이메일 연락처가 명시되어 있어 질문을 보냈으나 도움이 되지 않는 내용으로 회신이 왔다. 그래서 파리 고등사회과학원에 유학 중인 손지윤, 하버드대학교 동아시아학과에 유학 중인 이상재 두 사람에게 각각 도움을 청했다. 두 사람은 모두 소장 도서관을 찾아가 카탈로그를 직접 찾아보고 다음과 같은 정보를 나에게 보내 주었다.

우선, 손지윤의 회신은 다음과 같았다.

> 카탈로그에 오른 3376번 영화 〈이토 공작의 장례식〉은 "현장 촬영 장면"이라는 설명 외에는 별다른 언급이 없으며, 앙리 부스케가 쓴 카탈로그의 서문과 자료(Préface et sources d'Henri Bousquet 1896~1906)를 읽어 봐도, 편찬자 부스케가 카탈로그를 제작할 때 1907~1909년을 정리하는 것이 가장 힘들었다고 고백하고, 이 시기에는 파테사社에서 원래 월마다 출간하던 공식 카탈로그가 1907년에 4권, 1909년 1월에 1권밖에 나오지 않았기 때문에 매달 어떤 영화가 나왔는지 알 수 있는 정보가 매우 부족하다. 그래서 여러 도서관에 흩어져 있던 자료들, 다른 일간지 및 월간지에 실린 영화 개봉 정보, 그리고 영화를 개봉하려면 정부 당국에 어떤 내용인지 시나리오를 요약하여 반드시 제출하도록 한 제도(법) 덕분에(1907년부터 실시) 정부 당국이 소장하고 있던 자료 등을 가지고 정리한 것으로 설명되어 있다.

하버드대학교의 이상재에게는 위 파테사社 홈페이지에 실려 있는 정보 중 '개요Résumé' 난의 "Code télégraphique: Lazariste"가 무슨 뜻인지 확인해 주기를 부탁했다. 그의 회신은 다음과 같은 내용이었다.

이 학교에서 필름·미디어 연구 전공의 박사과정 학생들에게 문의해 본 결과, 'Code tel: Lazariste'의 '코드'는 전체적인 카탈로그의 구성을 다시 살펴본 결과 필름들에 부여한 알파벳 순서의 분류 기호로서, 영화필름마다 일련번호와 함께 이런 형식의 'code tel.'이 모두 부여되어 있으며, 그 코드는 알파벳 순서 대로 배열되어 있는 사실이 확인된다. 코드로 부여된 단어들은 어떠한 규칙 도 없는 고유명사들이고, 유일한 규칙이라곤 단어들이 알파벳순으로 정렬되어 있을 뿐이다.

나는 카탈로그의 정보를 통해 문제의 필름 소장처에 관한 새로운 정보를 기대했지만 결국 특별한 것을 얻지 못했다. 그러나 〈이토 공작의 장례식-1909Les Funérailles du Prince Ito-1909〉란 필름의 제목을 얻은 이상 파리 국립도서관의 필름 소장 기관들에서 이를 확인하는 것은 당연한 순서였다. 안종웅 박사에게 이를 알리고, 앞의 3개 기관에 확인해 주기를 부탁했다. 이에 대해 그는 다음과 같은 답을 보내왔다.

국립영화센터Center Nationale Cinema(CNC)의 소장 목록에 이 필름이 있는 것 이 확인되나 2008년에 현 미테랑국립도서관으로 옮겨 올 때 진열 서가가 교 란되어 현재로서는 찾아내기 어렵다.

안종웅 박사는 실제로 자신이 이 기관의 수장 상태를 보기 위해 찾아 가 담당자의 안내로 서고에 들어가 봤지만 찾기가 쉽지 않은 상황이었다 고 했다.

〈이토 공작의 장례식〉과의 합성 필름에 대한 미련이 남아 2018년 7월 17일 도쿄로 갈 일이 있어 일본 국립 영화아카이브The National Film Archive of

Japan를 찾아갔다. 조사 결과, 메이지 시기 일본 영화 작품 총목록에서 이 시기에 제작된 〈이토 공 일대기伊藤公一代記〉, 〈하얼빈의 꿈ハルビの夢〉 등의 작품을 확인했으나 국장 관련 필름은 아니었으며 실물도 존재하지 않았다. 다만 조사 과정에서 하얼빈 의거 현장 촬영 필름을 샀다는 '파테 형제' 영화사의 판매 거점이 싱가포르라는 사실을 확인했다.[2] 앞에서 언급한 2014년 3월 12일 자『동아일보』가 인용한 싱가포르 신문『스트레이프 타임스』가 하얼빈 필름 거래 기사를 보도한 내력은 이로써 알 수 있게 되었다.

## 4. 제3의 필름의 존재

지금까지 러시아 육군 소속 촬영기사 코브초프가 하얼빈 의거 현장을 촬영한 필름, 프랑스의 저명 영화 제작사인 '파테 형제'에서 이토의 죽음의 현장을 국장 행사에 합성한 필름, 두 가지의 행방을 추적해 보았다. 그런데 2017년 1월 13일 한국역사연구원의 근대사연구회 세미나에서 동북아역사재단 연구원 최덕규 박사가 발표한「러시아 소재 한국사 관련 자료」를 통해 제3의 필름이 존재한다는 정보를 얻게 되었다. 나는 석오문화재단 부설 한국역사연구원을 운영하면서 한국 근대사 전공자들과 외국 사료에 관한 정보를 서로 교환하는 정기 세미나를 약 2년간 주관했다. 최 박사는 러시아어 문서를 이용하는 한국 근대사 전공자로서, 이 모임에서 하얼빈 의거에 관한 러시아 측 자료를 소개했다. 그 내용을 옮기면 다음과 같다.[3]

---

**2** 이태진,「해외자료조사수집활동」,『한국역사연구원 소식지』2018년 통권 제4호(2019. 2. 15. 발행), 33쪽.

최덕규 박사는 러시아인 비슈넵스키의 저작 『러시아혁명 이전의 기록영화, 1907~1916』에 올라 있는 〈이토 공의 하얼빈 역사驛舍에서의 피살과 일본에서의 장례식〉(영화번호 420번)에 관해 발제했다. 이 책은 러시아 영화사진기록관의 홈페이지에서 부관장 모이세예바가 2011년 한·러 대화 학술회의(2011. 10. 30.~11. 2.)에 제출한 발제문 「러시아국립영화사진기록관-시청각역사보존소, 그 가운데 한국사 관련 기록」이란 글을 소개하고 있다고 했다.

비슈넵스키의 저서에 따르면, 이 필름은 코브초프가 제작한 것으로, 촬영일은 1909년 10월 13일(26일; 13일은 러시아 달력의 날짜 여부 불명-인용자)이며 27개의 장면으로 구성되어 있다고 했다. 즉, 이토 히로부미의 하얼빈 철도 정거장 도착, 재무대신 코콥초프가 열차의 객실에 들어가 영접하는 장면, 이어서 의장대를 사열하던 중 이토가 피살된 순간, 열차로의 유해 운구, 공모자들로 의심되는 한국인들의 뤼순으로의 이송, 이토의 운구가 '아키츠시마秋津洲'에 실려 요코스카항에 도착하는 장면, 이토의 가족이 군함에 올라 이토의 시체를 인도하는 장면, 이토의 유품과 문서들을 접수하는 장면, 러시아와 중국 당국의 화환 전달, 장례 선박의 일본 도착, 부두에서의 화환 접수, 수병들의 하관, 도쿄로 운구하기 위해 일본 함대가 요코스카에 입항하는 장면, 이토의 유해 운구를 마친 군함들의 예포 발사 등이 담겨 있다고 했다.

이 소개는 하얼빈 역 사건 현장의 촬영기사였던 코브초프가 현장 촬영에 그치지 않고, 사건 후 이토 히로부미의 시신이 운반된 길을 따라 열차 운구에서부터 일본 군함의 요코스카항까지의 운구 과정을 일괄 촬영했다는 것을 의미한다. 이는, 그가 하얼빈 정거장을 주로 촬영한 필름을

---

**3** 「2017년 상반기 주요연구사업 (2)」, 『한국역사연구원 소식지』 2017년 상반기 통권 제2호(2017. 8. 31. 발행), 14~15쪽.

외부에 방출한 후, 이토의 시신 운구 과정, 다시 말하면 국장 직전까지의 주요 장면을 모두 촬영했다는 뜻이다. 이것이야말로 사건의 전말을 완전하게 담은 필름이라고 하지 않을 수 없다.

러시아영화사진기록관 부관장 모이세예바의 보고는, 비슈넵스키의 저서에는 '이 필름이 1909년 12월 22일 아제르바이잔의 수도 바쿠에서, 1910년 1월 6일에는 타타르공화국 수도 카잔에서 각각 상영되었다고 기술되어 있다.'는 정보도 소개했다.

이는 필름의 행방 추적에 매우 중요한 새로운 정보였다. 그래서 위 세미나 모임 후에 나는 두 나라 중 현재 한국과 수교국인 아제르바이잔 한국 주재 대사관에 전화 연락을 취해 보았다. 나의 문의를 받은 부대사는 며칠 뒤에 '소비에트 초기에 각지의 자료들이 모두 모스크바로 보내질 때 이 필름도 이송 대상이 되어 본국에 남아 있는 것이 없다는 답을 받았다.'고 전했다. 앞에서 언급한, 아르세니예프 박물관 측이 전하는 블라디보스토크 사정과 비슷한 상황이었다. 러시아 권역의 자료는 곧 현지가 아니라 모스크바에 관심을 두어야 한다는 결론이다.

최덕규 박사는 한국방송공사(KBS)가 안중근 의사의 하얼빈 의거 관련 필름에 관한 자료 요청(문의)을 해 와서 이에 대한 동북아역사재단 측의 답변으로 이 보고서를 작성했다고 했다.

## 5. 잠정 결론: 세 가지 필름의 존재

1909년 10월 26일 오전 9시 30분경 하얼빈 철도 정거장에서 대한의군 특파대 대장 안중근이 일본 제국 추밀원 의장 이토 히로부미를 저격한 장면을 담은 필름에 대한 지금까지의 고찰을 정리하면 다음과 같다. 현재까지 필름은 세 가지가 존재하는 것으로 파악되었다.

첫째, 이토 히로부미를 초청한 러시아 정부의 재무대신 코콥초프의 뜻에 따라 러시아 육군 소속 촬영기사 코브초프가 현장을 촬영한 필름이다. 특별열차가 하얼빈 철도 정거장으로 들어오는 장면에서부터 안중근이 체포되어 어디론가 이끌려 가는 장면까지 담은 필름이다. 이 필름에 관해서는 『페테르부르크 신문』 1911년 10월 24일 자 기사와 『도쿄 아사히 신문』 1910년 2월 1일 자 기사 두 가지로 그 내용이 어느 정도 밝혀졌다. 전자에서는 총소리가 나자 이토 히로부미가 쓰러지는 가운데 수행하던 일본 고위 관리들이 모두 달아나는 정황을 전하고, 후자는 촬영기사가 러시아 육군 소속이라는 점을 밝혀 주었다. 이 필름은 사건 후 하얼빈에서 상영될 예정이었지만, 일본 당국의 요청이 있었던지 하얼빈 영화관에서 상영이 조기에 중단되었고, 일본인과 프랑스 기업인에게 매각된 사실이 확인되었다. 일본 측이 상영 금지를 요구한 중요한 원인은 일본 고위 관리들이 놀라서 도주하는 장면 때문으로 보인다. 이토 국장 추도 기간에 일본 도쿄 료고쿠 국기관에서 상영된 것은 이 장면을 빼고 저들이 말하는 '흉한'이 잡혀가는 모습을 보여 주는 데 역점을 두어 편집한 것이었다.

둘째, 프랑스의 저명한 영화 제작사 '파테 형제'가 제작한 〈이토 공작의 장례식-1909Les Funérailles du Prince Ito-1909〉란 이름의 필름이 존재하는 것이 확인되었다. 『황성신문』 1910년 3월 29일 자 기사에 블라디보스토크에서 상영될 예정이었지만 곧 당국의 제지로 이루어지지 못했다고 한 것도 이 필름이었다. 이 필름에도 서두에 저격 장면이 담겼던 것이 확실하다. 이 필름은 프랑스 영화사가 제작한 것인 만큼, 앞서 프랑스 기업인이 하얼빈에서 사 간 필름에서 저격 장면이 활용되었을 것으로 추측된다. 그리고 이 필름은 파리의 영화필름 수장 기관인 국립영화센터Center Nationale Cinema(CNC)의 소장 목록에서 확인이 되었다. 그러나 2010년 신건물(미테랑 도서관) 준공으로 수장 기관의 이전 비치 과정에서 생긴 비치 위치 정보의 혼란으로 현재 수장 위치를 확인하기 어려운 상황으로 확인되었다.

셋째, 러시아 육군 소속 촬영기사 코브초프가 하얼빈 철도 정거장에서 상황이 끝난 뒤에도 여기서 멈추지 않고 이토 히로부미의 시신이 열차로 운구되는 장면에서부터 그 유해가 일본 요코스카항에 도착하여 운구를 마친 군함들이 예포를 발사하는 장면까지 촬영한 필름의 존재가 확인되었다. 러시아인 비슈넵스키의 저서 『러시아 혁명 이전의 기록영화, 1907~1916』에 소개된 〈이토 공의 하얼빈 역사에서의 피살과 일본에서의 장례식〉(영화번호 420번)이 전하는 정보이다. 이 필름은 촬영기사 코브초프의 특별한 기록 정신의 산물로 평가할 만한 것이다. 거기에 홍행 의식이 발동하고 있다고 할지라도 이 필름의 존재는 중시하지 않을 수 없다. 이 필름의 존재는 우리의 추적이 멈춰질 수 없는 것을 의미하기도 한다. 비슈넵스키는 이 필름이 1909년 12월 22일 바쿠에서, 그리고 1910년 1월 6일 카잔에서 상영되었다고 했다. 이곳에서 상영된 필름이 소비에트 이후 모스크바로 옮겨졌을 상황도 조사되었다.

안중근 의사, 아니 안중근 장군의 하얼빈 의거 현장은 한일관계사를 넘어 세계사적으로도 중요성이 높이 인정된다. 그 현장을 생생하게 담은 영화필름이 나온다면 연구사적으로도 가장 중요한 자리를 차지하게 될 것이다. 한 세기가 넘어선 시간적 조건, 일본 측의 고의적인 필름 감추기로 아직도 실물 존재가 묘연한 상황이다. 그동안 필름을 찾아보려는 노력이 각 방면에서 있었지만 기대감이 앞선 탓인지 해당 필름이 1종이란 의식에 사로잡혀 추적을 단조롭게 한 감이 없지 않았다. 이 글은 이런 결함들을 불식하여 앞으로의 추적에 새롭게 이바지할 뜻을 담아 정리되었다. 파리·모스크바·바쿠·카잔 등 네 곳은 실낱같은 희망이라도 걸어 두어야 할 곳들이다.

# 뤼순 고등법원의 '안중근 공판 자료'에 관한 다가와 고조田川孝三의 보고서

## 1. 안중근 공판 관계 자료 정리의 필요성

2009년 6월 국사편찬위원회의 김현영金顯榮 연구관은 「안중근 공판 기록 관련 자료」란 글을 발표했다. 이 글은 우연히 나의 정년 퇴임을 기념하는 『시대와 인물, 그리고 사회의식』(문화로 보는 한국사 3, 태학사, 2009.)에 실렸다. 김현영은 이 글에서 안중근 공판 관련 기록 가운데 가장 기본적인 자료들을 다음과 같이 세 가지로 분류, 정리했다.

> (1) 관동도독부 지방법원본[동 등사본-국사편찬위원회 소장]
>
> (2) 일본 외무성본(일본 외무성 외교사료관 소장)
>
> (3) 조선 통감부본(국사편찬위원회 소장)

위 세 가지가 국내에 보급된 상황에 관한 이 논문의 소개를 표로 정리하면 아래와 같다.

**〈표 1〉 안중근 의거 후 배후 조사 및 공판 관련 자료의 소장처 및 간행 현황**

| 순번 | 종류 | 소장처 | 보급 상황(간행처와 연도) |
|---|---|---|---|
| 1 | 관동도독부 지방법원본 | 국사편찬위원회 (등사본, 『安重根等殺人被告 公判記錄』) | 『한국독립운동사자료 6, 7: 안중근편 1, 2』, 국사편찬위원회, 1977. |
| 2 | 일본 외무성본 | 일본 외교사료관 (『伊藤公滿洲視察一件 別冊一 伊藤公爵遭難에 대하여』 6책) | 『亞洲 第一義俠 安重根』(2책), 국가보훈처, 1995. |
| 3 | 조선 통감부본 | 국사편찬위원회 | 『통감부 문서』 제7책, 국사편찬위원회, 1999. |

　김현영의 글은 각 소장본의 내용에 대해서도 자세하게 소개하여 이 분야 연구자들에게 큰 안내 역할이 기대된다. 그러나 지면 관계로 각 본의 내용에 대한 점검은 더 자세히 가해져야 할 여지를 남기고 있다. 예컨대 〈표 1〉의 2번 일본 외교사료관 소장 『이토 공작 만주 시찰 일건 별책』 6책은 공판 관련 기록보다 사건의 배후 조사에 관한 것이 더 많으므로 '안중근 공판 기록 관련 자료'로 분류하는 것이 타당한지 살펴볼 여지가 있다. 사실 이 자료는 1995년에 국가보훈처에서 영인본으로 간행할 때 많은 문제를 스스로 만들어 남겨졌다. 연구자들이 이용하기에 불편한 영인 상태뿐만 아니라 자료의 성격에 대한 점검이 제대로 이뤄지지 못해 자료의 가치를 널리 알리는 데 실패하는 우를 범했다. 이 점은 연구자 개인이 아니라 기관 차원에서 해소시켜 나가야 할 사안으로 여겨진다. '하얼빈 의거'라는 사건 자체의 성격을 파악하는 데 가장 중요한 자료이기 때문이다.[1]

　〈표 1〉의 3번 조선 통감부본에 관한 것도 국사편찬위원회에서 1999년 발간한 『통감부문서統監府文書』 7권에 통감부에서 이 사건에 관여한 '안중

---

**1**　이 자료집은 한국역사연구원 편, 『그들이 기록한 안중근 하얼빈 의거: 일본 외무성 소장 「이토 공작 만주 시찰 일건」 11책 총람』(석오역사연구자료 시리즈 2, 태학사, 2021)이란 이름으로 출판되었다. 자료 전체가 DVD로 첨부되었다. 『아주 제일의협 안중근』의 문제점을 해소하기 위한 편집 간행이었다.

근 관련 일건 서류'로 묶어 출간했지만, 국사편찬위원회에서 1977년에 간행한 『한국독립운동사자료』 6·7의 한국어 번역본에서 취급한 통감부 소장 기록과의 관계에 대한 비교, 정리가 요망된다.

이 글에서 구체적으로 언급하고자 하는 것은 〈표 1〉의 1번 '관동도독부 지방법원본'에 관한 현황이다. 김현영이 소상하게 지적했듯이 이 자료는 국사편찬위원회가 등사본을 소장하고 있을뿐더러 번역본까지 간행했기 때문에 어떤 보완 사항이 있다면 서두를 필요가 있는 대상이다.

이 등사본 자료와 관련해서 먼저 거론해야 할 것은, 조선사편수회朝鮮史編修會 수사관보修史官補 다가와 고조田川孝三의 「지린·신징·평톈·뤼순·다롄 사료채방 복명서吉林新京奉天旅順大連史料採訪復命書」(국사편찬위원회 B178 21, 이하 「복명서」라 함)이다. 김현영의 글은 이 「복명서」에 관해서도 많이 언급했다. 특히 1977년 국사편찬위원회가 번역본을 내면서도 위원회가 소장하고 있는 조선사편수회 자료 중에 이 「복명서」가 있다는 것을 알지 못하여, '해설'에서 번역 대상인 등사본 『안중근 등 살인 피고 공판 기록安重根等殺人被告公判記錄』(이하 『공판 기록』이라 함)이 유입된 경위를 모르겠다고 한 점을 지적했다. 그런데도 내가 이 글을 쓰는 까닭은, 다가와 고조가 「복명서」에서 밝힌 뤼순 고등법원이 소장한 안중근 관련 자료와 등사본 『공판 기록』의 관계, 즉 후자는 전자의 극히 일부에 불과하다는 점을 밝혀야 하는 필요성 때문이다.

## 2. 다가와 고조의 「복명서」에 보이는 '안중근 관계 자료'의 내용

2012년 1월 10일 안중근 관계 자료 발굴에 공로가 많은 최서면崔書勉 선생을 만나 환담하던 중에 오래전에 일본에서 다가와 고조를 만났을 때, 그가 뤼순 법원을 방문해서 안중근 재판 기록과 「동양평화론」 등을 공식적으로 요청하여 전달받아 조선사편수회가 수장하게 된 사실을 말했다고 했다. 그때 나는 이미 김현영의 글을 읽은 뒤여서 그 얘기에 대해 반신반의했다. 그래서 국사편찬위원회 홈페이지에서 '다가와 고조田川孝三'를 검색하여 「복명서」의 도서 번호(국사편찬위원회 B178 21)를 확인하고 실물을 열람하기 위해 도서관으로 갔다. 논지 전개를 위해 이 「복명서」에 언급된 두 가지 사항을 요약하여 옮기면 다음과 같다.

- 「복명서」는 뤼순 고등법원을 방문했을 때 본 자료들을 '안중근 관계 자료安重根關係資料'라고 이름 붙이고 목록을 열거했다.
- 다가와 씨는 목록을 제시하고 끝에 "이상 중에 제일第一 공판 기록公判記錄 2책의 대부분 및 제이第二의 안중근 관계 서류 중에 들어 있는, 안중근의 「동양평화론」, 「안중근전」에 대해 법원 서기 모리모토森本盛衛 씨에게 등사謄寫 송부送付를 의뢰해 두었다."라고 적었다.

국사편찬위원회가 현재 소장하고 있는 등사본 『공판 기록』 2책은 위 사항 중 두 번째에 명기된 의뢰에 따라 뤼순 고등법원 측이 조선사편수회에 실제로 보내온 것이다. 2책 분량이 한 사람의 필체로 한 가지 궤지에 필사된 등사본이 틀림없다(국편 청구기호 B6B319).

**1.** 『안중근 등 살인 피고 공판 기록』 표지.
국사편찬위원회(청구기호 B6B319).

그런데 문제는 학계에서 이 등사본 자료를 안중근 공판 기록의 전부로 오해할 여지가 있다는 점이다. 번역 사업은 「복명서」의 존재를 전혀 모르는 상태에서 이루어졌다. 번역본 『한국독립운동사자료』 6·7(안중근편 1·2)를 이용하는 연구자는 이것이 공판 기록의 전부라고 오해할 수 있다. 김현영에 의해 다가와 고조의 「복명서」 존재가 확인될 때도 양자의 상관관계에 관한 해명이 없어서 이 점은 시정되지 않았다.

김현영은 위 글에서 「복명서」의 존재를 확실하게 밝혔지만, 다가와 고조가 뤼순 고등법원에서 보았다는 자료들의 목록을 등사본 『공판 기록』의 내용 목차와 대조하는 작업을 생략한 채 '안중근 공판 관련 자료'의 소장처 및 간행 현황을 알리는 데만 주력했다. 더 자세히 밝히면, 「복명서」의 '안중근 관계 자료' 즉 〈표 2〉의 '一. 공판 기록 2책'에 대해서는 '내용 목차 생략'으로 처리하고, 그 이하 二에서 七까지의 분류에 든 문건들을 개략적으로 소개하고, 양자 간의 유무 대조는 하지 않은 것이다.

나는 이를 보완하여, 이 글을 통해 안중근 공판에서 실제로 작성된 기록들의 전모를 제시하여 학계가 파악할 수 있도록 하고자 한다. 〈표 2〉는

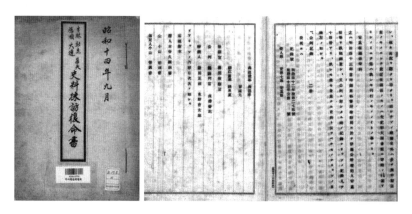

**2~3.** 다가와 고조가 작성한 「지린·신징·펑톈·뤼순·다롄 사료채방 복명서」 표지(왼쪽)와 안중근 관계 자료 부분(오른쪽). 국사편찬위원회.

「복명서」중의 자료 목록을 제시하고 이 문서들이『공판 기록』(번역본『한국독립운동사자료』6·7에 포함)에 들어 있는지의 유무를 표시한 것이다.

〈표 2〉 다가와 고조「지린·신징·펑톈·뤼순·다롄 사료채방 복명서」의 '안중근 관계 자료' 목록과 등사본『안중근 등 살인 피고 공판 기록』의 수록 문건 대조표

| | | 문서 명칭 | 주요 표기 사항 (복명서) | 주요 표기 사항 (등사본) | 등사본 수록 여부 |
|---|---|---|---|---|---|
| 一. 公判記錄 (二册) | 表紙 | 記錄號 | 明治四十二年檢第二七四號 明治四十三年公第　號 | 安重根等殺人被告公判記錄 | |
| | | 殺人罪 | 安應七事 安重根 | | |
| | | | 禹連俊事 禹德淳 | | |
| | | | 曹道先 | | |
| | | | 柳江露事 劉束夏 | | |
| | | 檢察官 | 溝淵檢察官 | | |
| | | 公判 | 眞鍋判官 渡邊書記 | | |
| | | 辯護人 | 鎌田正治 水野吉太郎 | | |
| | 內容目次 | 電報謄本 | | | 결(缺) |
| | | 證人 古谷久綱 調書 | | | 결 |
| | | 仝 小山善 調書 | | | 결 |
| | | 鑑定人 小山善 調書 | | | 결 |
| | | 送致書 | | | |
| | | 證據品目錄 | | | 결 |
| | | 仝 | | | 결 |
| | | 仝 | | | 결 |
| | | 仝 | | | 결 |
| | | 被告 安應七 調書 | | | |
| | | 仝 禹連俊 調書 | | | |
| | | 仝 曹道先 調書 | | | |
| | | 仝 柳江露 調書 | | | |

| | | | | | |
|---|---|---|---|---|---|
| 一.公判記錄(二册) | 內容目次 | 參考人 稻田ハル 調書 | | | |
| | | 證人 阿部タカ 調書 | | | |
| | | 仝 森良一 調書 | | | |
| | | 安應七 拘留狀 | | | 결 |
| | | 禹連俊 拘留狀 | | | 결 |
| | | 曹道先 拘留狀 | | | 결 |
| | | 柳江露 拘留狀 | | | 결 |
| | | 參考人 鄭姓 調書 | | | 결 |
| | | 仝 金姓 調書 | | | |
| | | 仝 金姓 調書(鄭ノ母) | | | |
| | | 證人 江崎勝太郎 調書 | | | 결 |
| | | 仝 河原郡平 調書 | | | 결 |
| | | 仝 工藤淸三郎 調書 | | | 결 |
| | | 古場ワキ 聽取書 | | | 결 |
| | | 某(安ノ長男) 聽取書 | | | 결 |
| | | 證人 金成白 調書 | | | |
| | | 參考人 鄭姓 第二回 調(鄭ノ姊) | | | |
| | | 仝 金姓 第二回 調(鄭ノ妻) | | | |
| | | 鑑定人 德岡熙敬 調書 | | | 결 |
| | | 證人 夏秋龜一 調書 | | | 결 |
| | | 仝 杉野鋒太郎 調書 | | | 결 |
| | | 仝 古澤幸吉 調書 | | | 결 |
| | | 仝 川上俊彦 調書 | | | 결 |
| | | 證據品 目錄 | | | 결 |
| | | 證人 田中淸次郎 調書 | | | 결 |
| | | 鑑定人 尾見薰 調書 | | | 결 |
| | | 證人 中村是公 調書 | | | 결 |
| | | 被告 柳江露 第二回 調書 | | | |
| | | 仝 安應七 第二回 調書 | | | |

| | | | | | |
|---|---|---|---|---|---|
| | | 仝 安應七 第三回 調書 | | | |
| | | 仝 柳江露 第三回 調書 | | | |
| | | 仝 安應七 第四回 調書 | | | |
| | | 仝 曹道先 第二回 調書 | | | |
| | | 仝 柳東夏 第四回 調書 | | | |
| | 소계 | 47건(내용 목차 이하) | | | 27건 |
| 一. 公判記錄 (二册) | 第二册 | 被告 安應七·柳東夏·禹連俊 | | 被告 安應七·柳東夏·禹連俊 (對質) | |
| | | 被告 柳東夏 第五回 調書 | | | |
| | | 仝 曹道先 第三回 調書 | | | |
| | | 鑑定書(尾見薰) | | | 결 |
| | | 被告 安應七 第六回 調書 | | | |
| | | 送致書 | | | 결 |
| | | 回答書 | | | 결 |
| | | 囑託書 | | | 결 |
| | | 森泰二郎 聽取書 | | | |
| | | 被告 禹連俊 第三回 調書 | | | |
| | | 仝 安應七 第七回 調書 | | | |
| | | 仝 劉東夏 第六回 調書 | | | |
| | | 仝 曹道先 第四回 調書 | | | |
| | | 囑託書 | | 明治四十二年檢日 第 號 | |
| | | 轉囑書 | | 〃 | |
| | | 回屆書 | | 〃 | |
| | | 書類 回送書 | | 〃 | |
| | | 室田義之 聽取書 | | | |
| | | 物品 送致書 | | | 결 |
| | | 證人 床司鍾五郎 調書 | | | 결 |
| | | 鑑定書(德岡熙敬) | | | 결 |

250

| | | | | | |
|---|---|---|---|---|---|
| 一.公判記錄(二册) | 第二册 | 參考人 安定根 調書 | | | |
| | | 仝 安恭根 調書 | | | |
| | | 證據品目錄 | | | |
| | | 被告 安應七 第八回 調書 | | | |
| | | 仝 安應七 第九回 調書 | | | |
| | | 仝 安應七 第十回 調書 | | | |
| | | 回答書 | | | 결 |
| | | 囑託書 | | | 결 |
| | | 轉囑書 | | | 결 |
| | | 室田義文 聽取書 | | | |
| | | 被告 禹連俊 第四回 調書 | | | |
| | | 仝 曹道先 第五回 調書 | | | |
| | | 仝 劉東夏 第七回 調書 | | | |
| | | 仝 安應七 第十一回 調書 | | | |
| | | 辯護屆 | | 辯護申告 | |
| | | 假住屆 | | 〃 | |
| | | 起訴狀 | | 公判請求 | |
| | | 辯護 不許可 決定書 | | 決定(不許) | |
| | | 大連民政署警務係 電話要旨 | | | 결 |
| | | 送達囑託書 | | | 결 |
| | | 辯護人 選任 命令案 | | | 결 |
| | | 辯護人 任命 令受書 | | | 결 |
| | | 期日情書 | | | 결 |
| | | 辯護 不許可 決定 送達證書 | | | 결 |
| | | 公判始末 第一回 | | | |
| | | 公判始末 第二回 | | | |
| | | 公判始末 第三回 | | | |
| | | 公判始末 第四回 | | | |

| | | | | | |
|---|---|---|---|---|---|
| 一.<br>公判記錄<br>(二册) | 第二册 | 公判始末 第五回 | | | |
| | | 判決 | | | 결 |
| | | 公判始末書 第六回 | | | |
| | | 控訴提起權 抛棄申立書 | | | 결 |
| | | 控訴提起權 抛棄申立 通知書 | | | 결 |
| | | 送付書 | | | 결 |
| | | 控訴提起權 抛棄申立書(諺文) | | | 결 |
| | | 控訴提起權 抛棄申立書 | | | 결 |
| | | 仝上(諺文) | | | 결 |
| | | 仝 通知書 | | | 결 |
| | 소계 | 59 | | | 24 |
| 二.<br>安重根事件關係書類<br>(四册) | 第一册 | 方士瞻ノ陳述 | | | 결 |
| | | ハルビン市 諸新聞社 歷訪談要領報告 | | | 결 |
| | | 金培根(僞名金成華) 取調書 | | | 결 |
| | | 李岳亭·張玉亭ノ投書(露國語通譯, 大連民政署長 力石雄一郎宛) | | | 결 |
| | | 排日韓人團體人名調査報告書 | | | 결 |
| | 第二册 | 仝事件ニ關聯セル各官廳等ノ通信報告書及連關嫌疑者諸人ソノ他取調報告書等ノ綴ナリ | | | 결 |
| | 第三册 | 兇行者及兇行嫌疑者調査報告書 第三報 | | | 결 |
| | | 伊藤公加害被告事件調査報告書 | | | 결 |
| | | 伊藤公遭難事件調査書 | | | 결 |
| | | 兇行者及嫌疑者調査書 | | | 결 |
| | | 哈爾賓在留韓人近狀調査 | | | 결 |
| | | 京城出生兇行者身元調査 | | | 결 |

252

| | | | | | |
|---|---|---|---|---|---|
| 二.<br>安重根事件關係書類<br>(四册) | 第四册 | 安應七ヲ取調ベタル結果情報 | | | 결 |
| | | 柳江露供述要旨 | | | 결 |
| | | 情報第三 安應七供述要旨 | | | 결 |
| | | 情報第四 禹連俊供述要旨 | | | 결 |
| | | 情報第五 曹道先供述要旨 | | | 결 |
| | | 情報第六 安應七·禹連俊·劉東夏對 | | | 결 |
| | | 情報第八 金成玉·金麗水·卓公奎 | | | 결 |
| | | 情報第九, 十一月八日ハルビン領事館ニテナシタル金成白供述要旨 | | | 결 |
| | | 情報第十 安應七供述要旨 | | | 결 |
| | | 禹連俊·安重根聽取書 | | | 결 |
| | | 傳教師洪錫九(J. William)重根卜面接顚末報告 | | | 결 |
| | | 溝淵檢察官 以下 重根二弟ノ接見報告 | | | 결 |
| | | 死刑執行報告 | | | 결 |
| | | 安重根傳 | | | 결 |
| | | 安重根之歷史 | | | 결 |
| | | 遺書 東洋平和論 | | | 결 |
| | 소계 | 28 | | | 28 |
| 三.<br>安重根事件二付キ哈爾賓二於テ取調ベタル聽取書 | | 被告訊問書 金澤信 鄭瑞局 金培根 洪時濟 李珍玉 方士瞻 各一通 | | | 결 |
| | | 重根死刑執行報告二通 | | | 결 |
| | 소계 | 2 | | | 2 |

| | | | | | |
|---|---|---|---|---|---|
| 四.<br>露國調書飜譯文<br>二册 | | 中一册ハ題記ナシ　第一葉ニ記<br>シテ曰ク(明治四十二年十一月<br>十三日附ヲ以テ照會ノ件了承,<br>本府飜譯官矢野太郎ヲシテ檢<br>閱セシメタル所,　別紙ノ如ク其<br>ノ正確ナルヲ認證云云ノ公文<br>寫シアルヲ以テ露國調書ナル<br>ヲ知ル) | | | 결 |
| | 소계 | 1 | | | 1 |
| 五.<br>鄭大鎬記錄寫 一册 | | 大鎬(支那稅關書記)　小西音藤<br>大西ハツ 吉見得七 兒島信治 妻<br>木ヤスエ 等聽取訊問調書 | | | 결 |
| | 소계 | 1 | | | 1 |
| 六.<br>不起訴被告人ノ謄<br>寫調書 一册 | | 鄭瑞局 鄭瑞雨 金成玉 卓公奎 金<br>衡在 金麗水 方士瞻 李珍玉 金培<br>根 張首明 金源信 洪時濬 | | | 결 |
| | 소계 | 1 | | | 1 |
| 七.<br>(題記ナシ)安重根<br>事件關係證據書類<br>新聞綴 一册 | | | | | 결 |
| | 소계 | 1 | | | 1 |
| 八.<br>安應七外三名殺<br>人被告事件記錄<br>寫 二册 | 第<br>一<br>册 | 檢察官取調書類總目錄 | | | |
| | | 證據品目錄 | | | |
| | | 被告 安應七訊問調書 自第一回<br>至第七回 | | | 결 |
| | | 全 禹連俊訊問調書 自第一回至<br>第三回 | | | 결 |
| | | 全 曺道先訊問調書 自第一回至<br>第四回 | | | 결 |
| | | 全 柳江露(劉東夏) 自第一回至<br>第六回 | | | 결 |
| | | 被告 鄭大鎬訊問調書 自第一回<br>至第三回 | | | 결 |
| | | 全 鄭瑞雨訊問調書 自第一回至<br>第四回 | | | 결 |

| | | | | | |
|---|---|---|---|---|---|
| 八.<br>安應七外三<br>名殺人被告<br>事件記錄寫<br>二冊 | 第<br>一<br>冊 | 鄭某聽取書(安應七ノ妻)<br>(?, 작성자) | | | 결 |
| | | 參考人鄭某訊問調書　自第一<br>回至第二回 | | | 결 |
| | 第<br>二<br>冊 | 參考人金某(鄭大鎬ノ妻)訊問<br>調書 自第一回至第二回 | | | 결 |
| | | 同　金某(鄭大鎬ノ母)訊問調<br>書 自第一回至第二回 | | | 결 |
| | | 被告 金成玉訊問調書 自第一<br>回至第二回 | | | 결 |
| | | 仝 卓公奎訊問調書 自第一回<br>至第二回 | | | 결 |
| | | 仝 金衡在訊問調書 自第一回<br>至第二回 | | | 결 |
| | | 仝 金麗水訊問調書 自第一回<br>至第二回 | | | 결 |
| | | 仝 方士瞻訊問調書 自第一回<br>至第二回 | | | 결 |
| | | 仝 李珍玉訊問調書 自第一回<br>至第二回 | | | 결 |
| | | 仝 張首明訊問調書 自第一回<br>至第二回 | | | 결 |
| | | 仝　金成華訊問調書(金培根)<br>自第一回至第二回 | | | 결 |
| | | 仝 洪時(濬)訊問調書 自第一<br>回至第二回 | | | 결 |
| | | 證人 金成白訊問調書 | | | 결 |
| | | 仝 古谷久綱訊問調書 | | | 결 |
| | | 仝 小山善訊問調書 | | | 결 |
| | | 鑑定人 小山善訊問調書 | | | 결 |
| | | 證人 森良一訊問調書 | | | 결 |
| | | 同 工藤淸三郎訊問調書 | | | 결 |
| | | 同 杉野鋒太郎訊問調書 | | | 결 |

| 八.<br>安應七外三<br>名殺人被告<br>事件記錄寫<br>二册 | 第二册 | 以下 證人 鑑定人 二十三人訊問調書 | | | 결 |
|---|---|---|---|---|---|
| | | 杉寸長春領事ノ回答書 | | | 결 |
| | | 哈爾賓領事館岡島警部ノ報告 | | | 결 |
| | | 德岡熙敬ノ鑑定書　未提出ニ付取寄中 | | | 결 |
| | | 安・禹・曹・劉ニ對シテハ近日最後ノ訊問ヲ爲ス見込 | | | 결 |
| | | 露國官憲送致書類ハ飜譯複寫中 | | | 결 |
| | 소계 | 32 | | | 32 |
| 합계 | | 173건 | | | 118건 |

〈표 2〉에 따르면, 다가와 고조가 뤼순 고등법원에서 직접 열람한 '안중근 관계 자료'는 총 173건인데, 이 가운데 그의 '등사 송부' 요청에 따라 뤼순 고등법원 측이 조선사편수회로 보내온 문건들에서 보이지 않는 것이 118건이나 된다. 그런데 다가와 고조가 요청한 것은 '1. 공판 기록 2책의 대부분'과 '2. 안중근 관계 서류 중 안중근의 「동양평화론」, 「안중근전」 등'이다. 현재로서는 「동양평화론」과 「안중근전」이 빠져 있는 상태이다. 1979년 나가사키 출현 또는 시치조 기요미 컬렉션의 「안중근전」과 「동양평화론」 등이 실제로는 조선사편수회로 온 것 또는 그 재등사본이 되는 것일까.

이 밖에 고등법원 측에서는 172건 가운데 55건(전체의 32%)만 보내왔고 보내지 않은 것이 117건이나 된다는 사실을 알 필요가 있다. 결론적으로 안중근 등 하얼빈 사건 연루자들에 대한 뤼순 고등법원 판결의 근거와 진행 과정은 아직 제대로 드러나지 않은 상황인 것이다. 물론, 신문조서訊問調書는 다른 문서철(〈표 1〉의 2, 3)을 통해 이미 알려진 것도 많다. 그러나 「복명서」 중 '안중근 관계 자료'는 공판 주체인 뤼순 고등법원에서 공식적인 자료로 보관한 것이기 때문에 적어도 공판의 문제점에 관한 연구에서는 반드시 자료로 활용되어야 하는 것들이다. 안중근과 연루자 3인에 관한 뤼순 법원의 공판 적법성 여부는 이 모든 자료를 활용한 연구를 통해서 얻어질 수 있을 것이다. 1939년 조선사편수회 수사관보 다가와 고조가 이 일괄 자료를 실견한 후, 이 자료가 현재 어디로 가 있는지에 대한 조사가 절실하게 요망된다.

## 3. 그 외 만주 일원의 사료

국사편찬위원회 소장 「지린·신징·펑톈·뤼순·다롄 사료채방 복명서」는 1939년(쇼와昭和 14년) 9월에 조선총독부 소속 조선사편수회 수사관보 다가와 고조가 조선사편수회 회장 앞으로 올린 것이다. 서두에 밝힌 것에 따르면, 근대 일·지·선 즉 일본·중국·조선 관계 사료 조사 및 실지 견학을 위해 출장의 명을 받아서 8월 16일에 경성에서 출발하여 9월 2일에 귀임하여 별지와 같이 보고한 것이다. 17일간의 여행에서 조사 목적으로 다녀온 곳은 지린, 신징(창춘), 펑톈, 뤼순, 다롄 등지이다. 이 가운데 가장 많은 기대를 하고 간 곳은 펑톈으로, 그는 여기서만 5박(8월 21일 도착, 27일 출발)으로 체류했다.

다가와 고조는 조선사 연구자로서 간도와 조선 말기의 유민에 관한 자료 수집에 상당한 관심을 가지고 먼저 옌지延吉를 거쳐 지린으로 갔다. 첫 도착지인 옌지에서 성省 산하 각 현의 관공서 자료, 곧 당안구기류檔案舊記類가 만주국 국무원國務院의 명령에 따라 펑톈 국립도서관으로 이관된 사실을 알았다. 신징에 도착하여 일본 대사관에 가서 조선과장 마쓰시마 기요시松島淸를 방문하고 이어서 이나바 이와키치稻葉岩吉 박사를 찾았으나 이곳에서도 펑톈 국립도서관에 모인 자료에 관한 정보만 얻었을 뿐 특별한 자료에는 접하지 못했다. 여기서 본 자료로 거론한 것으로는 『북계행정록北界行程錄』, 『지린지리기요吉林地理記要』, 『도문감계문제관자 찰등안土們勘界問題關係咨札謄案』 2철綴, 『청사주차조선일기淸使駐箚朝鮮日記』 1책(사본), 『지린지리기요吉林地理記要』(魏聲龢 저) 1책 등이다.

평톈에는 21일 이른 아침에 도착하여 27일까지 체재했다. 첫날은 평톈 만철도서관滿鐵圖書館에 가고, 둘째 날부터는 매일 평톈 국립도서관에 다 니고, 사이사이에 고궁故宮과 박물관 등을 견학했다. 평톈 만철도서관에 는 지방지地方誌가 가장 잘 수집되어 있는데, 특히 만주 관계의 것이 거의 갖추어져 있다고 했다. 조선 관계 기사는 찾기 어려웠고, 다만 '일청日淸', '일로日露' 및 권비拳匪의 난에 관한 것은 다소 있다고 했다. 평톈에는 국 립도서관 평톈 분관이 따로 있는데, 여기에는 국무원國務院 구기舊記 정리 처整理處가 새로 설립되어 전 만주 각 지방으로부터 수집된 구 기록들을 보관, 정리 중이었다고 했다.

이 도서관(분관)은 원래 평톈 고궁에 소장된 도서 및 장쭤린張作霖·장쉐 량張學良 부자, 그리고 탕옥림湯玉霖의 장서를 모아서 이를 기초로 출발한 것이라고 하고, 고궁의 전판殿版 및 문연각文淵閣의 사고전서四庫全書 등이 수장되어 있다고 했다. 고궁의 「고궁서칠간루소재당안故宮西七間樓所在檔 案」에 대해서는 비교적 자세하게 보고했다. 최근 국무원의 손으로 전 만 주의 각 성省 공서公署에 명하여 수집한 구기舊記 당안檔案은 아직 정리 중 으로, 그 속에는 장쉐량 저택 안의 창고에서 혹은 마대 혹은 맥주 상자에 넣거나, 혹은 돗자리[蓆]에 싸서 각지에서 온 것이 약 450만 건에 달한다 고 했다. 러쥔위羅振玉 씨가, 신해혁명 때 베이징 구대고舊大庫의 귀중 자 료들이 밖으로 유출되어 전매轉賣된다는 소문을 듣고 수천 금의 사재를 투자하여 구입한 '구장舊藏 당안檔案' 약 4만여 건이 이 도서관에 무료로 기증되어 보관 중인 것도 밝혔다.

그다음에 뤼순으로 와서 '안중근 관계 자료'를 본 후, 다롄으로 가서 만철도서관滿鐵圖書館을 방문하여, 『영락대전永樂大典』 48책, 『청사고清史稿』 원본 등을 본 다음, 만철자료조사실滿鐵資料調査室을 방문했다. 이곳에는 중국의 옛 신문, 잡지류가 상당히 갖추어져 있지만, 뜻밖에 『동방잡지東方雜誌』 등 최신 서적을 많이 볼 수 있었다고 했다. 소문을 듣고 진저우金州의 이와마 도쿠네岩間德彌 씨 소장 당안 5~6백 건에 접한 사실도 적었다.

## 4. 뤼순 법원의 '안중근 관계 자료' 전체를 찾는 날을 기다리며

다가와 고조의 「복명서」는 1939년 현재 만주 일원의 사료 소재 실태를 전하는 보고서이다. 한 시점을 기준으로 예를 찾아보기 어려운 보고서에 안중근 장군을 재판한 법원이 수장한 관련 기록들을 실견한 목록이 실려 있다는 것은 소중하기 짝이 없는 정보이다. 그의 요청으로 조선사편수회에 전달된 등사본 『공판 기록』이 그간 연구자들에 의해 널리 활용되었지만, 「복명서」에 제시된 '안중근 관계 자료'의 목록과의 대비로 지금까지 보지 못한 자료가 오히려 더 많다는 사실을 알게 되었다. 이 글은 다가와 고조 목록의 전모를 밝히고 이에 대한 주의를 환기시켜 앞으로 '안중근 관계 자료'를 온전하게 찾는 데 이바지하는 뜻을 실었다. 이 자료의 획득으로 '안중근 공판'의 전모가 드러날 때를 기다려 본다.

「복명서」는 펑톈 국립도서관을 비롯한 여러 수장 기관에 대한 정보도 담고 있어서, 앞으로 이 일대의 사료에 대한 접근에 여러 가지 유익한 정보로 활용될 점이 많다. 그 가운데 간도 문제와 유민 문제 등에 관한 정보도 실려 있지만, 무엇보다 우리 한국사 연구가 앞으로 외연을 넓혀 나갈 때, 만주 일원은 가장 중요한 연구 및 자료 수집 대상이 될 것이 틀림없다. 그렇게 보면, 「복명서」에 실린 펑톈 국립도서관 등지에 대한 정보는 앞으로 크게 유의하여 활용의 길을 모색할 대상이다.

# 이 책의 내용이 된 논문 목록

*발표 연월일 순

### 1. 「안중근 ─ 불의·불법을 쏜 의병장」

『한국사 시민강좌』 제30집, 일조각, 2002.

### 2. 「안중근의 하얼빈 의거와 고종황제」

이태진 외 안중근·하얼빈학회, 『영원히 타오르는 불꽃 ─ 안중근의 하얼빈 의거와 동양평화론』, 지식산업사, 2010.; [일본어 번역본] 李泰鎭, 「安重根 のハルピン義擧と高宗皇帝」, 監譯 勝村誠+安重根東洋平和論硏究會, 『安 重根と東洋平和論』, 日本評論社, 2016.

### 3. 「안중근의 동양평화론 재조명 ─ 칸트 철학의 평화 사상과의 만남」

이태진 외 안중근·하얼빈학회, 『영원히 타오르는 불꽃 ─ 안중근의 하얼빈 의거와 동양평화론』, 지식산업사, 2010.; [일본어 번역본] 李泰鎭, 「安重根 の東洋平和論再照明 ─カント哲學の平和思想との出會い─」, 監譯 勝村 誠+安重根東洋平和論硏究會, 『安重根と東洋平和論』, 日本評論社, 2016.

### 4. 「안중근의 옥중 유묵 3점의 비밀」

『월간 중앙』, 2012. 6.

## 5. 「안중근과 양계초梁啓超 — 근대 동아시아의 두 개 등불」

『진단학보』126호, 2016. 8.; [일본어 번역본] 李泰鎭, 「安重根と梁啓超 — 近代東アジアの二つのともしび」, 李洙任·重本直利 編著, 共同硏究, 『安重根と東洋平和 — 東アジア歷史をめぐろ越境的對話』, 明石書店, 2017.

## 6. 「하일빈 의거 현장 촬영 필름의 행방」

『한국역사연구원 소식지』제5호, 2020. 2.

## 7. 「旅順 高等法院의 '안중근 관계 자료'에 관한 田川孝三의 復命書」

『역사의 窓』제34호, 국사편찬위원회, 2012. 8.

## 8. 「국민 탄생의 역사와 안중근」

『동방학지』제196집, 2023. 9.